前　言
美国可以被超越

20世纪80年代，以“四小龙”、“四小虎”和日本、中国、印度为代表的亚洲国家，经济发展令人瞩目，不少有识之士认识到全球经济重心正在向太平洋地区转移。

20世纪90年代，因为中国经济强劲增长，势不可挡，潜力无限，有识之士进一步将目光聚焦到中国身上，纷纷预言21世纪将是属于美国和中国的世纪。

进入21世纪后，国际国内预言中国将超越美国的说法铺天盖地，不绝于耳，不少机构和学者甚至给出了中国超越美国的具体时间表。一说为2020年，一说为2030年，一说为2040年。有人信以为真，有人不以为然，有人无动于衷。

笔者认为：

美国可以被超越！

美国未来将首先被中国超越！

中国超越美国的法宝在于长期资本发展战略！

中国拥有铁打的国际竞争力

广土、众民、高储是铁打的中国竞争力三角形。

首先，中国拥有广土众民①的先天优势。

15世纪以来，世界发展波澜壮阔，葡萄牙、西班牙、荷兰、英国、法国、德国、日本、俄罗斯、美国九个国家先后崛起。随着民族国家的兴起，殖民地体系轰然倒塌，葡萄牙、西班牙、荷兰三个国家首先应声落马，重新回到小国寡民的境地。德国、日本、英国、法国、俄罗斯五个国家虽然强盛至今，但是他们要么是小国众民，要么是大国寡民，国际竞争力存在先天的局限性。

只有中国和美国，拥有广土众民的先天优势、独特优势，所以大家说“21世纪将是属于美国和中国的世纪”，道理显而易见。

---

① 关于“广土众民与国际竞争力”的详细阐述，请参阅：刘云龙：《养老金帝国Ⅱ——长期资本战略的百年传奇》，中国财政经济出版社2012年版。

其次，中国拥有人口红利的当前优势。

20 世纪 70 年代末期，中国开始了伟大的改革开放。中国政府巧妙地利用广土众民之利（包括人口红利、工业化红利、城镇化红利、市场化红利，可以概括为人口红利和增长红利），成全了“中国向全球融资”之需。在市场经济、开放经济条件下，源源不断的国际资本（外国直接投资，即 FDI）越过大西洋，越过太平洋，潮水般地向广阔的中国大陆涌来，中国大陆则像一块巨大的海绵体滴水不漏地吸收。得到国际资本的大水漫灌，加上国内居民节俭储蓄的涓涓细流，于是资本形成①水到渠成，生产消费水涨船高，经济发展乘风破浪。

从 1978 年到 2008 年，30 年悄然过去。中国向全球融资，已经让位于“全球向中国融资”，FDI 已经让位于 ODI（海外直接投资），资本形成、资本积累已经让位于资本输出、资本扩张。2010 年，中国 GDP 规模超越日本，成为全球第二大经济体。

我国学者指出，中国经济奇迹的 1/4 来自于人口红利。国际经济学家指出，东亚经济奇迹的 1/3 由人口红利贡献。可见，中国利用人口红利第一次冲击波的助推，就在 2010 年成功地超越日本，占领了全球 GDP 排行榜的第二把交椅。

可喜的是：中国小试牛刀，就已初战告捷！

更加可喜的是：通常情况下人口红利还会释放出第二次、第三次冲击波。如果能够将当前人口红利挖掘和使用得更加充分，并且尽可能地延长人口红利机遇期，中国经济发展自然会走得更远，自然会更加坚定中国超越美国的信心。

再次，中国拥有节俭储蓄的长期优势。

节俭储蓄是中国的传统优势、长期优势，更是未来中国超越美国的金融资源和金融竞争力。

1953 年，美国发展经济学家纳克斯提出一个著名的观点：“一个国家之所

---

① 古典经济学家们往往采用资本积累（capital accumulation）一词，来表达与人口发展相对应的资本发展概念，认为它是工业革命诞生的经济基础。后来的发展经济学家们更多地使用资本形成（capitial formation）一词，认为它是发展中国家开启工业化进程的前提条件。

在笔者看来，资本形成同样是大国兴衰的重要原因，大国持续发展同样需要资本形成。尤其是在人口老龄化时代，以养老金为代表的长期资本，其汇聚和积累的过程，既是资本积累，也是资本形成。而且，长期资本为王，谁拥有最大规模的长期资本，谁将在老龄化时代领袖群伦。因此，资本形成是本书中的核心经济学概念。

以贫穷，正是因为贫穷”，即“贫困的恶性循环”、“纳克斯循环”。在他看来，由于发展中国家的人均收入水平低，投资的资金供给（储蓄）和产品需求（消费）都不足，这就限制了资本形成，使发展中国家长期陷于贫困之中。

1956 年，美国发展经济学家纳尔逊又提出了一个有名的“低水平均衡陷阱理论”。在他看来，低水平均衡陷阱是由低下的人均收入造成的。若要冲出这个陷阱，人均收入就必须大幅度地、迅速地增加，使得新的投资所带来的国民收入增长持续地快于人口的增长。

很显然，当一个国家处于经济发展初期，由于人口持续增长，资本积累很少，劳动生产率和资本回报率很低，经济发展难以获得资本支持，从而长期陷入“纳克斯循环”和“纳尔逊陷阱”。

实际上，资本形成的伟大作用，并不局限于纳克斯、纳尔逊所指的发展中国家，对于大国经济体同样重要。可以说，大国兴衰的背后，资本形成同样功不可没。

第二次世界大战后曾经出现过的“英国病”现象，一个重要原因就是资本形成困难，导致庞大的经济体得不到有效的资本形成和资本支持，经济发展陷入长期困顿。20 世纪 80 年代，英国经济重振雄风、重新威风凛凛地站立起来，一个重要原因就是通过“撒切尔革命”，找到了资本形成的新通道。

在全球人口老龄化时代，对所有的国家而言，资本形成相比过去更加艰难。这样，大国之间的资本争夺战将不可避免。可以说，年轻化的人口结构、高储蓄率的资本形成，正在成为决定大国命运、大国兴衰的关键要素、致命因素。

美国虽然领先，但是国民储蓄率过低成为软肋。中国暂时落后，但是拥有遥遥领先的高储蓄率强项。

可以预见，在全球老龄化时代里，中国拥有高储蓄率、高资本形成比率，将比美国拥有更加强大的竞争优势。

美国存在致命的金融脆弱点

强大背后有漏洞，美国也不例外，美国存在致命的金融脆弱点。美国金融的最大漏洞就在于国民储蓄率低，资本形成依靠外力。

美国金融漏洞的弊病，曾经发作过一次，而且几乎要了美国的命！

20世纪60年代后期到80年代初期，美国遭遇了严重的经济滞涨，出现过“逝去的十多年”衰退现象，出现过“华尔街将消亡”、“美国将衰落”的可怕声音。一个重要原因就是美国国民储蓄率太低，导致资本形成困难。一个重要背景就是自20世纪60年代开始，日本、德国、法国出现强劲经济增长，分流了全球资本，并且导致美国资本外流和美国黄金外流。

美国自20世纪80年代开始的长期繁荣，得益于“里根革命”和里根经济学。

里根经济学的外延是：治理通货膨胀，通过减税发展生产力，放松经济管制。因此，里根经济学被认为是供给学派和货币主义学派的综合体。

实际上，里根经济学的内涵是：**以长期资本为纲，构建以华尔街为中心的全球间接融资体系**。让美国成为全球的金融中心、投资中心、融资中心。让全球资本围着华尔街转，全球财富用美元来代表和持有。

实施里根经济学，其战略步骤可以概括为：

第一，通过养老金改革和发展，汇聚庞大的长期资本。

第二，用长期资本复兴华尔街，创造资本市场的繁荣。

第三，用强大的华尔街来吸引国外资本，创造强势美元。

第四，借助强大的华尔街开展长期融资，一方面推动美国企业加大研发（R&D）投入，从而拥有强大的技术；另一方面推动美国政府对军事装备的长期采购，从而拥有强大的美军。

于是，在美国本土长期资本的掩护下，以强大的股票市场、债券市场、金融衍生品市场为代表的资本市场一片繁华，强大的华尔街、强大的美元、强大的技术、强大的美军，全部心想事成。

于是，美国在获得美元霸权、“铸币税”收入之外，又收获了养老金霸权、资本市场霸权，给美国创造了更加庞大的“铸券税”① 收入。“铸币税”收入在明处，为大家所熟知，而“铸券税”收入在暗处，为大家所少知。

---

① 笔者创造了“铸券税”一词，与“铸币税”相对，是指由于美国成为“坐商”全球资本市场大国而收获的，实际上它是由养老帝国、长期资本战略创造的超额价值。

这样，全球资本流向美国进行投资，全球优质企业跑到美国上市融资，富余资金再由美国金融机构倒手运用到发展中国家去谋利。

可见，里根总统实施的“构建全球间接融资体系”战略，最巧妙之处全在“间接”二字上。如果全球资本采取直接融资模式，由资金需求方与资金提供方直接交易，那就不需要美国金融机构来做中介了，也就没有华尔街的事了。

这样，美国资本形成的金融漏洞，就被里根总统堵塞得严严实实，滴水不漏，美国反而成为全球最大的资本市场，反而成为全球资本最充裕的国家，在资本形成“自增强机制”的进一步作用下，让人不可思议的事情发生了：全球资本已经由美国垄断，由华尔街来进行全球资本的动员、调度、支配。

可以说，里根总统巧妙地堵住了美国金融漏洞，巧妙地解围了美国资本形成不足的困局，巧妙地帮助美国发了大财，推动美国获得其后 20 多年的长期繁荣。

但是，里根总统百密一疏，千虑一失。漏洞可以一时堵塞，隐患却是永远存在。可以说，里根总统采取的是一种“聪明的作法”——糊住漏洞引水来，但不是“智慧的作法”——疏浚源头活水来。

聪明可以赢得一时，唯有智慧地久天长！

要知道，中国的高储蓄率习惯，是中国人的老祖宗千百年来流传下来的宝贵财富，是儒家先贤们 2000 多年前伟大智慧的不朽传奇，也是中华民族数千年来长期领先世界的制胜法宝。

用长期资本增强金融竞争力

很显然，目前中国经济发展已经成功地突破了资本形成、资本积累两道坎，完成了“经济起飞前”的助跑阶段，实现了从农业大国、资本小国到贸易大国、制造业大国的巨大跨越。

实际上，中国经济发展再往前迈出一步，哪怕是一小步，也应该顺理成章地出现：从贸易大国、制造业大国发展为金融大国、制造业强国，从人口红利大国、增长红利大国发展为养老金红利大国、资本红利大国。

中国建设金融大国，不但呼之即出，而且势在必行。

要建立有竞争力的金融大国，关键是选择什么样的模式。

如果我们学英国，通过"港股直通车"，或者一系列的"美股直通车"、"日股直通车"、"欧股直通车"，把别国的资本市场搞活了，把别国的经济搞好了，把别国老百姓的钱袋子搞大了，当然也是好事，至少表明我们中国具有"国际共产主义"的好作风。但是，代价非常大，一旦我国人口发展出现拐点、进入人口负债期，我们的钱袋子就会瘪下去，我们的资本市场就会跌下去，我们的经济发展就会慢下去，我们的竞争力就会比下去，一定是得不偿失。

"行商模式"适合英国，因为英国是小国寡民，庞大的资本聚积不能被本国企业所吸收，只能行走江湖，寄人篱下。如果中国同样鼓励资本外流，资本萎缩、资本耗散①就会接踵而至，就会"种了别人的地，荒了自家的田"。

如果我们学日本，不注意人口结构剧烈转变的压力，不改革养老金制度，不发展企业养老金和个人养老金，固守商业银行主导投融资体系的做法，拼命地把公共养老金和保险资金当成商业银行的短期存款来使用，不断地投向基础设施和资本市场，同样要出问题。因为在一个封闭的国内市场上，庞大的养老金资产一定会推高资产价格，导致资产价格泡沫。等到人口负债期到来的时候，一定会把资本市场连带养老保险基金狠狠地"砸伤"。

可以说，日本虽然经历了人口红利大国、贸易大国、制造业大国、债权大国的辉煌，但是，日本从来就没有真正享受到金融大国的收益。即使是在泡沫经济最鼎盛的时候，日本也只能算是货币大国、流动性大国。虽然日本拥有庞大的养老金资产，但是它越来越不是真正的长期资本，只是"被阉割"的、"兴风作浪"的庞大资本。没有采取基金积累制，没有由商业金融机构来投资运作，只是被作为商业银行的短期存款由公共部门来管理和使用。

养老金本来是个好东西，在日本战后经济崛起中一直是"好兄弟"。但

---

① 资本萎缩、资本耗散（capital decumulation）是与资本形成、资本积累相对立的概念，表达资本被消耗、被流失的一种不利情况。

是，养老金后来为泡沫经济推波助澜，沦为绑架日本利率、市盈率、债务比率的“坏小子”，原本拥有的盖世武功被日本政府活生生地废掉了！

“守财奴”模式为日本首创，结果造成日本养老金发展“误国误民”。

我们得好好学习美国这位“天下第一坐商”，利用广土众民的天然优势，利用高储蓄率的独特优势，利用全球向中国融资的时代优势，把我国当前的一揽子人口红利和增长红利逐步转变成长期资本红利，推动我国经济转型和长期经济增长，成为全球金融市场上的“坐商”大佬。

很显然，中国建设金融大国的出发点就是要实施长期资本发展战略。

通常情况下，长期资本主要是指养老金和保险资金（寿险资金的长期特征尤其明显），而且以养老金发展为主。因此，养老金发展成为汇聚长期资本的主渠道、主战场，中国培育长期资本的首要任务就是要大力发展养老基金。

发展养老基金，既是对人口红利的吸收和储存，对人口负债风险的规避和应对，又是人口红利的延续和超越，对长期资本红利的开发和获取。

这样，中国建立金融大国的战略步骤就可以描述为：

第一，确立将养老金和保险业发展作为政策起点，积累庞大的长期资本。

第二，将长期资本投资于资本市场，推动股票市场和债券市场的繁荣。

第三，利用长期资本推动从“中国制造”向“中国创造”的伟大转变。

第四，加速中国资本市场国际化，大力吸引境外优质企业来中国上市。

第五，借鉴英美模式加强对资本市场的监管，保护广大投资者的利益。

第六，加快金融改革，朝着人民币自由兑换、人民币国际化方向迈进。

如此而行，中国未来同样可以收获：强大的资本市场、强大的产业发展、强大的人民币、强大的国防实力。

而且，中国实施长期资本战略来建设金融大国，战略收益还要高于美国：

一是因为中国本来就有高储蓄率优势，资本形成的主力在本土不在外部，有正本清源、根深蒂固之利。

二是因为中国坚持走和平崛起之路，不谋求军事和政治霸权，因此在军事装备上的资本投入有限，不会分流过多的资本形成。

三是因为中国劳动力成本优势依然存在，有着广阔的产业发展前景，暂时没有全球投资的紧迫压力，不会出现产业和资本从本土转移到境外的忧虑。

四是因为中国可以利用长期资本发展优势，不需要建立“间接融资模式"，只需要采取"直接融资模式"，直接向资本需求国提供资金，简单易行。

可见，中国获取长期资本发展战略的收益，更加稳健，更加长期，更加庞大。

由于全球老龄化的时代背景，长期资本一定会越来越稀缺，对长期资本的需求一定会越来越强烈，争夺长期资本的竞争一定会越来越激烈。

一旦中国实施长期资本发展战略，构建"全球直接融资体系"，势必会出现以"中国之硬"碰撞"美国之软"的巨大冲击。

可以预见，在未来的一段时间里，原来热衷到华尔街投资的资本，将转道来到中国，原来期盼到华尔街融资的企业，将转道来到中国。到那时，美国资本形成将再次面临巨大的压力，正如20世纪70年代曾经遭遇过的严重滞涨。到那时，由里根总统在20世纪80年代糊好的金融漏洞一定会再次崩溃。如果美国改弦更张，可能会再次出现美国超越美国的奇迹；如果美国墨守成规，美国一定会就此沉沦！

从人口红利大国跨越到金融大国，既是中国金融竞争力、产业竞争力、综合竞争力提升的自然选择，也是中国超越美国"釜底抽薪"的伟大博弈。

但是，中国不能沾沾自喜，虽然很多人恭维我们中国已经是全球资本充裕国、全球资本大国。不管他们是处于真心实意，还是别有用心。在笔者看来，我国目前的金融发展可以归类为：人口红利大国、商业银行大国、货币大国、流动性大国、外汇储备大国。但是，距离金融大国、长期资本大国，还要走很长的路！

用长期资本增强经济竞争力

发展长期资本，不但有利于建立金融大国，增强金融竞争力，解围中国金融外患，而且可以解围中国经济内忧，增强中国经济竞争力，后者同样成为它的闪光点和着力点。可以说，发展长期资本，既为未来谋利，又为当前解围。

第一，管理流动性，增强宏观经济管理能力。让养老金和资本市场成为吸收流动性的蓄水池，既可以治理通货膨胀，又可以治理通货紧缩。未来，它们将成为中国流动性管理和宏观经济调控的重要金融工具。

第二，稳定收支预期，转变经济增长方式。通过提供稳定的养老金收入，可以稳定居民收支预期，促进居民消费，有利于推动经济增长方式转型。

第三，增加投资收益，减少社保支付带来的财政压力。通过建立多支柱养老保障体系，减轻因为社保支付而承担的财政压力，通过资本市场实现养老金保值增值，既有利于社保体系的可持续发展，也有利于中国财政的可持续发展。

第四，推动金融改革，保障国家金融安全。养老基金和保险基金得到有效发展，有利于为国家金融改革和金融深化创造一个良好的经济金融环境，有利于为中国金融安全保驾护航。

第五，分流银行储蓄，推动金融结构变迁。通过分流银行长期储蓄，发展以养老金为代表的长期资本，有利于推动国民储蓄向社会投资转换，有利于提高金融资源配置效率，有利于中国金融结构变迁。

第六，顺应理财需要，推动居民金融资产结构调整。

第七，发展机构投资者，推动资本市场健康发展。

第八，开展长期投资，推动长期经济增长。

第九，增强本土力量，增强全球投资者“与中国养老金共舞”的信心。

第十，治理经济腐败，减少59岁现象发生。

第十一，实现包容性增长，建立和谐社会。大力发展养老基金，正是实现小康社会、民生社会、和谐社会建设的有力保障，有利于推动从“以GDP为中心”走向“以幸福指数为中心”、“以HDI（人类发展指数）为中心”的伟大转变。

第十二，抑制虚胖、虚业、虚火，发展创业、创新、创造。目前，中国民间资本的投机、炒作之风盛行，游资、散户之举严重，不利于长期经济发展，需要转变到以创业、创新、创造为主的长期投资上来。通过实施长期资本发展战略，有利于引导民间资金进入长期资本市场，回到长期投资的发展正路、主路上来。

目前，国内许多有识之士，把中国经济正在遭遇的困难和问题，看得太重、太多，认为中国超越美国是天方夜谭、异想天开。对此，笔者并不赞同。

实际上，它们大多属于“发展中的问题”，我们对此既不是束手无策，也不是无能为力，关键是战略选择要对路。

笔者相信：随着中国长期资本发展战略的实施，目前制约中国发展的许多问题，要么被迎刃而解，不足为虑；要么自动退避三舍，为中国未来发展让出一条通道来。

笔者深信：随着中国长期资本战略的实施，中国经济竞争力将与日俱进，日新月异，中国超越美国的新希望和新机遇将如期而至！

长期资本发展战略的突破口

中国实施长期资本发展战略的突破口在于：中国资本市场国际化。

中国资本市场国际化①是指：把美国、日本、德国等工业大国的优质企业“请进来”，把俄罗斯、澳大利亚等资源大国的优质企业“请进来”，把印度、巴西、南非等发展中大国、人口红利大国的优质企业“请进来”，这样就可以把我国当前的人口红利和发展红利转换成强大的资本购买力，同时优化我国资本市场的上市企业结构，推动我国资本市场监管制度的发展，进一步培育和吸引机构投资者的发展，塑造先进的资本市场投资文化。

选择资本市场国际化作为长期资本战略的突破口，其战略意义在于：

第一，有利于中国金融业的全面开放和对等开放。

第二，有利于利用中国人的节俭推动全球经济增长。这样，中国自古以来的节俭传统、勤俭美德，中国基于人口红利集中释放的流动性过剩，就会成为全球金融市场上重要的长期资本提供者，成为推动全球经济增长的重要力量。当然，中国也因此会在人口红利之外，收获更加强大、更加长期的资本红利。

---

① 中国资本市场国际化，应该至少包括两个方面：一是把外国优质企业请进来；二是把外国资本请进来。笔者认为，可以分两步实施：第一步是把外国优质企业请进来，至于第二步，可以根据我国金融体制改革、资本市场成熟度、长期资本发展度等因素相机决策。

第三，有利于在全球范围内分散老龄化风险。利用资本市场国际化来分散我国即将到来的人口老龄化危机，是一场伟大的跨期套利、跨境套利，是通过金融手段来治理老龄化危机的重大应对策略。当我国进入人口负债期时，我国老百姓可以通过持有全球范围内的股票和债券来分享其他国家的人口红利、资源红利、贸易红利、市场化红利、城镇化红利，即获得资本红利。同时，国内居民通过直接投资资本市场，还能提前分享到全球经济增长、全球价值创造，这本身就是一场伟大的现实分利。到那时，中国老百姓足不出户，就能够拿人民币购买到全球最具稀缺性、最有成长性、最优价值的资产。

第四，有利于“倒逼”我国金融改革，推动人民币可兑换和人民币国际化。

养老基金发展与我国资本市场国际化，二者相伴而行，如影随形，应该成为一对难分难舍的“双胞胎”，一对相濡以沫的“好夫妻”。

笔者深信：随着我国长期资本战略的实施，到 2015 年前后，我国将成为全球重要的资本市场中心，到 2030 年前后，我国将成为与美国并驾齐驱的长期资本大国和金融大国，在 2050 年之前，中国超越美国一定会“轻舟已过万重山”！

第一部分

养老金成了
“行商英国”的船只

养老金做了“行商英国”的船只！
英国长期资本所到之处点石成金、撒豆成兵！

在20世纪80年代中期，撒切尔夫人为英国发展立宪：从“贸易立国”、“产业立国”转向“金融立国”、“养老金立国”。为此，英国政府同时打响了“金融革命”和“养老金革命”两场战役。

以养老金为代表的长期资本，成为金融英国的奠基石和垫脚石。英国不但走出了“英国病”陷阱，而且确立全球金融中心的国际地位。

我国当代著名诗人艾青在《骆驼》一诗中写道，“他们从塞外带来黄金白银，又从南方运回了异国机械的产物；而骆驼做了他们行商的船只。”

借用艾青先生的诗句，来描写金融英国的养老金发展最是相宜。“他们从海外带来了黄金白银，又从东方运回了价廉物美的商品，而养老金做了行商英国的船只”。

这既是英国自1500年以来天时、地利、人和的自然结果，又是20世纪英国在全球范围内的最大相对比较优势所在，同样凝聚了英国政治家们、经济学家们的殚精竭虑、妙手偶得，汇集了英国老百姓、英国民众的大智若愚、上善若水。

从1986年至今，25年悄然过去，这场以养老金发展为基础的英国金融改革和发展，终于开花结果，东成西就。

金融英国成为英国新希望！

养老金成就了撒切尔夫人！

养老金拯救了英国！

第一章
曾经沧海难为水

“所有美国的好东西，都是从我们英国过去的！”
英国的好东西，就是英国千百年来的历史传统！

行商，外出经营的流动商人。行商的特点是踏破千山万水，道尽千言万语，历尽千辛万苦，赚取千铢万贯。行商的特点是夜餐露宿，风尘仆仆，节衣缩食，火眼金睛。

与“行商”相对应的是“坐商”，是指开设店肆、销售货物的商人。坐商的特点是足不出户，在家中做着五湖四海的生意，赚着别人“送上门来”的钱。成为坐商的条件是财大气粗，家底殷实，招牌响亮，诚实信用。

在20世纪里，行商英国与坐商美国的不同之处恰恰就在于资本，他没有美国那么多的资本，无法像美国那样挂牌就能开店，立竿就能成市，一呼即能百应，吸引全球的资本来投资。他的家底没有美国殷实，他的产业竞争力也不如德国和日本，他的优势在于通过养老金制度已经汇聚了可以行走的养老金资本，于是他大胆地、果断地让自己的金融资本、养老金资本走出国门，在世界范围内，特别是在新兴市场那里寻找投资机会，赚取丰厚的收益。于是，他也有了一个商业上的称呼——“行商”。

英国商人在全球资本市场上呼风唤雨、马首是瞻，英国资本所到之处点石成金、撒豆成兵，他们扮演的正是行商的角色，一位伟大的行商。

养老金做了行商英国的船只！

行走的养老金！英国的大智慧！

近代以来，为什么创新者总有英国？为什么英国总能涉险无忧、遇难成祥？

一句话，英国有很多的好东西！

是这些好东西帮助英国战胜了九九八十一难。

英国的好东西，就是英国千百年来的历史传统！

英国的历史传统，正是英国绵延不息的生命基因！

也许读者们会认为，当今世界的集大成者当属美国，应该是美国的好东西更多，也许只有美国才能享有如此的赞誉。

这让我想起了英国前首相撒切尔夫人的一句话，“所有美国的好东西，都是从我们英国过去的！”

撒切尔夫人的这句话，笔者是从我国前总理朱镕基先生在中共中央党校的一次演讲中听到的，不无道理，发人深省。

撒切尔夫人

英国历史上第一位女首相，而且创造了蝉联三届、任期长达11年之久的记录的女首相。英国自19世纪初叶利物浦勋爵连任三届共15年以后，再没有任何一位首相有如此之长的执政时间。她是英国历史上第一个以其所推行的一套政策而被冠之以“主义”和“革命”的首相，也是20世纪最优秀的首相之一。

1998年5~6月份，中共中央党校在学校大礼堂举办了一场“经济与外交形势报告会”，邀请时任总理的朱镕基先生进行主题演讲。在这次演讲中，朱总理浓墨重彩地谈到了他从1998年3月31日至4月2日对英国的访问，他拜访了英国女王伊丽莎白二世，会见了当时的英国首相布莱尔。在这次访问中，朱总理还特意会见了英国前首相撒切尔夫人。于是，朱总理就绘声绘色地讲起了他与撒切尔夫人会见时一段有趣的对话：

当我向撒切尔夫人介绍亚洲金融危机爆发后，中国政府不落井下石，不以邻为壑，不但坚持人民币不贬值，而且尽可能地帮助亚洲国家渡过金融危机的时候，撒切尔夫人立即表示，“你们中国太厚道了！太了不起了！遗憾的是你们为什么不在国际上好好宣传宣传，让大家都知道中国政府的正确作法”。我立即告诉她，“中国历史上有句古语，叫做桃李无言，下自成蹊”。当翻译把这句话告诉撒切尔夫人的时候，她略微沉思了片刻，似乎是情不自禁地，似乎又是深思熟虑地讲道，“21世纪，世界上将只有两个大国，一个是美国，一个是中国”。我一听到撒切尔夫人讲这句话的时候，当然首先是高兴，但我马上又有些纳闷，纳闷什么呢？因为我知道，撒切尔夫人特别热爱英国，她对英国一往情深，言必称英国好，她怎么能不提到英国呢？正当我还在纳闷的时候，只听撒切尔夫人又补充说道，“不过，所有美国的好东西，都是从我们英国过去的”。

养老金革命作为20世纪世界性的重大历史事件，具有政治、经济、文化等方面的重要历史意义，由英国政府于20世纪80年代中期率先启动①。当时既没有历史经验可以借鉴，也没有外力可以凭借，更没有财力可以支持。它是在“摸着石头过河”的实用主义逻辑下孕育的，是在“穷则变、变则通”的制度创新思路下进行的。

“过河之石”是英国养老金革命的历史渊源。英国的千年春秋孕育了“很多的好东西”，它包括英国独特的地缘政治、持续千年的战争、层出不穷的革命。

历史总是这般扑朔迷离，非物质的文化基因和历史传统，在历史发展的紧要关头，反而往往具有超越物质和资本的力量，成为坚实的过河石、垫脚石。

诺贝尔经济学奖获得者、著名新制度经济学家道格拉斯·诺斯在其经典著作《西方世界的兴起》一书中，寻根究底地探索了西方世界如何在过去的1000年里冲破了赤贫和饥饿困扰的社会束缚，实现了只有相对丰裕才可能达到的生活质量，并且将这一独有历史成就的原因归结为“有效率的经济组织是经济增长的关键；一个有效率的经济组织在西欧的发展正是西方世界兴起的原因”。② 实际上，“有效率的经济组织”不但成就了英国历史上的千年辉煌，

---

① 应该讲，全球养老金革命是由智利和英国率先启动。其中智利正式启动的时间为1981年，英国为1986年。当然，英国作为大国，并且处在“福利国家”重镇的欧洲地区，其影响更加深远。细细研究之后，还会发现两国养老金革命的内容有差异。

② 道格拉斯·诺斯、罗伯特·托马斯著，厉以平译：《西方世界的兴起》，华夏出版社1989年版，第1页。

而且凝聚了英国人求变求强、创新不已的文化基因和历史传统。

“穷则思变”是英国养老金革命的时代背景。20 世纪的英国，几乎经历了百年忧患，经济发展缓慢、产业丧失竞争力、人口老龄化严重、高福利、高税收，组合而成“英国病”。1979 年 5 月 4 日撒切尔夫人上台后，由她代表的英国保守党人对“英国病”立刻进行了立体的攻击和全面的救治。从 1986 年开始，撒切尔政府同时打响了英国金融“大爆炸”和养老金革命的两场战争。

百年忧患、百年抗争，也许正好符合了英国大哲学家汤因比在其巨著《历史研究》一书中提出的“挑战—应战—发展”模式。

地缘政治

封建时代的欧洲是一个个很小的政治单位的大组合、大排列，呈现出一种四分五裂、支离破碎、板块式的状态①。在欧洲的历史上，战争总是打打停停，停停打打。交战各方总是通过谈判、妥协、斡旋、休战、赔偿等方式来结束战争，待到力量失衡或冲突既起，才又开始战争。

欧洲为什么会出现政治多元化并长期保持四分五裂的状况呢？美国著名学者保罗·肯尼迪在其名著《大国的兴衰》一书中，从地缘政治的角度对此给出了一个有趣的解释②：

> 欧洲没有广袤的平原，以便骑兵帝国迅速实现统治；也没有广阔的和富饶的流域，如恒河、尼罗河、底格里斯河和幼发拉底河、黄河和长江等流域，可为勤劳并易被征服的农民大众提供粮食。欧洲的地形支离破碎，山脉和大片森林分散，把人口中心分隔开来；欧洲的气候，南北之间与东西之间差别很大。这一切必然带来很多重大影响。

---

① 中国封建历史上，自秦朝以后便成为一个多民族的大一统国家，呈现出整合统一的状态。历史上发生过大量的、大规模的战争，但战争的结果总是形成一个统一的国家。

② 保罗·肯尼迪：《大国的兴衰》，中国经济出版社 1989 年版，第 20 页。

> 首先，即使力量强、决心大的军阀也难以建立全面统治，同时外来力量，如蒙古游牧部落侵犯大陆的可能性也大为减少。相反，欧洲复杂的地形孕育了分散的政权，并使它能够继续存在。罗马陷落之后，各地的王国、边境贵族领地、高地氏族、低地城镇联邦星罗棋布，组成一幅大杂烩似的欧洲政治地图。地图上的图形从一个世纪到另一个世纪可以不同，但始终不能用同一颜色来表示一个统一的帝国。

英国以及西欧独特的地缘政治也可以描述成“一小对众小”① 的交往圈层。所谓“一小对众小”是指：英国作为一个小小的岛国，对应欧洲大陆上的众多小国，进行岛陆文明的营养交换，包括政治、经济、文化、科学等方面的人类文明成果的传播和扩展。

对欧洲大陆的政策，英国长期以来奉行所谓“均势外交”。这种政策的核心就是英国在任何时候，都“必须反对一个最强大的国家或者几个国家联合起来的政治上的独裁”。均势政策使英国的外交带上一种经验主义甚至机会主义的色彩。通过离强合弱、扶弱抑强、孤立与干涉等手段的交替使用，英国维持着一种对自己有利的欧洲大陆均势，并成为这种均势的操纵者②。

欧洲独特的地缘政治，给欧洲国家的统治者带来了无穷无尽的政治竞争、政策竞争、制度竞争，在竞争的基础上引发了无穷无尽的制度创新。于是，基于地缘政治而建立的竞争、创新传统，千百年来早已汇聚成政治家和普通民众的文化血液和生存基因。当然，欧洲独特的地缘政治，导致独特的创新文化，在一定程度上讲，它是通过战争来传递和连接的。

千年征战

一位伟大人物的诞生，一定会伴随一位伟大的挑战者。个人如是，国家如

---

① 王二羽：“‘出海’机制与中国地缘政治”，《大公报》1999 年 6 月 30 日。

② 王福春、张学斌主编：《西方外交思想史》，北京大学出版社 2005 年版。

是。英法两国同样如此，英国的崛起，得益于法国与其形影不离的竞争与追赶。

实际上，在欧洲历史发展过程中，法国和英国是一组老冤家、老对手。他们之间爆发了世界史上时间最长、持续百年的英法百年战争，展开了你追我赶、长达百年的英法争霸。当然，也夹杂着英国与15～16世纪海上霸主西班牙的争斗，与享有“海上马车夫”之誉的荷兰的战争，甚至还包括英国的内战，每一次战争都是英国新兴力量为获得最适合自己发展道路而做出的抉择。

英法百年战争：1337～1453年。它是世界史上持续时间最长的战争，断断续续进行了116年。百年战争的最终结果是法国人把英国人赶出了法国，法国最后因为这场战争完成了民族的统一大业，为其日后在欧洲大陆的扩张打下了基础。英国不但一无所获，还丧失了几乎所有在法国的领地，结果迫使其放弃大陆制霸的企图，转向海上发展，走上了海上帝国的崭新道路。

英西战争：1586～1604年。从16世纪下半叶开始，英国同当时最大的海上殖民强国西班牙展开了争夺海上霸权和殖民地的一系列战争，1586年，英国摧毁了西班牙的“无敌舰队”，取得了决定性的胜利。

英荷战争：1652～1678年。利用英法百年战争、英西持续战争的有利时机，国土面积仅4万多平方公里的荷兰迅速崛起，到17世纪上半叶，荷兰人几乎垄断了世界贸易，被称为“海上马车夫”。英荷之间爆发了长达20多年的海上争霸战，结果是英国获得了海上霸主地位。

英法百年争霸：1689～1763年。从17世纪末到18世纪60年代，英国和法国的争霸，是世界近代史上大国争霸历时最久、斗争最激烈的一次。英法两国围绕着商业、海上贸易和殖民地霸权，展开了你死我活的争夺。英国最终取得了最为重要的两大殖民地——加拿大和印度，获得了海外殖民地霸主地位。

英国作为“小店主之国”①，为了海上贸易和殖民贸易，进行了千年征战，

---

①　拿破仑曾经说过，英国是个“小店主之国”（a nation of shopkeepers）。英国大经济学家亚当·斯密在《国富论》里也评论说，英帝国政府深受小店主思想的影响。英国人一手持货，一手持剑，把行商的概念扩展到了全世界，最终在19世纪末和20世纪初把“小店主之国”发展成为历史上第一个真正意义上的工商业大帝国。

既改变了历史，也改变了自己。

一方面，在炮舰掩护下的对外贸易扩张，使得英国逐渐地改变了自己的经济结构，进而动摇了旧的社会经济基础，最终导致了资本主义的诞生，成为海洋文明国家的代表。

另一方面，由于持续战争带来的巨大财政压力以及强大的外部政治压力，英国国内政治和国内经济得到新的发展。在政治领域，从议会制度诞生到1688年君主立宪制度的确立，英国此后获得了近200年的政治制度优势。在经济领域，从封建经济制度走向自由市场经济制度，从王室财政走向民主财政制度，从战争筹款走向金融革命，英国此后同样获得了200多年的经济制度优势。

此外，由于美洲大陆的发现，使得英国占尽掠夺殖民地之利。在英国的带动下，西欧国家自由市场经济制度得到迅速发展，最终导致了资本主义经济体系、自由市场经济体系在世界范围内的建立和发展。

信托精神

普通法传统

今天来看，西方社会存在两大法系：一是大陆法系；二是英美法系。大陆法系主要由欧洲大陆的国家采用，如法国、德国、意大利、荷兰等，因此有欧陆法系之称。同时，大陆法系又称民法法系，它以1804年《法国民法典》和1896年《德国民法典》为代表。英美法系又称普通法法系，它是以英国普通法为基础发展起来的法律的总称。它首先产生于英国，后扩大到曾经是英国殖民地、附属国的许多国家和地区，包括美国、加拿大、印度、巴基斯坦、孟加拉国、马来西亚、新加坡以及非洲的个别国家和地区，普通法的特点包括：遵循判例、陪审团制度、程序优先原则等①。

---

① 大陆法系与英美法系，百度百科。

从历史来看，普通法、衡平法、制定法是英国三大法律渊源，其中普通法体现了英国法律的最基本特点。

1066 年是英国乃至欧洲历史上一个重要的年份，诺曼人征服英格兰，史称“诺曼征服”。征服者威廉一世建立了诺曼王朝（1066～1154 年），开创了英国封建王朝的鼎盛时期。

在 1066 年以前，英国法的主要渊源是习惯法，没有适用于整个英国的统一法律。诺曼征服后，威廉一世一方面采取“入乡随俗”的怀柔策略，宣布习惯法继续有效，于是诉讼一般向郡法院、百户区法院及各种领主法院提出，这些法院继续按照地方性的习惯法做出判决。国王行使“最高审判权”，他只在某些特殊场合（如王国的治安受到威胁，由于特殊形势使得正义难以得到伸张的时候）才受理争议。国王的“御前会议”是受理重要人物重大案件的机构，而非普通的司法机关。另一方面，威廉一世作为征服者又致力于中央集权。中央集权首先是要集中财政大权，即集中财权。集中财权的行动自然会引起土地、房屋等不动产的纠纷，产生纠纷自然会诉诸地方法庭。如果地方法庭偏向地方利益，那么中央集权自然难以实现。这样，就引发了对司法管辖的关注。于是，司法管辖的问题，就直接影响到国王的财政收入，因此，它在作为法律问题被提出来的同时，又具有特别重要的经济意义和政治意义。

后来，亨利一世继承王位（1100～1135 年在位），他把负责财务行政和财务诉讼的财务法院从御前会议中分离出来，使其专门化。于是，亨利一世在宫廷中设立国王法庭，此后又带领法官、监印官、财务官和执行官等随员巡视全国，进行公务处理和案件审理。同时，设立巡回法庭，代表财务法院调查和受理地方上的财务案件，以便把各地诉讼案件吸引到国王法庭。

这样，渐渐形成了普通会议（与“御前会议”相对应）、财务法庭、巡回法庭和民事法庭这四种机关，他们均可代表国王法庭行使审判权，以“国王的法律”为审判适用的依据。以上四种国王法庭拥有国王赋予的全权，因而可以不考虑地方的法令进行审判，除了专司王位纠纷的“王室法庭”外，均称为“普通诉讼法庭”①。

1154 年，亨利二世（1154～1189 年在位）继承王位，开创了英格兰金雀

① 杜小勇：《探索英国普通法形成的奥秘》，北大法律信息网，2009 年。

花王朝，在英国乃至欧洲成为久负盛名的“法律之父”①。他为了达到进一步加强中央集权的目的，又进行了一系列的改革，其中最重要的就是司法改革：统一司法机构、完善巡回审判制度、建立陪审团制度等，使英国法走向了与大陆法截然不同的发展道路。

由于许多地方习惯法没有文字记载，依靠世代口耳相传，只有陪审员熟悉各地的习惯法，通过他们在法庭上的问答，使得巡回法官得以了解各地的风俗习惯和法律。当巡回法官们聚集于中央讨论案件时，彼此承认各地的判决，并将各地法律习惯熔于一炉，从而形成了通行全国的普通法②。

从英国普通法起源以及普通法传统来看，它与大陆法系依赖于《法典》、成文法进行司法审判的差异十分明显。成文法由于不能预见、穷尽、覆盖所有的难题，因此难免有遗漏、疏忽之处，往往会出现“道高一尺，魔高一丈”的博弈行为，难免会出现“法网恢恢，疏而有漏”的个案。

普通法依靠的是习俗、常识、普通的人情世故，由陪审团成员根据“己所不欲，勿施于人”的逻辑、设身处地的态度来表达审判意见，实现了“你有千变万化，我有一定之规”的公平性、公正性、严密性，反而对当事人的合法权益给予更加周密、严谨的保护。

这样，普通法在监督金融合约履行、保护中小投资者利益、推动金融创新和金融衍生品发展等方面，相比大陆法系要略胜一筹。可以说，有了普通法的保驾护航，普通法系国家的金融产业发展、资本市场发展的市场化程度、国际化程度相对较高。

信托法传统

现代的信托制度产生于英国。在13世纪前后，英国处在主要依靠土地控制来加强统治的封建领主时代，土地是封建领主和教会、农民之间争斗的主要权益对象。当时的英国宗教信仰十分普遍，教徒死后往往把土地等财产遗赠给

---

① 亨利二世（英格兰国王），参见百度百科，http：//baike. baidu. com/view/532428. htm。

② 关于普通法起源的介绍，转引自李红枫：《英国普通法的起源》，参见：http：//www. china001. com/show_ hdr. php？ xname = PPDDMV0&dname = 27U3V31&xpos = 57。

教会，而当时的法律规定对教会不能征税，这种遗赠行为影响了封建君主的利益。

于是，英王亨利三世（1216～1272年在位）颁布的《没收法》规定：土地遗赠给教会，须经君主或诸侯的许可，否则就予以没收。在这样的法律限制下，土地捐赠人采取了“用益设计”的方式来摆脱该法的限制，把土地委托给第三人使用并将经营土地的收益转交给教会。即甲将自己的财产转移给乙经营，由乙为了丙的利益而持有该财产。后来，这种做法逐渐发展到对其他财产的委托。“用益设计”中的甲、乙、丙就是后来信托制度中委托人、受托人和受益人的原型①。

在早期的“用益设计”中，委托人和受托人之间的关系纯粹是一种信任关系，无论是委托人还是受益人都没有任何法律上的方法或手段来约束受托人。这样，信托财产只能依靠受托人的善良而存在。

不少的读者可能看过电视剧《大宅门》，该剧讲述了一家名为“百草厅”的中医药企业的百年发展历程。拿电视剧《大宅门》的人物关系来与信托制度做一个对照，也许会更加简洁。

> 大宅门有主人白景琦少爷，有大管家王喜光，有白景琦的子女。作为主人，白景琦往往要去安国采购药材。那时，社会治安不是很好，在购药途中随时都有可能遭遇土匪。这样，主人白景琦在自己的子女尚未长大成人之前，当他去安国采购药材的时候，他往往会这样对他所信任的管家王喜光郑重其事地托付道：“如果我此去安国的购药途中遭遇不测，大宅门里又不可一日无主，那就只好请你王喜光老大哥来挑担子啦，请你料理宅内宅外的事务，一并负责百草厅药店的经营管理，等我儿子长大后，你再把这个家交给他。”

如果白景琦在某次的安国之行中，真的出现了人去财空的局面，这种基于托付的信托关系就产生了：白景琦作为大宅门的主人，自然就是委托人，作为大管家的王喜光就成为了受托人，白景琦的子女就成为了受益人。如果按照英国的信托法制度和信托法传统来讲，大管家王喜光应该忠心耿耿、兢兢业业，

---

①　崔明霞、彭学龙：“信托制度的历史演变与信托财产权的法律性质”，《中南财经大学学报》2001年第4期。

站在白景琦子女（即受益人）的立场上（因为委托人此时已经死去了）来安排好大宅门内外的一切事务，经营好百草厅的生意，等到白景琦的子女长大成人，王喜光就应该向受益人如数奉还、完璧归赵。

在该剧中，导演不惜笔墨地刻画了这位大管家王喜光人品低劣、走向背叛的过程。作为大管家，他可谓是大宅门里白景琦之下、众人之上的重要人物，白景琦对他恩重如山，下属对他毕恭毕敬，按照常理讲他应该对大宅门仁至义尽、鞠躬尽瘁，方可报答知遇之恩、主仆之谊。但是，他没有做到。就在主人白景琦的眼皮子低下，干着内外勾结、化公为私的事情，时刻惦记着如何更多地侵占大宅门的钱财。

文章写到这里，笔者油然而生一段感慨。许许多多的中外知名学者在对东西方文明进行比较研究后，不得不承认：东方国家缺乏宗教是东西方文明的最大差异，甚至把宗教在西方世界的兴起视为东西方文明分野的根源①。实际上，信托法在英国的诞生和发展，在很大程度上就得益于宗教。

从信托法起源来看，人们遵守信托规则，凭借的是良心善意，凭借的是仁义道德。可以说，信托法的起源和发展不是创制者的伟大，而是遵守者的崇高，是人类善良诚实的品德成就了信托制度。

信托法诞生后，英国遭受了以英法百年战争为代表的一系列战争的洗礼，经历了人类历史上前所未有的欧洲黑死病的侵袭，可喜的是这些强大的外部冲击不但没有动摇信托法的基础，反而一而再、再而三地强化了信托法传统的延伸和扩展。在战争中，不少原本当家立事的男主人，可能就在战争中死去了，他留下的家财得到了信托机制的保护。对信托制度的最大冲击和考验来自于欧洲黑死病，事后来看，传播信托观念的最大推动力也许就来自于这场黑死病。

黑死病是人类历史上最严重的瘟疫之一。起源于亚洲西南部，约在 14 世纪 40 年代散布到欧洲。这场瘟疫在全世界造成了大约 7500 万人死亡，其中 2500 万为欧洲人，占到中世纪欧洲人口总量的 1/3。当黑死病在欧洲肆虐的过

---

① 德国著名的政治经济学家和社会学家马克斯·韦伯，对此撰写过两部非常有影响力的名著。马克斯·韦伯著，于晓、陈维纲等译：《新教伦理与资本主义精神》，生活·读书·新知三联书店 1987 年版；马克斯·韦伯：《儒教与道教》，江苏人民出版社 1995 年版。

程中，不少欧洲的庄园主或贵族拖家带口、扶老携幼，长途辗转避难。为此，他们不得不做好长期离家的准备，那么家中的不动产和其他资产怎么打理呢？不少人选择了委托管家、亲戚、朋友来受托管理自己离家后留下来的财产。有时候，由于离家出走的匆忙，甚至不得不委托才见过一面的其他人，更有甚者他所委托的人可能就是流浪者。他们之间的约定往往是一句话：等我或者我的子孙今后回来时再接手庄园的管理。

此后，英国涌现出了不少感人至深、催人泪下的英国版“完璧归赵”的故事。有些时候，委托人姗姗归来已经是 20～30 年后；有些时候，回到故乡的已经不是委托人自己，而是他的孙辈了，这时候，所面对的同样可能是受托人的孙辈，因为半个世纪早已悄然过去。就在两位陌生的年轻人之间顺利完成管理权交接的时候，人类善良仁义的道德情操也直冲斗牛，光耀天地。

这又让笔者想起了英国的经济学大师亚当·斯密，他平生撰写过两部巨著，一部是我们大家非常熟悉的《国富论》，他在书中用“看不见的手”来论证自由市场的有效性，表达了“基于自私、利己而最终利他”观点。另一部是他此前撰写的《道德情操论》，他在书中的首段文字写道，“人的天赋中总是明显地存在着这样一些本性，这些本性使他关心别人的命运，把别人的幸福看成是自己的事情……这种本性就是怜悯或同情，就是当我们看到或逼真地想像到他人的不幸遭遇时所产生的感情。”可以说，信托法起源于人类美好的道德情操。同时，信托法也随着社会经济关系的发展而发展。

15 世纪，信托财产与委托人、受托人、受益人的自有财产相脱离，受托人的义务伴随着责任而得以确立，至此，英国信托法制度已初具雏形。随着 18 世纪 60 年代英国工业革命的爆发，信托的功能从财富传承的转让设计，逐渐转变为财富增值的管理设计。随着英国殖民主义在美洲的扩张，英国的信托制度传入美国。美国的信托业并没有囿于英国信托的观念，美国一方面继承了公民个人间以信任为基础、以无偿为原则的非营业信托；另一方面创造性地把信托作为一种事业，用公司组织的形式大范围地经营起来。美国最早完成了个人受托向法人受托的过渡、民事信托向金融信托的转移，为现代信托制度的发展奠定了基础。

信托法被认为是普通法系与大陆法系最具标志性的差异之一，相比大陆法系的《合同法》和《公司法》，信托法更加有利于金融发展和经济增长。今天，在英美等普通法国家中，经济金融领域的信托关系不断涌现、层出不穷。以员工持股、养老基金、人寿保险、共同基金等方式积累的信托资产，占金融资产、GDP 的比重也越来越高。他们中的不少国家，信托资产的规模早就已经超过银行资产规模、GDP 规模。

在笔者看来，信托法最重要的是信托文化、信托精神，而不是信托制度本身。在普通法系国家中，信托传统早已深入人心，已经成为规范和提升国民“道德情操”的重要文化传统。特别值得指出的是，信托传统早已超越经济、金融等商业领域的行为准则，已经成为公共政治、公共管理领域的道德标准，公共权力、公众利益、政府治理同样适用信托原则。正是因为信托法和信托传统的渗透，以及分权、宪政制度的确立，普通法系国家的公共权力得到了有效抑制，为官者、主政者自觉按照“全心全意为人民、国民、选民服务”、“权为民所用、情为民所系、利为民所谋”的要求来行使公共权力。

宪政革命

1688 年，由于英国国王詹姆斯二世迫害清教徒，并且向英国工商业的主要竞争者——法国靠拢，严重危害了资产阶级和新贵族的利益，终于爆发了不流血的“光荣革命”，信仰英国国教的玛丽公主继承王位，由玛丽公主和其丈夫威廉共同统治英国，《权利宣言》于 1689 年 10 月经议会正式批准确定为法律，即为著名的《权利法案》。

《权利宣言》

《权利法案》(the Bill of Rights)，全称是《国民权利与自由和王位继承宣言》。英国光荣革命期间，英国资产阶级于1689年1月在伦敦召开的议会全体会议上，宣布国王詹姆斯二世逊位，由其女婿威廉和女儿玛丽公主共同摄政，史称威廉三世和玛丽二世。同时，议会向威廉提出《权利宣言》。

《权利宣言》谴责詹姆斯二世破坏法律的行为；指出以后国王未经议会同意不能停止任何法律效力；不经议会同意不能征收赋税；天主教徒不能担任国王，国王不能与天主教徒结婚等。威廉接受宣言提出的要求，《权利宣言》于1869年10月经议会正式批准成为法律，即《权利法案》。

《权利法案》是英国资产阶级革命中的重要法律文件，诞生于英国“光荣革命”时期，奠定了英国君主立宪政体的理论和法律基础，确立了议会高于王权的宪政原则，为英国资本主义发展扫清了道路。

历史从此发生了改变！

“光荣革命”之后，英国通过《权利法案》来保证公民权利不受侵害，保证一个受到制约的有限政府和三年改选一次的议会能够顺利运行；成立了英国中央银行（即英格兰银行)，大力发行国债以发展工业和金融业，使得商业主义和自由企业精神能够在英国茁壮成长；颁布了宗教宽容法案，给予新教徒以合法身份，使得新教伦理①更加深入人心；实行了反对法国的外交政策，为英国发展开辟了一个有利环境等等。正是这些措施使得英国能够率先完成工业革

① 马克斯·韦伯著，于晓、陈维纲等译：《新教伦理与资本主义精神》，生活·读书·新知三联书店1987年版。

命，为其日后的强大打下了坚实的基础①。

"光荣革命"的影响是历史性的，其直接的成果是英国的强大，其间接的成果是美国的强大。美国学者认为，"光荣革命"是英语民族强盛之根源。在盎格鲁—萨克逊主义者看来，英语国家赖以成功的市场经济、宪政民主、法治、宗教宽容、资本主义和新教伦理以及反对霸权的外交理念，正是通过1688年的英国"光荣革命"打下基础的，从这个意义上说，"光荣革命"不仅仅是英国的一场革命，也是包括美国在内的整个英语民族的第一次革命②。

金融革命③

几乎就在英国宪政革命的同时，1689年英法百年争霸战争爆发。由于战争筹款的需要，1694年，英国政府以8%的利率发行了120万英镑的公债，建立了英格兰银行。随后，英国政府重新组建了联合东印度公司，并成立了南海公司，这两家企业同英格兰银行一样都被授予特权，条件是给国家提供长期贷款。由此，政府公债和英格兰银行、东印度公司、南海公司的股票创造了一个能为政府大规模筹集资金的资本市场。英格兰银行、南海公司、联合东印度公司三家企业，成为创立稳固的财政制度、公共筹资制度的三个关键方面。

伦敦金融市场也随着1689年英法争霸战争爆发、政府庞大融资需求而蓬

---

① 刘见林："'光荣革命'是英语民族强盛之根源"，《华盛顿观察》（周刊）2007年第20期。参见：http://www.china.com.cn/international/txt/2007-06/07/content_8355073.htm。

② 迈克·巴仑（Michael Barone）：《我们的第一次革命：一场激励了美国建国之父的英国政变》（Our First Revolution: The Remarkable British Upheaval That Inspired America's Founding Fathers），王冠出版社（Crown）2007年版，第352页。

③ 本部分内容转引和改写自：聂庆平、蔡笑："金融创新、金融力量与大国崛起——基于荷兰、英国和美国的分析"，《财贸经济》2008年第5期。

勃发展起来，1695 年，皇家交易所就已买卖公债以及东印度公司和英格兰银行的股票。到 18 世纪后半期，伦敦的资本市场开始超越荷兰阿姆斯特丹的资本市场，确立其支配地位。

1816 年，英国制定“金本位制度法案”，在世界上率先实行了金本位制。1844 年的《英格兰银行条例》赋予了英格兰银行基本垄断货币发行的权利，是其成为中央银行的决定性一步。1872 年，英格兰银行开始对其他银行担负起在困难时提供资金支持即“最后贷款人”的责任，确立了“银行的银行”地位。由此，英格兰银行转变为“发钞的银行、银行的银行、政府的银行”，成为世界上第一个真正意义上的中央银行，对世界其他国家中央银行制度的建立产生了重大影响。

由此，现代银行体系在英国首先确立，英国政府通过英格兰银行能够在发生金融危机或恐慌时迅速向困难的金融机构提供清偿手段，维护英国金融和经济体系的稳定。此外，英国政府通过英格兰银行还可以有效地调节国内货币流通与信用活动，并对国内金融体系和金融活动进行管理和监督，支持经济的高速发展。

凭借一个高效的公共信用和货币体系，一个相当规模的金融市场，一个旨在稳定汇率的金本位制度，再加上英国是世界政治经济大国，英镑逐渐成为全世界普遍接受的国际货币，伦敦成为国际金融中心，在 19 世纪 70 年代，最终形成了国际金本位制度，确立了英国世界金融霸主地位，英国支配了世界金融体系，直到该体系在 1914 年崩溃为止，当时的英格兰银行宣布停止英镑对黄金的兑换。

人口增长

人口与资本是经济发展的两大永恒主题。与大国崛起相伴的是资本力量的强大，战无不胜、所向披靡的资本力量往往容易迷住政治家和经济学家的双眼。但是，不显山不露水、默默无闻的人口力量、生育力量，恰恰是聪明的商人、高明的企业家之最爱，也是资本之最爱。世界历史上中华帝国、英法帝国、沙俄帝国以及近代美国的崛起，都与人口发展密不可分。资本力量的背后，是伟大的人口力量和生育力量。

英法兴衰背后的资本对决

世界历史上著名的英法“百年战争”爆发于1337年，到1453年结束，期间几易赢家，最终法国战胜英国，“百年战争”以法国的全面胜利告终。

但是，在18世纪到19世纪的“英法百年争霸战争”中，英国最后战胜了法国。18～19世纪英法地位的起落变化和强弱逆转，成为世界经济史上的重要事件，引发了经济学家和经济史学家乐此不疲的深入研究。

保罗·肯尼迪在其名著《大国的兴衰》① 一书中，从英法金融革命的角度对此进行研究后发现：英法两国发行的国债规模几乎不相上下，都约为2.15亿英镑，但法国每年付

① 保罗·肯尼迪：《大国的兴衰》，中国经济出版社1989年版，第100页、第104页。

息1400万英镑，几乎比英国多一倍。

美国耶鲁大学陈志武教授沿着保罗·肯尼迪的研究思路进行研究后同样发现：1752年，英国政府的公债利率大约为2.5%，而法国公债利率是5%左右。1752~1832年期间，法国政府支付的公债利息基本都是英国政府公债利息的两倍以上①。陈志武教授认为：英国之所以在18世纪开始远远超过法国，并最终在世纪末期的战争中战胜法国，其关键就在于英国有更发达的金融技术和金融市场。

保罗·肯尼迪和陈志武是用资本和金融对决来解释英法兴衰。

其他学者则从宪政制度和民主财政角度来进行解释②。

同样，考察英法兴衰背后的人口发展历史，也有新的发现。

英法兴衰背后的人口对决

英法"百年战争"爆发于1337年，即14世纪初，英法两国都处于人口的增长期，双方势均力敌，僵持不下。但是到战争结束的时候，即1453年前后，法国的总人口超越了英国，结果法国大获全胜。

英法"百年战争"结束后，法国开始强劲崛起。到了19世纪初，法国直接或间接统治了欧洲大陆的大部分地区，欧洲大陆的主要国家奥地利、普鲁士臣服于法国，伴随着俄法和谈，拿破仑实际上控制了整个西欧和中欧。

法国崛起的背后不仅有拿破仑卓绝的政治军事才能，更有他对人口资源的重视。法国女作家斯塔埃尔曾问他喜欢什么样的女子，拿破仑笑了笑说是"最能生孩子的女人"。法国史学家指出："这位皇帝站在哲学家和革命家的立场上，认为人口资源的丰富是国家伟大、繁荣和幸福的象征。"

---

① 陈志武："治国的金融之道"，《经济观察报》2006年10月23日。

② 笔者在1998年完成的博士论文"民主机制与民主财政"中认为，英国比法国支付较少的国债利息，恰恰是因为英国建立了民主财政制度，少支付的国债利息可以成为民主财政的动员能力和制度收益。著名经济学家杨小凯先生在2002年发表文章认为：英法两国最根本的差距是制度差距，英国早在1688年之后就实现了宪政制度。宪政制度虽然不是一种民主制度，却是一种共和制度，但英国的共和制度比当时法国的贵族政权、等级制度要进步得多。制度上的差异导致英国政府可以少支付国债利息。请参见：刘云龙：《民主机制与民主财政》，中国城市出版社2001年版。

但是，法国人口增长好景不长，伴随着拿破仑的远去，法国人口增长开始放缓，而英国人口出现爆炸式增长，并且人口总规模超过法国。

从1400年到1900年的500年间，英国人口从400万增长到4160万，而法国则只从1600万增长到3890万。可见在这500年间，英国在人口发展上实现了后来居上（见图1－1）。

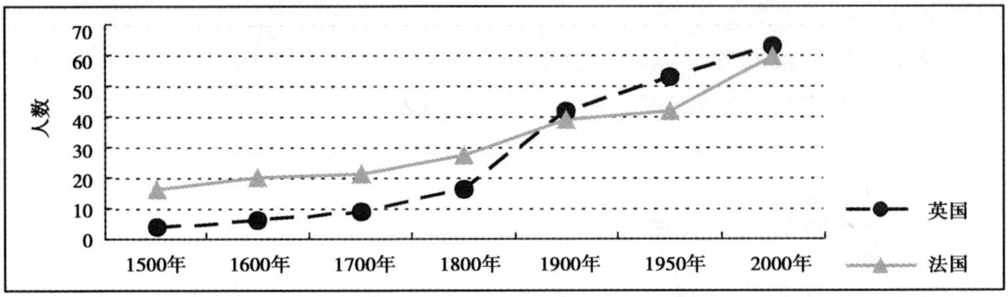

图1－1　1500～2000年英、法人口比较①

伴随着英国人口的大幅度增长，再加上英国的宪政革命、金融革命三大优势汇聚在一起，英国竞争力远远超过法国。这样，在18～19世纪之间爆发的“英法百年争霸战争”中，英国自然全面取胜。

工业革命

第一次工业革命：1760～1840年。1840年前后，英国以机器大生产取代工厂手工业的工业革命基本完成，成为世界上第一个工业化国家。1840年，英国工业产值在世界工

① 资料来源：易富贤：“为什么工业革命发源于英国而不是法国”，光明网，2006年10月9日。

业产值中的比重占到 45%，约为法国（12%）和美国（11%）之和的 2 倍，成为世界头号强国，并享有“世界工厂”之称，对外贸易被誉为经济增长中的“发动机”①。

第二次工业革命：1870 ~ 1900 年（20 世纪初期）。自第一次工业革命以来，经过近 3 个世纪的争夺和扩展，英国建立了庞大的大英帝国。英帝国除拥有本土英伦三岛外，还享有自治领、殖民地、代管地等。英帝国最强盛时期的领土遍及 5 大洲，总面积多达 3350 万平方公里，是英国本土面积的 137 倍，占全球面积的 1/4；其殖民地人口约有 4 亿，占全部殖民地人口的 75% 以上。从地球北极附近的加拿大，到南极附近的阿根廷，从非洲的刚果河，到亚洲的东南亚，都有大小不等的英国殖民地。

① 张谷：“经济开放与产业转型中的‘英国病’”，《山西大学学报》1997 年第 1 期。

正如英国经济学家杰文斯1865年所言，“北美和俄国的平原是我们的玉米地，芝加哥和敖德萨是我们的粮仓，加拿大和波罗的海之滨是我们的林区，澳大利亚是我们的牧羊场，阿根廷和北美西部大草原给我们放牧牛群，秘鲁人送来白银，南非和澳洲人送来黄金，印度和中国为我们提供茶叶，东印度群岛给我们提供咖啡、甘蔗和香料。我们的棉花长期以来栽培在美国的南部，现已扩展到地球每个温暖地区。”当殖民地的最东面进入黑夜之时，最西端仍然处于白昼，所以英国号称“日不落帝国”。

英国从公元900年到公元1900年，可以称之为自强不息的千年，奋发图强的千年，南征北战的千年。由于独特的地缘政治、延绵千年的战争压力、生生不息的人口膨胀、风云际会的法律革命、九死一生的政经革命，英国实现了“日不落帝国”的辉煌。

2005年，笔者在英国考察期间，有感而发撰写了《七律·访英有感》。

七律·访英有感

自由贸易名利扬，工业革命助辉煌；
资本输出日不落，市场拓夺边无疆；
伦敦博物藏经史，国家画廊品艺芳。

转眼战事气力伤，福利成病雪加霜，
问策天下何处去，入欧随美两彷徨；
津桥虽能奈何去，第三路上苦觅方。

自古兴盛依开创，民主宪政成良相；
从来衰落怨周期，有常易做无常忘；
国运变换经常事，大国善治费思量。

染上“英国病”

20世纪初，世界列强争霸激烈，先后爆发了两次世界大战。英国虽然赢得了两次世界大战的胜利，但是在经济上却一败再败，失败得一塌糊涂。两次世界大战给英国带来了极大的损失，大大削弱了其在世界经济中的领先地位以及在国际贸易和产业分工中的专业优势。

1914年，英国经济世界第一的位置已被美国取代；到了1955年，英国的国民生产总值被联邦德国超过，1964年被法国超过，1965年又被日本超过①，20世纪80年代还一度被意大利超过。

到了20世纪中期，英国贸易萎缩和经济衰退更加明显。1983年，英国制造业产品贸易收支出现赤字，这是英国自工业革命以来的第一次。种种迹象表明英国成为西方工业革命后第一个比较突出地在经济开放中出现经济增长乏力现象的国家，让人不免对经济开放和国际贸易是保证一国经济高速增长的“发动机”之说产生怀疑。对此，西方经济学家唐宁（Dunning，J. H.）给它取了一个新的名称：“英国病”现象②。

---

① 黄润中：“英国经济发展之路析示”，《国际关系学报》2000年第2期。

② 关于“英国病”方面的内容转引和改写自张谷：“经济开放与产业转型中的‘英国病’”，《山西大学学报》1997年第1期。

英国病

20 世纪 70 年代，国际经济学界曾经流行过一种有广泛影响的说法：英国病，美国滞，日本热。

“二战”结束后，英国经济增长相对缓慢，萎靡不振的状态持续了近 30 年，它导致英国在世界经济列强中的实力和地位明显下降。种种迹象表明英国成为西方工业革命后第一个比较突出地在经济开放中出现经济增长乏力现象的国家，让人不免对经济开放和国际贸易是保证一国经济高速增长的“发动机”之说产生怀疑。对此，西方经济学家唐宁给它取了一个新的名称：“英国病”现象。

准确地讲，“英国病”是一种综合症：有福利国家模式的影响，社会保障过于慷慨导致财政支出过大；有“二战”后国有化政策的影响，导致企业低效率运营；有凯恩斯主义的影响，造成“大政府小社会”的局面；有税收过高、投资率过低、竞争精神弱化、企业家精神衰退的影响，经济缺乏活力；有人口老龄化的影响，人口出生率过低，长寿化趋势增强；有产业结构调整的影响，工业特别是制造业发展滞后。

为了有效治疗“英国病”，数届英国政府费了九牛二虎之力，一直收效甚微。直到英国首相撒切尔夫人上台后，推行“撒切尔革命”取得成效，英国才又重新威风凛凛地站立起来。

19 世纪的巨大辉煌滋生了英国政府的守旧思想，面对如火如荼的第二次工业革命，英国政府对此无动于衷。由于英国政府长期不对新兴工业采取扶植发展政策，固守 19

世纪的自由贸易政策和市场竞争的传统轨道；企业界也不急于发展新兴工业，金融界也不愿把投资从低风险的传统工业转到具有一定风险的新兴工业中；没有制定保护性措施，使得新兴的汽车工业受到很大的冲击；没有积极推进生产和资本的集中，传统工业中的市场结构仍然以19世纪形成的小企业为主，当美国和德国富有竞争力的大型企业迅速崛起之后，英国企业的竞争地位显著弱化。而且，由于大企业一般采取比较先进的经营管理制度，以小企业为主的英国，企业经营管理水平越来越落后于美国和德国。

同时，在第二次世界大战后，英国成了一个典型的福利国家。虽然人们的生活状况和劳动条件有了较大的改善，但是国家背上了沉重的负担。从20世纪50年代开始，英国财政收支出现赤字。于是，一场前所未有的经济领域的恶性循环开始了：为了弥补财政赤字，不得不多发货币；多发货币，自然导致通货膨胀；为了控制通货膨胀，需要增加税收；增加税收，必然降低企业盈利；企业盈利降低，只好减少投资、减少工人；减少投资，自然会降低经济增长速度；减少工人，会造成失业，会降低工人的消费，同样会降低经济增长速度。

于是，整个英国就陷入了发展速度低、经济效益低、投资比率低、通货膨胀率高、社会失业率高、外贸逆差高、地方分权主义日益严重等困境，这些"高低交错"的指标交织成了一幅"英国病"的典型症状①。

准确地讲，"英国病"是一种综合症：有福利国家模式的影响，社会保障过于慷慨导致财政支出过大；有"二战"后国有化政策的影响，导致企业低效率运营；有凯恩斯主义的影响，造成"大政府小社会"的局面；有税收过高、投资率过低、竞争精神弱化、企业家精神衰退的影响，经济缺乏活力；有人口老龄化的影响，人口出生率过低，长寿化趋势增强；有产业结构调整的影响，工业特别是制造业发展滞后。

"英国病"的产业结构特征是在经济开放中工业特别是制造业的发展趋于萎缩。日本学者南亮进②认为："英国病"是在经济开放竞争背景下，英国由轻工业向重化工业的转换过慢造成的，一方面其轻工业遭受日本等后起工业化

① 张维平、伍晓鹰：《美国梦、日本热、英国病及其他》，《读书》1987年。

② 南亮进，日本著名经济学家，日本一桥大学经济研究所所长。

国家轻纺工业的打击而逐渐衰落，当时的日本企业纷纷采用新技术和低工资来提高竞争力；另一方面英国产业结构由轻工业主导向重化工业主导的转型不及时，过于迟缓，结果使得制造业和国民经济陷于停滞局面。实际上，从产业结构的角度来看待“英国病”现象，就会发现它类似于欧洲历史曾经出现过的“西班牙病”现象。

疑似“西班牙病例”

在“英国病”现象出现之前，欧洲曾经出现过“西班牙病”现象。15～16世纪是西班牙的海上霸主时代，当时重商主义思想盛行，在发现金银之后，随着大量贵金属的输入，西班牙举国上下追求金银、讲求享受之风大涨，国内的制造业因为人员流失、国外制造业产品大量进口而趋于萎缩。随后，一方面由于西班牙王国多年对外进行战争（如英西战争和英法百年争霸战争），国库所得的70%用于战争军费开支；另一方面从美洲输入的大部分金银花费在国王和普通国民豪华的建筑、奢侈的消费、大量的铺张浪费上，西班牙制造业的结构性萎缩更加严重。1570年后，贸易不平衡加剧，大量的国外制造业产品持续地进口，以至于西班牙传统的纺织品、玻璃、制糖、皮革、制铜工业和贸易基地自1580年起显著衰落。这就是工业革命之前在欧洲历史上曾经发生过的经济开放与产业转型中的“西班牙病”。

西班牙病

15 ~ 16 世纪是西班牙的海上霸主时代，当时重商主义思想盛行，在美洲发现金银之后，随着美洲殖民地大量贵金属源源不断地输入，西班牙举国上下追求金银、讲求享受之风大涨，于是金银加工业一枝独秀，大量的优秀技工纷纷从国内其他产业中转移过来。于是，国内制造业因为人员流失、国外制造业产品大量进口而趋于萎缩。

随后，一方面由于西班牙王国多年对外进行战争（如英西战争和英法百年争霸战争），国库所得的 70% 用于战争军费开支；另一方面从美洲输入的大部分金银都花费在国王和普通国民的豪华建筑、奢侈消费、铺张浪费上，西班牙制造业的结构性萎缩更加严重。

1570 年后，贸易不平衡加剧，大量的国外制造业产品持续地进口，以至于西班牙传统的纺织品、玻璃、制糖、皮革、制铜工业和贸易基地，自 1580 年起显著衰落。这就是工业革命之前在欧洲历史上曾经发生过的经济开放与产业转型中的“西班牙病”。

“英国病”和“西班牙病”虽然发生在不同时代，但它们之间却有许多相似之处，最主要的一点在于工业特别是制造业在产业结构中的比重严重地、反常态地衰减①。16 世纪的“西班牙病”起源于金银贵金属贸易，贵金属贸易成为

① 经济学文献对此有一个学术化的表述，即“倒逆工业化”现象，通俗地讲就是与工业化发展的正常方向相反。

"大膨胀部门"，吸引其他部门和产业的生产要素过度聚集，进而导致其他产业特别是制造业呈现萎缩状态①。英国在1870～1913年间，煤炭开采及贸易成为第一"大膨胀部门"，对外投资或资本出口成为第二"大膨胀部门"，英国国外净财产收入占国内生产总值（即GDP）的比重从2%上升到8%；1970年后，北海石油资源的发现及开采成为第一"大膨胀部门"，对外投资仍然保持第二"大膨胀部门"，英国私人对外直接投资累积额仅次于美国，列世界第二位。

向"英国病"宣战！

1979年5月4日，玛格丽特·撒切尔夫人在大选中获胜，组成保守党政府，她在1983年和1987年大选中获胜连任，共执政11年多时间（1979.5.4～1990.11.28），成为英国一个半世纪以来第一位连任三届的首相，也是英国历史上第一位女首相。

在大选之前，代表保守党经济政策的纲领性文件是《经济的正确途径》，它已经展示了撒切尔夫人的执政抱负和执政理念：创建一个财产私有的民主政体，每个人都可以凭借个人劳动和交换能力去发财致富；政府对他们实施有效保护，但不可对他们课以高额赋税；政府不能靠增发货币、高通货膨胀来缓解失业问题，那只能是扬汤止沸；必须摒弃此前工党政府的经济政策，包括"国有化"政策、"福利国家"政策；不能对工会和工人运动让步。

撒切尔夫人出任首相之后，摆在她面前的"老大难"问题主要有三个：一是高通货膨胀率；二是高失业率；三是低投资率。

撒切尔夫人认为，政府当务之急是解决通货膨胀和投资萎缩两大难点。只要投资增加，供给扩大，贸易活跃，财政充实，摆脱"英国病"、走出经济衰退就会水到渠成。因此，撒切尔政府实行货币主义政策来治理通货膨胀，同时，通过一系列政策对国有企业实行民营化，刺激私人投资，扩大有效供给，缓解政府负担。

撒切尔夫人认为，随着"私有化"政策的推行，工业会有重大的发展，能够创造更多的就业机会；反之，如果把解决失业问题摆在首位，通货膨胀率势必难以降下来，工业上不去，失业问题只能加剧。她认为，先治理失业、后

---

① 这就是经济学中著名的尼尔里—高顿"大膨胀部门模型"理论的主要观点。

治理通货膨胀，是舍本逐末的做法，难以从根本上解决失业问题。于是，她选择先治理通货膨胀、后治理失业的做法。

正是基于这一套理论，撒切尔夫人上台后，针对“英国病”和滞胀经济，一反传统的“大政府小社会”的现代凯恩斯主义经济政策，实行货币主义经济政策，立即大刀阔斧地进行改革，被称为“撒切尔革命”。

第一，紧缩货币，抑制货币发行和流通，控制通货膨胀。1980 年的通胀率为 21.9%，1983 年降至 4%，1984 年降到了 3%。

第二，降低税率，促进投资。新政府于 1979 年出台的第一个预算案，就将个人所得税的基本税率从 33% 下调至 30%，最高税率从 83% 下调至 60%。1988 年，前者进一步下调至 25%，后者降至 40%；企业所得税则从 52% 猛降至 35%。

第三，推行国有企业民营化，发挥自由市场机制的活力。撒切尔政府大规模出售国营企业，并以股票形式将国营企业改制为民营企业。1979 年，英国的持股人数只有 300 万，到 1987 年增加到 900 万人。

第四，压缩公共开支，削减社会福利，改革养老金制度。

第五，削弱工会组织的力量①。

1983 年 4 月 15 日，也就是其第一届任期即将届满、准备第二届任期竞选的关键时刻，撒切尔夫人发表了电视讲话，系统地列举了她执政 4 年来的 10 大政绩，这就是：加强了国防力量，并为加强北约做出了贡献；促进了集体的欧洲；维护了法律和秩序；通货膨胀率下降到 5% 以下；压缩了公共开支；推行了私有化政策；削减了工会的权利；提高了工业效率；让更多的人拥有住房；养老金增长率超过了通货膨胀率。

可以说，撒切尔夫人的第一个任期是对“英国病”全面开火、立体攻击的 4 年，到 1983 年的时候，“撒切尔革命”的成效已经显露。在其后续的任期中，“撒切尔革命”仍然得到贯彻执行，成效更加显著。经过撒切尔夫人的 11 年执政，以及后继者梅杰政府的“萧规曹随”，英国又重新威风凛凛地站立起来。

---

① 1984～1985 年，英国煤矿工人罢工，持续时间达到 12 个月，撒切尔夫人硬是当仁不让，寸土必争，与工会组织和工会力量针锋相对，直至罢工宣告失败，这被认为是保守党在政治及意识形态上的一场重大胜利。

第二章
除却巫山不是云

金融英国成为英国新希望，“金融英国”的奠基石、垫脚石恰恰是养老金！是养老金拯救了英国！是养老金成就了“撒切尔革命”！

如果说撒切尔夫人第一个任期的主要任务是改革的话，那么她此后任期的主要任务就是发展。

她要为英国选择和培育新的主导产业，要确定英国新的相对比较优势，要打造英国新的国家竞争力，从而实现英国经济的全面转型。

撒切尔夫人选择了金融大爆炸，选择了养老金革命。

金融英国成为英国新希望！

养老金拯救了英国！

养老金成就了撒切尔夫人！

相对比较优势理论

1983年5月16日，英国工党发表了题为《英国的新希望》① 的竞选宣言。面对工党极端、偏激的观点，以撒切尔夫人为代表的保守党采取了后发制人的策略，在5月18日发表了题为《保守党1983年宣言》，列举了保守党执政4年来的10大政绩，表明了坚定不移地推进改革的信念，与之针锋相对。结果是英国工党在本次竞选中落败，以撒切尔夫人为代表的保守党继续执政。

虽然英国工党在这次大选中落败，但是由其提出的“英国新希望”的口号和概念，还是代表了英国民众翘首以待的期盼、望眼欲穿的向往，同样也成为英国保守党以及撒切尔政府孜孜以求的方向。寻找一个国家经济发展的出路和方向，培育和打造全新的国家竞争力，首先就是要确定该国在国际经济大舞台中的相对比较优势。

英国古典经济学家亚当·斯密在1776年出版的名著《国富论》一书中，早就提出了绝对优势理论，该理论的核心思想是：世界各国在生产同样产品时

① 英国工党宣言的主旨有5项：在美苏尚未达成核裁军协议之前，即率先实行英国的单方面核裁军，实施无核防御的核政策；退出欧洲共同体；实施一项耗资115亿英镑的公共开支计划，力求在5年内将国内的失业人数降到100万以下；实行广泛的国有化与再国有化措施；给予工会更多的权力。

劳动生产率的绝对差异，会导致各国之间生产优势的不同，因此，各国应该专门生产本国具有劳动生产率优势的产品，不同国家之间进行贸易，以长补短，互通有无，不但可以获得贸易带来的好处，而且构成国际分工体系。

同为英国古典经济学家的大卫·李嘉图此后创立了比较优势理论，该理论的核心思想是：在两个国家之间，即使一国在两种商品生产上较之另一国均处于绝对劣势地位，毫无任何优势而言，也不要紧，两国之间仍然可以进行贸易，同样可以获得贸易带来的好处。只不过处于绝对优势的国家，应集中力量生产优势较大的商品；处于绝对劣势的国家，应集中力量生产劣势较小的商品。

在第一次工业革命初期诞生的斯密和李嘉图的比较优势理论，强调的是国家之间劳动生产率的差异、技术水平高低的差异、劳动分工的差异。应该说，斯密和李嘉图的比较优势理论作为英国的“土特产”，撒切尔政府的官员们当然十分熟悉，也很受启发，但是还不足以帮助他们找到英国新的发展道路，毕竟此时英国面对的已是被工业化浪潮冲击过的世界经济新格局。

这时候，由瑞典两位著名经济学家赫克歇尔和俄林发展的“要素禀赋比较优势理论”① 已经天下闻名。要素禀赋是指生产活动中所需要的物质条件和投入要素，它不仅包括传统的生产要素，如自然资源、劳动力、资本、技术，还涵盖制度、信息、管理等现代生产要素。要素禀赋比较优势理论认为，一个国家比较优势地位的确定离不开该国的要素禀赋条件。通俗地讲，就是一个国家要选择产业发展方向，应该立足于本国实际情况，立足于本国的要素禀赋。

要素禀赋比较优势理论自然引起撒切尔政府官员们的高度兴趣，立刻引导他们对英国山川河岳、风土人情、国民素质、资本力量、技术装备、信息发展和管理能力等等要素禀赋进行一一盘点、细细考量。英国新希望的最终实现，首先就来自于撒切尔政府对英国优势的重新认识和全面评价。

---

① 要素禀赋理论（Factor Endowment Theory）是由瑞典经济学家赫克歇尔和俄林提出来的。其中基本观点由赫克歇尔（1879～1952年）首先提出，俄林（1899～1979年）师承赫克歇尔创立了要素禀赋理论，该理论在国际经济学领域享有盛名。

相对比较优势所在

按照要素禀赋理论，一个国家产业发展方向的选择，需要考量多种条件：自然资源、劳动力、资本、技术，制度、信息和管理等。

从英国的自然资源来看，作为一个岛国，英国最有优势的当然是港口，像格拉斯哥、利物浦、伦敦、南安普顿都是国际名港。但是在欧洲，荷兰有著名的阿姆斯特丹，法国有众多的天然良港。因此，试图通过港口发展、造船业发展、海上运输业发展，让英国成为欧洲的“转运使”，进而带动英国经济转型，被认为是不现实的做法。

英国蕴藏丰富的煤炭、石油、天然气资源。就煤炭资源而言，国际上的南非、俄罗斯、哥伦比亚等国同为重要的煤炭供应商，由于此时核电在主要工业化国家中开始得到大规模使用，对煤炭资源的国际需求量在减少。而且，此时英国的矿山已经老化，开采成本偏高，早就缺乏国际竞争力了，已经成为“英国病”现象的产业代表。此时的石油产业已经成为英国工业的第一“大膨胀部门”，聚集了过多的生产要素，已经阻碍了制造业的发展。很显然，继续依靠对煤炭、石油等矿产资源的采掘、加工、出口来带动经济转型，也被认为是不明智的选择。

英国拥有高素质的劳动力资源，但是从1930年开始，英国就跨入了人口老龄化国家的行列，65岁以上人口的所占比例超过7%。而且由于“二战”后“福利国家”模式的推行，一方面英国劳动力成本已经相当昂贵；另一方面劳动生产率反而大大低于其他工业化国家。同时，在西方6国中，英国的总储蓄率水平大大落后于其他国家，只是与美国相比在伯仲之间（见表2-1）。

英国经历过两次工业革命的洗礼，应该拥有先进的技术装备和技术水平，但是由于自大、保守、殖民地贸易等多种因素的影响，导致工业领域的技术水平大大落后于其他工业化国家。而且，由于“二战”后英国工党政府大规模的国有化运动，导致企业经营管理水平同样大大落后于其他工业化国家。

表2-1　　1950~1973年西方6国的总储蓄率比较（%）

时期＼国家	日本	前联邦德国	美国	法国	英国	意大利
1950~1959年	28.7	26.3	18.6	18.4	15.2	21.4
1960~1967年	33.5	27.3	19.6	19.6	18.2	25.2
1968~1973年	38.2	27.1	19.2	19.2	20.1	24.0

资料来源：李公绰：《战后日本的经济起飞》，湖南人民出版社1988年版，第188页。

很显然，如果英国政府简单地采取“缺什么，补什么”的发展观，那么按照日本著名经济学家南亮进的分析，英国政府应该大力推进“由轻工业向重化工业转换”，向重化工业挺进；按照尼尔里—高顿“大膨胀部门”理论的指导，英国政府应该降低石油产业作为第一“大膨胀部门”的地位，重新振兴制造业，大力提高制造业发展对工业生产的贡献度。

“缺什么，补什么”的发展观，可以说是“明知山有虎，偏向虎山行”的勇猛做法。但是，按照要素禀赋理论来看，这是一种“有勇无谋”的做法。实际上，撒切尔政府的高官们此时正拿着地图和数据表，对着英国的“家底”一一排查，数来数去。通过夜以继日、通宵达旦的讨论，他们一致认为英国不适宜选择“制造业立国”的发展道路。于是，还得继续找方向，找路子。

这时，美国未来学大师、社会思想家阿尔文·托夫勒①的“第三次浪潮”理论引起了撒切尔政府官员们的高度关注。

---

① 阿尔文·托夫勒1970年出版《未来的冲击》，1980年出版《第三次浪潮》，1990年出版《权力的转移》等未来学三部曲，享誉全球，成为未来学巨擘，对当今社会思潮有广泛而深远的影响。2006年5月，托夫勒与妻子海蒂合作出版了《财富的革命》，同样一石激起千层浪。

第三次浪潮

第三次浪潮一词由世界著名未来学家、当今最具影响力的社会思想家阿尔文·托夫勒（Alvin Toffler）所创造。

托夫勒 1970 年出版《未来的冲击》，1980 年出版《第三次浪潮》，1990 年出版《权力的转移》等未来三部曲，享誉全球，成为未来学巨擘，对当今社会思潮有广泛而深远的影响。2006 年 5 月，托夫勒和妻子海蒂两人的最新作品《财富的革命》也在全球同步出版。

托夫勒是第一位洞察到现代科技将深刻改变人类社会结构及生活形态的学者。他在《第三次浪潮》一书中，将人类发展史划分为第一次浪潮的"农业文明"，第二次浪潮的"工业文明"以及第三次浪潮的"信息社会"。

在托夫勒看来，第三次浪潮是信息革命，其标志是计算机的开发和使用，主要以信息技术为主体，重点是创造和开发知识。而且，以第三次浪潮为标志的信息社会，与前两次浪潮的农业社会和工业社会相比，最大的区别就是不再以体能和机械能为主，而是以智能为主。

托夫勒在 30 年前预见的未来是：跨国企业将盛行；电脑、互联网的广泛应用使在家工作（SOHO）成为可能；人们将摆脱朝九晚五工作模式和工作要求的桎梏；核心家庭瓦解；自己动手做（DIY）运动兴起……时过境迁，如今托夫勒的预言竟大多成为了现实。

1970 年，托夫勒的著作《未来的冲击》问世，这本讨论美国未来政治和社会制度的鸿篇巨著，在国际间引起强烈反响，被译成 50 多种文字，畅销 700 万册，为英语世界创造了一个流行的新词"Future shock（未来的冲击）"。1980 年，托夫勒推出另一部力作《第三次浪潮》，再一次风行世界，引起了雪崩般的评论，被称为是"本世纪最有影响力的杰作之一”，由此创造了充满睿智的术语“The third wave（第三次浪潮）”。托夫勒是第一位洞察到现代科技将深刻改变人类社会结构及生活形态的学者。在《第三次浪潮》中，他将人类发展史划分为第一次浪潮的“农业文明”，第二次浪潮的“工业文明”以及第三次浪潮的“信息社会”。在托夫勒看来，第三次浪潮是信息革命，其标志是计算机的开发和使用，主要以信息技术为主体，重点是创造和开发知识。而且，以第三次浪潮为标志的信息社会，与前两次浪潮的农业社会和工业社会相比，最大的区别就是不再以体能和机械能为主，而是以智能为主①。

很显然，信息技术、信息革命将开创一个新的时代，大有发展前途。而且，信息技术刚刚兴起，从20世纪50年代算起，到20世纪80年代初，也不过30年的时间，虽然美国和日本已经捷足先得，但是英国要追赶还有机会。可以说，大力扶持和发展信息产业，对此时的英国而言，非常有诱惑力，它也符合李嘉图的比较优势理论。围绕是否将信息产业发展作为英国的主导产业来选择，在英国产业界、学术界也引发了强烈的争议，在撒切尔政府的内部同样如此。

此时，强烈的反对声音出现了，他们认为，信息技术革命有“四大依靠”：一靠技术创新能力；二靠管理创新能力；三靠金融创新能力；四是制度创新能力。对照英国来评估，典型的“三缺一”局面，除了拥有制度创新能力的优势外，其他三种创新能力都不具备。这样，经过反反复复的唇枪舌战，大家最终达成了这样的共识：积极参与，大力发展，可以作为主导产业来对待，但是不作为经济转型的落脚点。这样，撒切尔政府还得继续寻找实现英国经济转型的上上策。

确实，英国的制度优势相对明显，民主政治体制稳固，国内政治格局稳定，法律传统蔚然成风，普通法和信托法有利于保护商业利益和投资者利益，享有国际赞誉。这时，撒切尔夫人和内阁大臣们将目光一齐锁定在英国的金融优势上。

应该讲，此时英国的金融优势地位相对明显：伦敦的国际金融中心地位仍然存在，国际清算中心地位依然稳固，英镑仍然保持币值稳定，英格兰银行作为英国中央银行“风采依旧”，只不过此时英国的金融优势地位正处于下降的通道中。美国纽约华尔街的全球金融主导地位已经确立，力量还在不断增强；

---

① 阿尔文·托夫勒，参见百度百科。http：//baike. baidu. com/view/600464. htm。

日本作为经济大国和金融大国的地位越来越凸显，东京作为全球金融中心对伦敦金融中心的威胁与日俱增。

放眼全球经济金融格局，英国金融产业虽然落后于美国，与日本相比在伯仲之间，但是在欧洲仍然处于无与伦比的地位。金融服务业发展所需的高端金融人才和高端技术，反而要数英国最为丰裕，可以立即组织起庞大的人力资源。金融业发展需要的风险管理和法律控制能力，自然是英国的“老本行”。这样，不管是按照李嘉图的比较优势理论，还是参考要素禀赋优势理论，相对于制造业和信息产业的发展而言，英国优先发展金融服务业确实是顺理成章、水到渠成的选择。

当撒切尔政府的官员们讨论到这里的时候，他们已经豁然开朗，大有拨云见日、柳暗花明的感觉。

“这里就是陀罗斯，就在这里跳舞吧！”

于是，撒切尔政府决定：发挥英国在制度、资本、人才、风险管理等方面的传统优势，大力发展和振兴英国金融服务业①，实现英国经济的全面转型，金融英国是英国改革和发展的落脚点。

天时、地利、人和

放弃“贸易立国”、“工业立国”的发展战略，确立“金融立国”的新思维，并因此走出一条新道路，开辟一片新希望，固然体现了撒切尔政府的高瞻远瞩、远见卓识，而英国有利的外部环境也成就了撒切尔夫人的励精图治和丰功伟绩。

“二战”后成立的“关税及贸易总协定”国际组织，旨在组织削减关税和其他贸易壁垒的谈判，促进国际贸易发展。从 1947 ~ 1979 年，在总协定的主

① 至此，英国确立了“金融服务业立国”战略，为了表述的简洁，下文称之为“金融立国”战略，并与英国此前的“贸易立国”战略、“产业立国”战略相对应。“金融立国”战略，有时候表述为“金融英国”。请读者留意。

持下各国共进行了7次多边贸易谈判，其中最著名的是1964年的“肯尼迪回合”和1973年的“东京回合”。到1985年5月，关贸总协定的正式成员国已发展为90个国家和地区，参加关贸总协定国家和地区的总贸易额占世界总贸易额的80%以上。关贸总协定对世界贸易的重大影响，集中表现在推动了经济全球化、国际化进程。英国此时确立“金融立国”战略，正当其时。

1978年前后，中国实行了“改革开放”政策，开始了工业化和市场化征程。当时中国最丰富的是劳动力，最缺乏的是资本、技术和管理经验。“中国向全球融资”① 成为当时全球发展的最大特点，中国以庞大的劳动力供给，庞大的生产和消费市场，像海洋一样来者不拒地吸收国外直接投资（即FDI）。英国此时确立“金融立国”战略，同样正当其时。英国利用中国香港的独特优势，可以将资本和技术源源不断地向中国输送，伴随着中国持续稳定的高速经济增长，英国资本当然源源不断地从中国获得投资收益。

20世纪80年代，另一个东方大国——印度，也大步流星地走上了经济发展快车道，印度与中国一样，拥有庞大的人口规模，庞大的消费市场，同样希望从国际上得到资本、技术和管理经验的支持。可以说，以中国和印度为代表的新兴工业化国家的发展，与英国成功地实施“金融立国”战略，各取所需，相得益彰。

1973年1月，英国加入欧共体（从1993年11月1日起，欧共体改称欧盟），只是没有加入欧元区。英国加入欧盟，有利于凭借地缘政治优势，将“金融立国”战略的影响力和覆盖面扩展到欧洲，从而获得规模经济效应。

20世纪80年代，正是美苏争霸的时代，撒切尔保守党政府支持英国积极参与北约组织，也进一步融合了英国和德、法、美等国的政治经济关系，有利于“金融立国”战略的实施。

英联邦作为一个世界组织，对于英国实施“金融立国”战略大有裨益。包括英国、加拿大、澳大利亚、印度、巴基斯坦、南非等53个成员国在内的英联邦，虽然只是一个松散的组织，定期会议无非是开“神仙会”、“务虚会”。因

① 在笔者看来，“中国向全球融资”的时间几乎长达30年，即从1978~2008年。2008年，由于美国次贷危机而引发的全球金融危机，出现了“全球向中国融资”的伟大转变。

此，会议结果对成员国的约束力也不强。但是，定期会议制度至少让这些国家的决策者们有了沟通交流、增进友谊的机会。而且，53个成员国之间，由于发展阶段、经济实力的差异，大多对英国金融服务业发展有着热烈的期盼。

概括而言，撒切尔政府实施“金融立国”战略的成功，得益于天时、地利、人和。

撒切尔夫人巧借东风

今天来看，撒切尔夫人当时选定“金融立国”战略，有她独具慧眼的大智慧，能够从绝望中找到希望，从劣势中看到优势，有“见常人所不能见”的气魄和能力。实际上，该战略的实施成功，还因为她知难而上、奋不顾身的大勇猛。

一位伟大的政治家，有勇无谋固然不行，但是有谋无勇同样不行，必须是有勇有谋，智勇双全。而且，作为百年一遇的伟大人物，洋溢其心头的一定是对祖国和国民的伟大热爱，是伟大的热爱鼓舞着他们奋不顾身，一心为公，天下为公，成就伟大的事业。可以说，领袖人物智勇双全的背后，是德才兼备、德配天地。撒切尔夫人就是这样一位有勇有谋、智勇双全、德才兼备的伟大人物。

当“金融立国”战略开始实施的时候，撒切尔夫人立刻感觉到自己还是百密一疏，千虑一失。

很显然，发展金融服务业，最最重要的是资本！

但是，英国当时最最缺乏的其实就是资本！

从财政资本来看，英国20世纪50年代就出现财政赤字，此时的财政压力仍然十分巨大，因此没有财政资金可用。如果大规模发行国债来筹集资金，又会影响其他政策的实施，可能会顾此失彼。

从产业资本来看，当时只有石油产业相对繁荣，其他产业因为“英国病”早就偃旗息鼓、自身难保了。由产业资本转行来做金融资本，不可能行之有效。

从金融资本来看，当时英国的保险业受益于国际贸易而相对繁荣，银行业受到“英国病”的影响最多只能算是处于“衣食无忧”的境地，海外资产虽然数量可观但是难以回流，国内资本市场受到国有企业私有化方案的刺激，方有起色还很稚嫩。但是，面对“金融立国”所需要的“大兴土木”重任，他们显然“心有余而力不足”。

从民间资本来看，虽然英国国民财富数量不小，国民富裕程度较高，并且享有“从摇篮到坟墓”的社会福利，但是国民储蓄率很低，资本形成缓慢，且得等上个十年八年时间才能成大器。

面对这样一种“万事俱备，尚欠东风”的尴尬局面，一向踌躇满志的撒切尔夫人，此刻难免捉襟见肘、一筹莫展。

何时东风起？

何时资本来？

此刻的撒切尔夫人，正在盼望中国的诸葛亮再世，为她祭起东风，送来资本。

养老金东风在望[①]

也许就在此时，刚刚被撒切尔夫人任命为财政大臣的劳森[②]和被任命为内

---

① 笔者在本部分采用“演义”的表述方式，设想出撒切尔夫人和两位内阁大臣的一段对话。它不是真实事件的再现，而是笔者的“演义”手法。如有雷同，纯属巧合。如有不实之处，请上述人物和读者表示谅解。

考虑到笔者演义写法，既不是直接引用，也不是间接引用，文字中不再采用中文中常见的“”（即引号）。表明这是由笔者猜想甚至是设想的，是笔者个人想法的表述，有些语言可能也不一定完全符合发言人的风格，因此难以满足严格考证的要求。关于这一点，敬请读者注意区分。

② 尼格尔·劳森曾任麦克米伦和霍姆两位首相的演讲稿撰稿人，后来又是保守党首相希思的得力助手。1981 年内阁改组，撒切尔夫人把他提拔为能源大臣，后又被任命为财政大臣杰弗里·豪领导下的常务次官，主管金融事务。1983 年，撒切尔夫人再次组阁的时候，劳森担任财政大臣。正是在劳森的主持下，设计出了“中期金融发展战略”，颇为撒切尔夫人赏识。

政大臣的布里顿①携手前来拜见，这两位年轻人联袂出手，正好为撒切尔夫人送来了东风和资本②。

财政大臣劳森首先说道：首相，这段时间我们一直在构思金融立国战略的实施方案，已经有了一些初步的设想，特来征求您的意见。

撒切尔夫人一听，这是头等大事，立刻精神抖擞，高兴地说道：很好，你们大胆地讲，放开了讲，不要有顾虑。

于是，劳森开始侃侃而谈：

第一，实施金融立国战略是我们英国经济发展史上的大转折、大变革，必须积极稳妥地实施，我们慎重考虑后觉得需要用 2 ~ 3 年的时间来准备。不知首相您的意见如何？

撒切尔夫人干脆利落地答复：可以，但是准备时间不能再长。

第二，市场化原则是关键，金融自由化是灵魂。纵观我国千百年来的金融发展历史，什么时候做到了金融自由化，什么时候就是形势一片大好，金融全面繁荣；从当今世界的情况来看，只有坚持金融自由化，才能全盘皆活。我们英国的资本可以自由走出去，外国资本可以自由跨进来，这正是金融立国战略的基本要求。

撒切尔夫人笑容可掬地表示：有道理，我也正有此意，关键是要改革，我大力支持。

得到撒切尔夫人的首肯，劳森更加兴致勃勃地讲道：

第三，资本市场的改革和发展要先行。

此时，坐在一旁的内政大臣布里顿终于忍不住插话了：对不起，我补充一点看法。前两年，首相成功推行国有企业私有化，真是多亏了资本市场的帮衬。那些国有企业的股票一卖出，不光我们财政上筹到了钱，转制后的企业经营效益还提高了，皆大欢喜。资本市场确实有大魅力！首相这次获选连任，也

---

① 布里顿最早是一名律师，1974 年进入下院，深得撒切尔夫人的器重。1979 年，撒切尔首次出任首相后，他先后出任内政大臣威廉·怀特洛和财政大臣杰弗里·豪的副手，工作很出色。1983 年，撒切尔夫人再次组阁的时候，元老重臣威廉·怀特洛让出内政大臣一职，改任上院议长，内政大臣的职位就由布里顿来接任。

② 下面是笔者所设想的撒切尔夫人和两位内阁大臣的一段对话。它不是真实事件的再现，而是笔者的“演义”手法。请注意表达方式。

多亏了这些股民。您看一组数据，1979 年的时候，股民占全国成年人口的比例才 7%，这次大选前差不多达到了 12%。这些股民真是不错，他们不但‘胆大吃螃蟹’，挣了钱，发了财，还‘喝水不忘挖井人’，对我们保守党感恩戴德，更是首相您的铁杆粉丝。我看，这些股民就很不错，一定要保护好他们的利益，而且要让更多的人成为股民，让更多的人得到实惠。最近，还有不少经济学家在讲，老百姓的钱涌向资本市场，让资本市场成为蓄水池，还有利于稳定通货膨胀预期。我想，只要资本市场发展好了，首相您的支持率肯定还要提高，现在有很多媒体就在预测您很有可能出任第三届首相呢！

讲得好，我们优先发展资本市场的策略应该坚定不移。至于老百姓还将继续选我担任第三届首相，那是你在忽悠我。显然，撒切尔夫人已经有点兴奋了。

于是，劳森接着汇报：

第四，改革和发展，就像是趟着水过河，必须找到垫脚石；也像是盖一座通天塔，最重要的是找好奠基石。我们通盘考虑后，得出了这样一个看法：财政资本、产业资本、金融资本、民间资本，当然也考虑过外国资本，它们一个也不能担当此任。能够成为垫脚石、奠基石的资本形态，必须是源源不断、日积月累、顶天立地的长期资本，至于它是谁，我们内部还有不少分歧啊。

劳森，你口若悬河，文采飞扬，可把我急死了，赶快讲你自己的观点吧。

尽管撒切尔夫人口头上说自己着急，但还是语气慈祥，态度和蔼。

一见撒切尔夫人兴致盎然，急不可待，劳森反倒轻松了很多，于是直抒胸臆，直奔主题：

我看就是养老金，除此之外，别无选择。放眼当今世界的主要工业化国家，要数我们英国建立养老金制度的时间早，覆盖面广，资产规模大。最最难得的还在于养老金是长期资本，把它们往哪个市场上一放，都能顶天立地、风生水起。而且，一旦我们把养老金作为金融改革和金融发展的奠基石，我们英国的人口老龄化大难题也可以迎刃而解，让养老金成为资本市场的基石，养老金资产本身还可以更好地保值增值，这样，我们不但可以降低养老金支出压力，而且还可以反哺财政。所以，经过思前想后、反复权衡，我现在认为：养老金是我们英国最大的资本，是我们英国安身立命的最大法宝，也是工党政府给我们留下来的最大经济遗产，当然，遗憾的是工党领袖根本就不知道如何用好它。

这不是很好吗？你还有什么难言之隐，就一并痛痛快快说出来吧。撒切尔夫人显然非常高兴，她从劳森的话语中仿佛已经看到了东风。

首相，让劳森喝口水，还是由我来讲讲这些困难吧。

莫里顿也真是义薄云天，“为朋友两肋插刀”，他抢过劳森的话头接着就说：

养老金确实是个好东西，但是，要让养老金成为奠基石，还有很长的一段路要走。第一步是要让基本养老保险的份量降下来，同时要让补充养老保险和商业养老保险的份量升上去，确保老百姓退休养老的总收益不受影响。第二步是要让养老金积累起来，原来的养老金制度采取现收现付制，资产积累得少，要把现收现付制度改变成基金积累制，这样，养老金才可以快速地积累起来。第三步是要让养老金动起来，要把原来的收益确定型（DB 模式）养老金制度改变成缴费确定型（DC 模式）养老金制度，这样才能让养老金能够行走起来，走向资本市场。第四步是要让养老金飞起来，养老金不但要投资于英国的资本市场，还要投资于英国以外的资本市场，在全球范围内来进行投资组合和资产配置，这样才能有效地分散养老金投资的风险，并且提高投资收益；而且，它还有利于通过养老金投资将英国人口老龄化的压力在全球范围内来释放。这就是养老金成为英国金融发展奠基石的“四步曲”。

哎呀，你们真是下了大功夫，这样的分析深度已经超过了我的预想。撒切尔夫人由衷地对两位大臣表示谢意。

谢谢首相。现在看来，最大的困难在于必须对养老金制度进行革命性的变革。按照劳森刚才的说法，我们必须为此开辟两个战场：一是开辟金融自由化改革战场；二是开辟养老金私有化改革战场。要在两个领域开辟新战场，这正是我们最担心的困难。我们知道，首相您已经启动了一系列的改革，已经遭受到了前所未有的阻力。如果我们还要同时开辟两个新战场，而且它又涉及千千万万的家庭和劳动者，这样改革的“叠加效应”就太大了，它有点像中国的钱塘江涨潮，四面八方的洪水一齐来袭，我们担心保守党政府很有可能会承受不起，同样也担心您的支持率会受到影响。所以劳森和我总是小心翼翼，不敢贸然提陈。直到今天，我们才和盘托出。

布里顿戛然而止，此时屋内一片沉寂。

只见撒切尔夫人目光坚毅地紧紧盯着悬挂在墙上的丘吉尔巨幅油画，这是她从以前的下院办公室里移挂到首相办公室来的。

片刻之后，只听见撒切尔夫人斩钉截铁地说道：

谢谢你们对我的一片好意，我感谢你们了。只要我身体尚可，只要我一息尚存，只要我有力量，我就会坚定不移地进行全面改革。何况，这是将英国带出“英国病”泥潭的唯一道路，我责无旁贷。

养老金是英国改革和发展的奠基石，养老金改革的四步曲，必须步步到位，实施方案由你们来完成，所有的责任由我来承担。

于是，“金融大爆炸”在 1986 年全面启动，《社会保障法案》在 1986 年同步推出，两大战场同时打响。

至此，英国新希望全面升起！

第三章
英国金融超越美国

接二连三的“金融大爆炸”，继往开来的“养老金革命”，成为战后英国两大经济主战场。20年后终于开花结果，东成西就，英国金融超越美国！

2009年，世界经济论坛衡量了包括市场环境等120多个指标，对全世界各个国家和地区金融及市场的成熟度和稳定性做出了综合评分，最后列出了排名前55位的国家和地区，英国挤掉美国成为世界第一金融大国。

位列前十名的国家和地区包括：英国、澳大利亚、美国、新加坡、中国香港、加拿大、瑞士、荷兰、日本、丹麦。

如果说养老金改革使英国的长期资本之剑得以铸成的话，那么1986年和1997年两次金融“大爆炸”，就起到了拔剑出鞘的作用。

1986年金融“大爆炸”以金融自由化为导向，力图改变英国传统的保守作风，放宽对金融资本投资的约束，它直接促使了养老基金在英国的兴盛。由此为契机，出现了大英帝国金融业的全面复兴。

从1986年至今，24年悄然过去，这场以养老金为奠基石、垫脚石的英国金融改革和发展，终于开花结果，东成西就。

第一次金融“大爆炸”

1986年，由撒切尔政府启动了第一次金融“大爆炸”，它是以金融自由化为特征，以增强市场活力为导向。一方面变分业经营为混业经营，开放金融机构的活动领域；另一方面向外国投资者开放英国的金融市场，增加金融市场的竞争度。

金融服务业自由化成为1986年金融改革的核心，它包括①：

第一，取消经纪商和交易商两种职能不能互兼的规定，经纪人与出场代理人互相兼营，实行自由的市场中介人制度，放开交易所会员资格限制。

第二，取消对证券交易最低佣金的限制，实行证券交易代理手续费自由

① 姚德良：“英国历史上两次金融‘大爆炸’综述”，载于《数字财富》。参见：http://finance.sina.com.cn。

化。客户可与证券经纪商根据各自的实际情况、市场供求、交易额度等因素，决定按照何种标准收取佣金或者是否收取佣金。

第三，取消非交易所成员不能持有交易所成员股票的限制，所有的金融机构都可以参加证券交易所的活动。

第四，废除各项金融投资管制，银行开始提供包括证券业务在内的综合性金融服务等。

第五，英格兰银行将监管银行业的职能移交给英国金融服务监管局①，实现在金融监管方面的转变。

第一次“金融大爆炸”全面摧垮了英国本土及英联邦国家金融分业经营的体制，促进了商人银行业务②与股票经纪业务的相互融合，商业银行业务与投资银行业务的相互结合。英国商业银行通过收购和兼并证券经纪商，形成了没有业务界限、无所不包的多元化金融集团。这样，英国逐渐涌现出一批超级金融机构，他们的业务领域涵盖了银行、证券、保险、信托等各个方面，已成为与德国相类似的全能银行集团③。

在金融“大爆炸”之前，伦敦投资银行、股票经纪商以及承销商只能是英国本土企业，业务范围单一，以合伙制公司为主，一片死气沉沉。1986 年的金融“大爆炸”取消了固定佣金制和单一业务制度，一家公司可以同时从事公司融资顾问、股票承销、经纪业务及自营交易等多种业务。同时，国际资本也相继进入英国，并且大举收购英国本土公司④。经过金融“大爆炸”，此前那些旨在将外国银行和证券交易所赶出伦敦金融城的“旧法则”被彻底废弃，证券市场和证券业务发展焕然一新。

---

① 金融服务管理局（Financial Service Administration，FSA）于 1997 年 10 月成立，由 1985 年成立的证券投资委员会（Securities and Investments Board，SIB）改组而成，为独立的非政府组织，成为英国金融市场统一的监管机构，行使法定职责，直接向财政部负责。

② 欧洲称之为“商人银行”，美国称之为投资银行，我国称之为证券公司。

③ 秋风：“撒切尔夫人点燃金融大爆炸”，载于《中国经营报》，2003 年 10 月 20 日。

④ “伦敦金融城：一平方英里的神话”，载于《国际金融报》，2007 年 10 月 11 日。

第二次金融“大爆炸”

继1986年金融“大爆炸”之后，伦敦证券交易所又于1997年10月20日进行了第二次规模宏大的股票交易改革，核心是建立了以市场为中心的股票交易自动报价系统，这在金融史上称为第二次金融“大爆炸”。

今天的伦敦交易所已经是世界上最国际化的证券交易所，承担着2/3国际股票的承销任务，按日交易额计算，伦敦交易所排名世界第三位①。

两次金融“大爆炸”带来了英国金融业的大发展，养老基金在其间起到了内引外联、承前启后的桥梁作用和枢纽作用。正是1986年以金融自由化为特征的金融“大爆炸”改变了、放宽了养老基金的投资方向，庞大的养老金流向以股市为代表的资本市场，促进了英国以资本市场为代表的金融业长达数十年的大发展，确立了伦敦成为全球金融中心的地位。如果说两次金融“大爆炸”为英国的金融业发展扫清了制度障碍，那么养老基金的发展就是金融业腾飞的那一双翅膀。

养老金革命与金融“大爆炸”

养老金革命与金融“大爆炸”，两者相得益彰，相濡以沫。

在英国养老金制度发展史上，具有重大历史转折意义的1986年《社会保障法案》的推出，充分体现了撒切尔政府的改革意志：降低基本养老保险（即第一支柱）的作用和地位，大力发展具有基金积累属性的补充养老保险

---

① 高小真、蒋星辉：“英国金融‘大爆炸’与伦敦金融城的复兴”，载于《上海证券报》，2007年2月8日。

（即第二支柱，英国称之为“职业养老金”），大力扶持基金积累制的个人养老保险（即第三支柱）。这样，为老年人提供养老保障的主要责任，就从公共部门转移给了私人部门。一方面减轻了养老金支付给政府带来的财政负担，改善了政府的财政收支状况；另一方面，由于筹集养老资金的方式发生变化，从现收现付制转向基金积累制，从收益确定型计划（即 DB 计划）转向缴费确定型计划（即 DC 计划），参与者的积极性大幅度提高，养老金资产得到快速积累。

这样，一个前所未有的、良性的“金融生态循环链”建立起来了：

因为 1986 年的养老金制度改革，导致养老金资产快速增加；由于 1986 年金融自由化改革，导致养老基金可以大规模投资于方兴未艾的资本市场，从而获得了良好的投资收益。

投资收益越是良好，吸引了越来越多的养老基金继续投资于资本市场，同样也吸引了越来越多的雇主选择建立基金积累制的养老金计划，进一步激发了雇员选择参与基金积累制养老金计划的积极性。而且，随着越来越多的养老基金进入资本市场，并且成为在资本市场上具有重大影响力和号召力的机构投资者，又可以进一步稳定和推动资本市场本身的发展。

截至 2007 年年底，英国的养老金总资产达到 2.9 万亿美元，约占全球养老金总资产 29 万亿美元的 10%，仅次于美国，居世界第二位。从 2001 年到 2008 年，英国养老金资产占 GDP 的比重一直保持在 60% ~80% 之间，成为英国首屈一指的经济力量和金融力量。

于是，始于 20 世纪 80 年代的养老金改革，使得养老金资产不断增长，养老基金不断发展。特别是当养老基金的投资领域不局限于投资金边债券（Gilt－edged Bonds）①，允许投资于股票市场和海外市场，有利地推动了伦敦金融城证券交易业务的蒸蒸日上②。这样，昔日的制造业霸主，重新在金融领域找回了自己的领先地位。

---

① 早在 17 世纪，英国政府经议会批准，开始发行了以税收保证支付本息的政府公债，该公债信誉度很高。当时发行的英国政府公债带有金黄边，因此被称为“金边债券”。在美国，经权威性资信评级机构评定为最高资信等级（AAA 级）的债券，也称“金边债券”。后来，“金边债券”一词泛指所有中央政府发行的债券，即“国债”。

② 李俊辰：《伦敦金融城》，清华大学出版社 2007 年版，第 18 页。

伦敦金融城全面复兴

历史就像一台精确的摆钟，好与坏总是交替出现。大国命运的兴衰交替，颇像我国民间的说法，“三十年河东，三十年河西”。

伦敦在17~18世纪成为世界金融中心之后，英国国运昌盛，霸主地位更加巩固。但是在经历了20世纪的两次世界大战之后，伦敦金融业走向了衰落，全球金融中心的地位岌岌可危。

第一次世界大战对英国来说是一个命运的转折点，英美之间的力量对比从此发生了根本性的变化，美国对英国从债务国转变为债权国。第一次世界大战时英国的债务额累计达12.85亿英镑，主要来自于美国。同时，英国借给盟国的资金大约为14.19亿英镑。本来借贷相抵之后，还有盈余，但是俄国“十月革命”爆发后，新生的苏维埃政府拒绝偿还以前资产阶级临时政府欠下的债务，于是债权冲销了，留下来的只有债务。第一次世界大战后的美国政府却要求英国全额偿还欠债，这使得英国一度头疼不已，只是后来这些问题被搁置下来。

1914年，由于黄金外流导致黄金储备的数量大幅度减少，英格兰银行不得不宣布停止英镑兑换黄金，导致金本位制度崩溃。到1940年年底，作为金融资产的黄金，几乎全部流入美国，当时的英国财政几近破产。第二次世界大战让英国耗去250亿英镑的巨额经费，为了支付军费开支，英国变卖了战前海外资产的1/4，国债较战前增加了两倍，外债高达37亿英镑①。

1945年夏天，美国突然终止了第二次世界大战中实施的向盟国贷款的《租借法案》。英国政府当时需要新的巨额贷款，便于1945年向美国借贷43亿美元。1946年，英国又向加拿大借款12亿美元。这些借款被用来帮助英国购买石油、粮食、武器以及其他军事设备，当然这些贷款对于战后英国的重建

---

① “英国政府还清为二战后重建欠下的巨额债务”，载于《广州日报》，2007年1月6日。请参见：http：//mil. news. sina. com. cn/2007 - 01 - 06/1340425056. html。

也至关重要。这些借款的条件包括 50 年期限和 2% 的年利率。同时，美国的贷款条件还规定，英国必须使英镑能自由兑换。英国的一些历史学家和经济学家认为，美国的贷款条件导致了英镑后来的长期疲软，并认为这是美国政府有意削弱英国超级大国地位。英国政府在 2006 年年底前将这笔贷款悉数还清，英国总共向美国支付了 75 亿美元，向加拿大支付了 20 亿美元①。

命运在为你关上一扇门的同时也为你打开了一扇窗！

命运为英国关上了制造业大国这扇门，也为英国打开了金融服务业大国这扇窗。

从 20 世纪 80 年代开始，内外交困的英国选择在金融产业上励精图治，先后两次实施金融"大爆炸"，并且坚定不移地推进养老金革命。经过 20 多年的发展，金融产业终于成为英国的经济支柱产业，昔日走向衰落的伦敦又重回世界金融中心的位置，创造了一个让人津津乐道的"一平方英里"的"伦敦金融城奇迹"。

在世人眼里，如今的伦敦是世界上最富历史传奇和现代情趣的城市之一。她不仅以其丰蕴的文化内涵、美丽的自然及人文景观吸引着来自全球各地的旅游者和留学研究人员，更以其深厚的金融基础、便利的交通和通讯以及优越的金融经济政策吸引着世界上各大金融机构在此聚集。在伦敦著名的圣保罗大教堂东侧，有一块被称为"一平方英里"（Square Mile）的地方。这里楼群密布，街道狭窄，虽不像纽约曼哈顿那样高楼密集，但稳健、厚重的建筑风格和室内豪华、大气的装饰却有过之而无不及。这里聚集着数以百计的银行及其他金融机构，被看做华尔街在伦敦的翻版，这就是金融城。

从金融城往东不远，是一个叫金丝雀码头的地方。那儿面积不大，却矗立着数幢几十层的高楼。从楼顶上的 HSBC（汇丰）、Barclays（巴克莱）、Citibank（花旗银行）等广告牌可以看出，这里也是金融机构扎堆的地方，因此也被叫做金融城。与"一平方英里"不同的是，这儿的楼群都是近 20 年内建起来的，规划更新，设计也更现代化。因此有人把这儿称为"新金融城"，与"一平方英里"的"老金融城"遥相呼应②。

---

① "英国政府还清为二战后重建欠下的巨额债务"，载于《广州日报》，2007 年 1 月 6 日。

② 天意："伦敦金融城的大爆炸改革"，载于《第一财经日报》。请参见：http：//finance1. jrj. com. cn/news/2007 - 08 - 10/000002533522. html。

伦敦金融城面积虽小，却已是英国的经济金融中心。2007 年，英国金融服务业占本国 GDP 的比重达到了 7.6%。金融服务业为英国提供了 100 多万个就业岗位，其中有 30 多万个岗位在大伦敦区。同时，英国的金融服务业还创造了 356 亿英镑的贸易盈余。此外，法律、会计以及管理咨询等专业服务业占英国 GDP 的比重为 3.9%。在这里，每天的外汇交易量高达 6300 亿美元，是华尔街的两倍，名列世界 500 强的企业，有 75% 在金融城内设立分公司或办事处。因此它被称为“世界经济的发动机”①。

英国还是风险投资（即 Venture Capital，也称为“创业投资”）和非公开权益资本投资（即 Private Equity，也称为“私募股权”或“私人股本”等）的发源地。在欧洲国家中，英国的风险投资和非公开权益资本投资起步最早，发展也最快。金融创新研究中心（CSFI）2006 年报告中指出：“创新更加重要，欧洲几乎所有的创新型金融活动均在伦敦金融城进行。”②

今天，伦敦金融城不但在国际金融市场上占据重要地位，而且在金融服务的相关领域也处在世界领导地位：在伦敦股票交易所上市的外国公司的数量超过世界上任何其他的交易所，伦敦金融城还是全球最大的黄金交易市场，是世界上最大的有色金属交易市场（LME）。

此外，伦敦金融城还有一个十分重要的组成部分，它就是以劳合社为代表的伦敦保险市场。它是世界保险和再保险中心，有 100 家左右的跨国保险公司在此营业，主要经营财产保险，其中世界航空保险业务的 31% 和水险业务的 20% 都集中在这个市场，它的最大保费收入来自非水险合同再保险，并占到国际再保险业务份额的 1/4③。

伦敦金融城的崛起，使伦敦成为世界三大金融中心之一，这“一平方英里”可以说是大英帝国的金融重心之所在，世界的金融版图也因此而不得不改写，它的存在使英国的世界经济地位得以重新确立，从制造业大国转变为以

---

① 伦敦金融城网站。转引自：http://www.cityoflondonchina.cn/CityChina/About/Key-Facts.htm。

② 李鹏：“伦敦金融城：光荣与梦想”，载于《中国经济时报》。转引自：http://finance.qq.com/a/20070404/000308_1.htm。

③ “伦敦金融城给我们的启示”，载于《文汇报》。转引自：http://finance.eastday.com/eastday/finance/cjsp/userobject1ai136301.html。

伦敦金融中心为支柱的金融帝国。伦敦金融城20多年来的飞速发展以及再度辉煌，离不开1986年那场以金融自由化为特征的金融“大爆炸”。

金融英国全面崛起①

今天来看，英国的产业结构和贸易结构已经进入典型的“后工业化时代”，金融业在国内市场、离岸市场和海外市场全面发展，在英国各大产业中增速最快，已经取代制造业成为英国经济增长的发动机。金融业是英国最具全球比较优势和国际竞争力的产业，巨大的金融服务贸易顺差有力地改善了英国的贸易收支，金融业已经成为缓解英国贸易失衡的主要缓冲器。

英国金融业的发展，既不像瑞士和荷兰等金融业强大但经济规模偏小的国家，国内的金融市场规模庞大，能够支撑一个相当强大的金融产业；也不像纽约市场和东京市场主要从事与美元和日元相关的金融交易，它是全球最大的真正意义上的“国际”金融中心，伦敦市场主要交易的是离岸货币和以离岸货币计价的金融产品和金融衍生产品。

在1986年英国金融“大爆炸”后的20多年间，英国商业银行的海外资产由不足7000亿英镑，增长到了超过4万亿英镑，增长了近6倍，年均增幅接近10%。得益于金融全球化程度的提高和全球经济的快速增长，英国金融机构的离岸业务获得了高速扩张。1995~2004年，英国银行的跨境贷款业务由12万亿美元增长到了超过35万亿美元，增长了近2倍；外国产权交易业务由5亿美元增长到了22亿美元，增长了3倍多；外汇交易业务由4000亿美元增长到了7.4万亿美元，增长了18倍；英国交易所的金融衍生产品交易由每年不足2亿张合约的交易量增长到超过5亿张合约，增幅也在2倍以上；英国境内柜台交易的金融衍生产品由不足1000亿美元增长到了6.5万亿美元，增长

---

① 本部分内容转引和改写自：王晓雷：“金融业对英国经济增长和贸易收支的贡献”，《国际商务（对外经贸大学学报）》，2007年第5期。

了600多倍。这一切变化，只能用“爆炸式增长”才能准确形容。

2006年，英国伦敦国际金融服务公司（IFSL）对全球金融市场进行的比较分析结果显示：在银行跨境贷款业务中，英国市场占全球市场的1/5，是美国市场的2倍；在外国产权交易业务中，英国市场的全球份额接近半壁江山，是美国市场的1.5倍；在外汇交易业务中，英国市场大约占全球市场的1/3，而美国市场只占全球市场的1/5；柜台交易的金融衍生产品业务规模，英国市场占全球市场的比重达42%，而美国市场只占25%；在海运保险业务方面，英国市场大约与日本市场相当，占全球市场的15%，比美国市场也要大。美国市场的优势则包括：交易所的金融衍生产品交易，美国市场约占全球市场的1/3，而英国市场的占比却不到10%；基金管理业务中，美国市场约占全球市场的45%，而英国市场的份额还不到8%；在对冲基金业务中，美国市场约占全球市场的3/5，而英国市场约占全球市场的1/5。

根据英国银行家协会的计算，20世纪80年代初期，金融服务业产出占英国GDP的比重为5.6%，到2006年，该比重达到了6.8%，2007年该比重达到了7.6%。现在，拉动英国经济增长的动力主要来源于金融业和房地产业，特别是金融业的比较优势更加显著。金融业已经成为英国经济名副其实的火车头和发动机。

金融“大爆炸”为金融业发展扫清了制度上的障碍，使得英国金融发展获得了来自制度变革、制度变迁的收益；同时，数量庞大、日积月累的养老基金成为了英国金融发展的直接推动力。养老基金在伦敦金融城的发展中起着资本黑洞的角色，吸引着各类金融资源向伦敦聚集，并培育出了新的市场机制，形成了先进的投资文化。

第二部分

养老金成为“坐商美国”的筹码

养老金成了“坐商美国”最大的筹码！自“罗斯福新政”以来的13位美国总统，以民主法治为经，以养老金为纬，殚精竭虑，妙手偶得，编织出了一幅美轮美奂、历时弥新的“养老金治国图”、“养老金强国画”。“美国梦”背后有一道坚不可摧、牢不可破的养老金防线！

在当今世界经济舞台上，有这样一位拥有世界大半财富的坐商。

他的国民能够拿纸一样的本国货币，购买到世界上最具价值、最具成长性、最具稀缺性的优质资产。他以强大的政治、经济、文化、军事背景，天价出售一种信用，这种信用就是赚钱的能力和机会。他拥有世界上最先进的金融体系，最发达的资本市场，吸引着全世界的资本围着他转。他的资本市场以高收益性、高流动性、高安全性闻名于世。他的店铺里主要货品就是“五斗米”：股票、国债、风险投资、投资银行（金融衍生品）和美元，世界上无数的资本就为这“五斗米折腰”。

他的名字叫美利坚。

他不但国民储蓄率很低，资本形成困难，而且一直大手大脚地借钱消费、赊账消费，结果欠下了一屁股的巨债。如果换成别人，他早就该收摊了！

但是，他艺高人胆大，九死一生，而且春风得意，发了大财！

让他起死回生的妙手神医就是里根总统。虽然美元失去了黄金这座旧靠山，但是很快找到了养老金这座新靠山，养老金胜黄金，美国反而超越美国！

里根总统和他的旷世逸才，经过殚精竭虑，妙手偶得，为美国发展立宪：以长期资本为纲，构建以华尔街为中心的全球间接融资体系。

于是，以养老金为代表的长期资本登堂入室，美国建立了伟大的养老金新时代，建立了伟大的养老金新秩序，出现了伟大的“养老金治国奇迹”：强大的美元、强大的华尔街、强大的技术、强大的美军，一一如愿以偿，事事心想事成。

第四章
美元失去“旧靠山”

世上已无布雷顿，美元失去旧靠山！

20 世纪 70 年代的美国处于水穷山尽的地步，突然峰回路转、豁然开朗，是养老金发展让美国柳暗花明！

从第二次世界大战爆发到20世纪60年代末期，这是美国发展突飞猛进的30年，是美国力量叱咤风云的30年。

1944年，布雷顿树林体系让美元拥有了黄金靠山，得益于马歇尔计划在欧洲的实施，美元霸权地位进一步确立和巩固。

马歇尔计划

马歇尔计划是1947年6月15日美国国务卿马歇尔提出的有关欧洲复兴方案的名称。这个计划是当时美国对外政策的一个组成部分，由于马歇尔国务卿系统提出而得名。

马歇尔计划提出的背景是：第二次世界大战后，美国成为西方国家中的世界领袖，与以苏联为首的社会主义阵营相抗衡。此时的西欧国家如英国和法国已经没落，德国和意大利等遭遇的战争创伤比其他西欧国家更为严重。美国一方面害怕西欧落入当时社会主义阵营的势力范围，另一方面美国感觉到可以谋求一种全球霸主的战略收益。于是美国就抛出了欧洲复兴的计划，作为美国全面影响欧洲、抗衡苏联、谋求霸主的战略构想的一个部分。

1947年6月5日，马歇尔在哈佛大学发表演说，正式提出欧洲复兴计划的总方针和原则。7月12日，英、法等16国在巴黎举行会议，讨论“马歇尔计划”，决定成立“欧洲经济合作委员会”（OECD），负责起草西欧各国四年内资源和需求的总报告，以便提交美国。

1948年4月2日美国国会通过《1948年对外援助法》，开始正式实施马歇尔计划。1952年马歇尔计划执行完毕，美国总共援助欧洲131.5亿美元。马歇尔计划对欧洲国家的发展和世界政治格局产生了深远的影响。

但是，第二次世界大战后随之而来的朝鲜战争、越南战争、美苏争霸战（冷战），给美国发展带来了许许多多的矛盾和困难，特别经历了20世纪70年代的两次石油危机，美国经济遭遇了第二次世界大战后最严重的通货膨胀和经济衰退。

1971年8月15日，美元兑换黄金的窗口被迫关闭，给全球带来了“尼克松冲击”，美元因此失去了“黄金靠山”。

世上已无“布雷顿”，美元失去旧靠山！

在此期间，竞争对手苏联稳扎稳打，欧洲大国德国和法国强劲复苏，东方大国日本强劲崛起，东亚“四小龙”强劲发展。

20世纪70年代，是美国经济“逝去的十年”，是美国股市低迷的十年，出现了“华尔街将灭亡”、“美国已衰落”的说法。

一句话，20世纪70年代，美国处于被追赶和被超越的境地！

美元有了黄金靠山①

布雷顿森林货币体系（Bretton Woods system）是指战后以美元为中心的国际货币体系。关税总协定作为1944年布雷顿森林会议的补充，连同布雷顿森林会议通过的各项协定，统称为“布雷顿森林体系”，即以外汇自由化、资本自由化和贸易自由化为主要内容的多边经济制度，构成资本主义集团的核心内容，是按照美国制定的原则，实现美国经济霸权、美元霸权的体制。

① 本部分内容转引和改写自：布雷顿树林体系，百度名片。

布雷顿森林货币体系（Bretton Woods system）是指战后以美元为中心的国际货币体系。关税总协定作为 1944 年布雷顿森林会议的补充，连同布雷顿森林会议通过的各项协定，统称为“布雷顿森林体系”。

布雷顿森林体系以黄金为基础，以美元作为最主要的国际储备货币。美元直接与黄金挂钩，各国货币则与美元挂钩，并可按 35 美元一盎司的官方价格向美国兑换黄金。

在布雷顿森林体系的制度安排下，美元可以兑换黄金和各国实行可调节的钉住美元的固定汇率制度，是构成这一国际货币体系的两大支柱。按照布雷顿树林体系协议成立的“国际货币基金组织”（IMF）则是维持这一体系正常运转的中心机构，承担监督国际汇率、提供国际信贷、协调国际货币关系为主的三大职能。

1971 年 8 月 15 日尼克松政府宣布实行“新经济政策”。该政策对外采取了两项措施：放弃金本位，停止美元兑换黄金和征收 10% 的进口附加税，从而导致“布雷顿森林体系崩溃”。

在 20 世纪后半叶的 50 年中，关贸总协定和世界银行、国际货币基金组织被认为是支撑世界经贸和金融格局的三大支柱。这三大支柱实际上都肇自于 1944 年召开的布雷顿森林会议。后两者人们又习惯称之为布雷顿森林货币体系。

在布雷顿森林体系以前两次世界大战之间的 20 年中，国际货币体系分裂成几个相互竞争的货币集团，各国货币竞相贬值，动荡不定，因为每一个经济集团都想以邻为壑，不惜落井下石，解决自身的国际收支和就业问题，呈现出一种无政府状态。20 世纪 30 年代世界经济危机和第二次世界大战后，各国的经济政治实力发生了重大变化，美国登上了资本主义世界盟主地位，美元的国际地位因其国际黄金储备的巨大实力而空前稳固。这就使建立一个以美元为支柱的有利于美国对外经济扩张的国际货币体系成为可能。

在这一背景下，1944 年 7 月，44 个国家或政府的经济特使聚集在美国新罕布什尔州的布雷顿森林，商讨战后的世界贸易格局。会议通过了《国际货币基金协定》，决定成立一个国际复兴开发银行（即世界银行）和国际货币基金组织，以及一个全球性的贸易组织。1945 年 12 月 27 日，参加布雷顿森林会议的 22 国代表在《布雷顿森林协定》上签字，正式成立国际货币基金组织和世界银行。两机构自 1947 年 11 月 15 日起成为联合国的常设专门机构。

布雷顿森林体系以黄金为基础，以美元作为最主要的国际储备货币。美元直接与黄金挂钩，各国货币则与美元挂钩，并可按 35 美元一盎司的官价向美国兑换黄金。在布雷顿森林体系下，美元可以兑换黄金和各国实行可调节的钉住汇率制，是构成这一货币体系的两大支柱，国际货币基金组织则是维持这一体系正常运转的中心机构，它有监督国际汇率、提供国际信贷、协调国际货币关系三大职能。

布雷顿森林体系的建立，在战后相当长的一段时间内，确实带来了国际贸易空前发展和全球经济越来越相互依存的可喜局面。但是布雷顿森林体系存在着自己无法克服的缺陷。其致命的弱点是：它以一国货币（美元）作为主要储备资产，具有内在的不稳定性。因为只有依靠美国的长期贸易逆差，才能使美元流散到世界各地，才能使其他国家获得美元供应。但是，如果美国保持长期贸易逆差，必然会影响人们对美元的信心，从而引发美元危机。如果美国保持国际收支平衡，就会断绝国际储备的供应，引起国际清偿能力的不足。这是一个不可克服的矛盾，也就是著名的“特里芬难题”。

特里芬难题

1960 年，美国经济学家罗伯特·特里芬出版了《黄金与美元危机——自由兑换的未来》一书。他在书中指出：“由于美元与黄金挂钩，而其他国家的货币与美元挂钩，美元虽然取得了国际核心货币的地位，但是各国为了发展国际贸易，必须用美元作为结算与储备货币，这样就会导致流出美国的货币在海外不断沉淀，对美国来说就会发生长期贸易逆差；而美元作为国际货币核心的前提是必须保持美元币值稳定与坚挺，这又要求美国必须是一个长期贸易顺差国。这两个要求互相矛盾，因此是一个悖论。”

可见，黄金与作为国际货币的美元之间，存在一种不可调和的内在矛盾。于是，由特里芬首先揭示的这一内在矛盾就被国际经济学界称为“特里芬难题（Triffin Dilemma）”。

“携带美元的杜鲁门主义”

马歇尔计划①（The Marshall Plan），官方名称为欧洲复兴计划（European Recovery Program），是第二次世界大战后美国对被战争破坏的西欧各国进行经济援助、协助重建的计划，对欧洲国家的发展和世界政治格局产生了深远的影响。

---

① 请参见：马歇尔计划，百度名片。

第二次世界大战欧洲战场胜利后，美国凭借其在第二次世界大战后的雄厚实力，决定帮助其欧洲盟国恢复因世界大战而濒临崩溃的经济体系，并同时抗衡前苏联和共产主义势力在欧洲的进一步渗透和扩张。该计划因时任美国国务卿乔治·马歇尔而得名，事实上真正提出和策划该计划的是美国国务院的众多官员，特别是威廉·克莱顿和乔治·凯南。

1947 年 6 月 5 日，马歇尔借出席哈佛大学毕业典礼并接受名誉学位的机会，就以乔治·凯南的报告为蓝本发表演说，提出美国帮助欧洲复兴的建议，即马歇尔计划。讨论马歇尔计划的经济会议于 7 月 12 日至 15 日在巴黎举行，除前苏联及其东欧盟国以及西班牙外的 16 个欧洲国家参加了会议。他们向美国提出了一个互助和自助的计划，作为与美国财政援助相对应的方案。

1947 年 12 月 19 日，杜鲁门政府以欧洲经济合作委员会总报告为基础，向国会提出“经济合作法案”。经国会讨论，批准通过了《1948 年对外援助法》。法案规定，美国将在 15 个月内向欧洲提供 68 亿美元赞助，并保证在以后的 3 年中每年给予援助款项。于是，马歇尔计划开始实施，直到 1952 年结束。

根据美国经济合作署 1951 年报告所称，截至 1951 年 12 月 31 日，马歇尔计划宣告结束，计划实施期间共耗资 131.5 亿美元，其中 90% 是赠款，10% 为贷款，英国、法国、意大利、前联邦德国四国获得全部援助的近 60%。这些援助确实帮了欧洲国家的大忙，使得他们比较迅速地摆脱了严重的经济困境，恢复了元气。

欧洲的国民生产总值从 1947 年的 119 亿美元上升到 1951 年的 159 亿美元，增长 32.5%。西欧各国工业产量比计划实施前平均上升了 30% 以上，前联邦德国甚至高达 31%。农业产量较战前提高 10%。到 1953 年欧洲的贸易较之第二次世界大战前增长 40%①。欧洲经济合作组织在一份报告中给予马歇尔计划以充分的肯定：“马歇尔援助是输血，它扶持了软弱的西欧经济，并使欧

① W. A. Brown and R. Opie: American Foreign Assistance, The Brookings Institution, Washington, D. C., 1957, p181。

洲经济具有促进其本身复兴的力量"①。

马歇尔计划在第二次世界大战后西欧经济秩序的重建中也起了积极的作用：在第二次世界大战后两极对峙的环境中，推动了西欧的联合，推进欧洲的一体化进程；为西方经济贸易结构和经济秩序的重建奠定了坚实的基础；为消除经济民族主义和经济孤立主义，建立了西方经济贸易开放运行机制。

马歇尔计划同样为美国带来巨大的经济利益：为美国经济的海外渗透、资本输出开辟了新的发展道路，增加了美国的出口，缓解了美国内部经济调整中的困难；加强了美国对西欧各国经济的控制和支配能力，从而为美国在政治、军事上与西欧结盟奠定了经济方面的基础；为布雷顿森林体系的运转，为美元霸权地位的巩固奠定了经济基础②。

西欧国家在20世纪50～60年代出现经济奇迹，70～90年代经济持续发展，都是建立在"西欧经济复兴"这一基础之上。所以，当美国20世纪70～80年代出现严重的经济"滞涨"的时候，不少美国学者和政府官员，都批评马歇尔计划，认为马歇尔计划开了用本国纳税人的钱援助他国的先例，并且"教会了徒弟，挤走了师傅"，费力不讨好。

值得指出的是，当美国在实施马歇尔计划、大力援助欧洲的时候，前苏联政府却反其道而行之，从狭隘的民族经济利益出发，对东欧和前民主德国的经济资源进行不平等贸易，结果导致华约组织（华沙公约组织）阵营内部怨声载道，矛盾重重。相比之下，美国的政治经济智慧就技高一筹了！

实际上，每一次世界经济发展出现不平衡，或者出现大的全球性经济动荡，政治家和经济学们会立即想到马歇尔计划。20世纪80年代末90年代初东欧剧变后，有人建议通过实施"东欧的马歇尔计划"来帮助这个地区实现复苏。美国前副总统阿尔·戈尔甚至曾提出过一个"全球性的马歇尔计划"。英国首相托尼·布莱尔和其财政大臣戈登·布朗就将他们制订的援助非洲计划称为"非洲马歇尔计划"。2009年，全球金融危机之后，世界银行呼吁建立新的"马歇尔计划"重建全球经济，刺激贫穷国家的发展和成长。

---

① 朱庭光主编：《外国历史名人传·现代部分》（下册），中国社会科学出版社1984年版，第264页。

② 毕健康："马歇尔计划对西欧经济的影响"，《美国研究》，1992年4期。

肯尼迪的墓志铭

通过布雷顿森林体系的建立，美元有了黄金这座大靠山。通过马歇尔计划，美元霸权地位进一步巩固。对美国而言，真是双喜临门，而且都是百年难遇的大好事。

在此之后，如果美国能够安安心心搞建设，一心一意谋发展，应该讲美国的发展一定会锦上添花，美不胜收。

但是，第二资世界大战刚刚结束，就在世界各国和人民痛定思痛、人心思定的时候，以美苏为首的两大阵营——北约和华约①之间爆发了一场声势浩大的“冷战”。紧接着，美国就介入了朝鲜战争、越南战争。

1947 年 3 月 12 日，美国总统杜鲁门在国会两院联席会议上宣读了后来被称为“杜鲁门主义”的国情咨文，发表了敌视社会主义国家的讲话。国会两院经过辩论后，分别于 4 月 22 日和 5 月 8 日通过关于援助希腊、土耳其的法案，拨款 4 亿美元援助希腊和土耳其政府，帮助它们镇压人民革命运动。“杜鲁门主义”是对别国内政的干涉，被学者认为是美苏之间“冷战”正式开始的重要标志。

---

① 北约是指北大西洋公约组织，以美国为首。华约是指华沙公约组织，以前苏联为首。北约和华约是“冷战”时期的两大对抗性阵营。

杜鲁门主义

1947 年 3 月 12 日，杜鲁门总统在致国会的关于援助希腊和土耳其的咨文中，提出了以“遏制共产主义”作为国家政治意识形态和对外政策指导思想。这个咨文被称为“杜鲁门主义”。

杜鲁门总统在咨文中表示：援助希腊、土耳其的直接原因是美国要接替英国填补东地中海的政治真空。他进而指出：任何国家的人民革命运动和民族解放运动都“危害着国际和平的基础和美国的安全”，宣称世界已分为两个敌对的营垒，一边是“极权政体”，一边是“自由国家”，每个国家都面临着两种不同生活方式的抉择。他要求美国承担“自由世界”抗拒共产主义的使命，充当世界宪兵的角色。

杜鲁门总统还认为如果丧失希腊，就会立刻危及土耳其和整个中东，“影响不仅远及东方，而且远及西方”。因此，他要求国会立即采取果断行动，向希腊和土耳其提供 4 亿美元的军事援助。1947 年 5 月 22 日，杜鲁门正式签署《援助希腊、土耳其法案》。

杜鲁门主义是美国对外政策的重大转折点。当时它与马歇尔计划共同构成美国对外政策的基础，标志着美苏两国由战时的盟国变为战后的敌国，标志着美国政府第一次公开宣布将“冷战”作为国策。在此后 25 年内，杜鲁门主义一直支配着美国的对外政策。

朝鲜战争①（1950 年 6 月 25 日 ~ 1953 年 7 月 27 日）是一场朝鲜与韩国两个意识形态对立的政府之间的战争，同

① 朝鲜战争，百度百科。

时美国、中国、前苏联等18个国家以不同程度地卷入这场战争。是在冷战背景下的一场实际战争。1950年，美国总统杜鲁门任命麦克阿瑟上将为美军远东军司令。后来由于麦克阿瑟将军在朝鲜半岛的行动有违华盛顿的决策，由马修·李奇微将军接任。由于随后发生的越南战争影响更大，朝鲜战争被称之为“被遗忘的战争”。

越南战争①（1955～1975年，越南方面称为抗美救国战争）是越南民主共和国和越南南方民族解放阵线反抗美国和越南共和国的战争。美国在越南战争中失败（美国称为光荣的撤退）。越南战争同样是冷战下的一次实战。

最先开始支持越南共和国的美国总统是德怀特·戴维·艾森豪威尔，约翰·菲茨杰拉德·肯尼迪开始支持美国在越南作战，林登·约翰逊将战争扩大。在理查德·米尔豪斯·尼克松执政时期，因为国内的反战浪潮，逐渐将美国国防军撤出越南。越南人民军和越南南方民族解放阵线最终推翻了越南共和国，统一了越南全国。

1961年5月，美国总统肯尼迪派遣一支美国国防军特种部队进驻越南共和国，开启了美国国防军战斗部队进入越南的先河。1965年，林登·约翰逊总统将美国驻越南部队提升至12.5万人，到了年底，美国国防军在越南的数目已高达18.4万人。到了1966年8月，已有多达42.9万名美军士兵驻守在越南。到1971年，美国国防军死亡人数已超过4万人。

越南战争是美国历史上持续时间最长的战争。十多年的越南战争，美国耗费了至少2500亿美元，表明美国在冷战策略上的重大失误。越南战争极大地改变了冷战的态势。美国由冷战中的强势一方变为弱势，面对前苏联咄咄逼人的进攻，美国更积极地同中国合作。越南战争加剧了美国国内的种族问题、民权问题，给美国人民造成巨大的精神创伤。越南战争结束了美国自第二次世界大战后25年的经济繁荣，使美国的经济状况急转直下。事实上，美国从1969年12月爆发经济危机，到1982年12月才出现经济复苏。

“自古知兵非好战”。战争不但消耗了各种各样的经济资源和人力资源，影响了经济增长和经济发展，而且给交战各方的人民带来了无穷无尽的痛苦，降低了社会福利水平。对美国而言，强大的国家竞争力开始出现动摇！强大的

① 越南战争，百度百科。

美元开始处于风雨飘摇之中。

经过朝鲜战争，日本出现了“特需景气”，从战后重建中恢复过来。欧洲经济由于得到了马歇尔计划的浇灌，经济快速恢复。经过越南战争，日本已经走上大国崛起之路，德国和法国也开始大步流星地追赶美国。可以说，战争让美国内外交困。不但没有把竞争对手压下去，反而在自己阵营内部培育了强大的竞争对手，完全可以说，美国得不偿失。

好在美国出现了肯尼迪总统！

在冷战的高潮期间，正是肯尼迪总统将美国从悬崖边上一点一点地拽了回来，在持续不断的开战压力面前，他维护了和平。

他申斥过他的敌人，他也承认美国力量的局限性。他认为美国实力在于民主理念，而不是军事力量，他被认为是一个走在其时代前面的人。

肯迪尼总统生前表示，希望在自己的墓志铭中加上这样的字句：

“他维护了和平！”①

① 符佳林编译，“约翰·肯尼迪的政治遗产”，《财经文摘》2007年第7期。

约翰·肯尼迪的和平战略

约翰·肯尼迪，美国第35任总统，美国著名的肯尼迪家族成员，他的执政时间从1961年1月20日开始到1963年11月22日在达拉斯遇刺身亡为止。

肯尼迪的和平战略，与杜鲁门的遏制战略、艾森豪威尔的解放战略基本上是一脉相承的，只不过他强调达到战略目的之途径与手段有所不同。1960年1月1日，肯尼迪发表演说，提出并解释其和平战略。

肯尼迪的和平战略是以军事实力为后盾，强调用和平的方式加强西方盟国的地位，对苏联等社会主义国家实行“和平演变”，加强对第三世界的渗透与扩张，确立美国在世界上的霸主地位。其战略要点包括：加强军事力量，推行灵活反应战略；寻求与苏联的对话，扩大同东欧国家的来往；以援助开道，向第三世界扩张；坚定维护西方利益。

肯尼迪的和平战略为美国的全球战略增添了新的内容，也是肯尼迪政府处理其后一系列事件（第二次柏林危机、古巴导弹危机等）的指导思想。

肯尼迪关于战争的认识，与我国老子对战争的认识有相同之处。老子在《道德经》中讲道，“兵者，不祥之器，非君子之器，不得已而用之，恬淡为上。胜而不美，而美之者，是乐杀人。”

如果将老子的话用现代文来表达，那就是：

兵器这种东西，是不吉祥的器物，不是适合于君子使用的东西，万不得已的时候用到它，最好保持一份恬淡的态度。在战争中取得了胜利，并不值得赞美和炫耀，赞美战争胜利的人，是乐于杀人之人。

两次石油危机祸乱美元①

1973年10月16日，震撼世界的石油危机爆发。当石油输出国组织（OPEC）的成员国宣布，它们不再向支持以色列的国家输出石油时，全球油价飙升了134%。当时，成员国的这一决定，意味着它们将中断向美国、西欧和日本的石油出口。不难想象，这一决定对全球油价造成的影响有多大。同时，沙特、伊朗、伊拉克、阿拉伯联合酋长国、阿布扎比、科威特和卡塔尔，单方面将油价调高17%，并在与主要石油公司谈判后宣布削减产量。

① 本部分内容转引自：国际著名外汇分析师凯茜·连恩在其官方网站上刊登题为《石油危机如何影响美元》的评论文章。请参见：http：//finance. jrj. com. cn/2011/02/2515069295640. shtml。

石油输出国组织（欧佩克）

石油输出国组织（Organization of Petroleum Exporting Countries, OPEC），简称“欧佩克”。欧佩克是一个自愿结成的政府间组织，对其成员国的石油政策进行协调、统一。

1960 年 9 月，由伊朗、伊拉克、科威特、沙特阿拉伯和委内瑞拉的代表在巴格达开会，决定联合起来共同对付西方石油公司以及反对国际石油垄断资本的控制与剥削，维护石油收入。14 日，五国宣告成立石油输出国组织，总部设在维也纳。1962 年 11 月 6 日，欧佩克在联合国秘书处备案，成为正式的国际组织。同时，随着成员的增加，欧佩克发展成为亚洲、非洲和拉丁美洲一些主要石油生产国的国际性石油组织。

欧佩克现有 11 个成员国，分别是：沙特阿拉伯、伊拉克、伊朗、科威特、阿拉伯联合酋长国、卡塔尔、利比亚、尼日利亚、阿尔及利亚、印度尼西亚和委内瑞拉。

作为对此次石油冲击的回应，美元交易指数起初紧随油价的走高而猛涨，随后立即走低。当时，美国联邦储备委员会（以下简称美联储）正在竭尽全力地通过调高基准利率来抵抗来自通货膨胀的压力。原油价格的上扬，无疑加剧了市场对利率上涨的预期，迫使美联储不得不将联储基金利率由 1973 年 5 月的 7.5% 调高至 1974 年夏天的 13%。在 1973 年第三个季度和 1975 年第一个季度，美国国内生产总值增长出现了大幅度的萎缩，而经济增长的下滑则导致美元贬值（见图 4－1）。

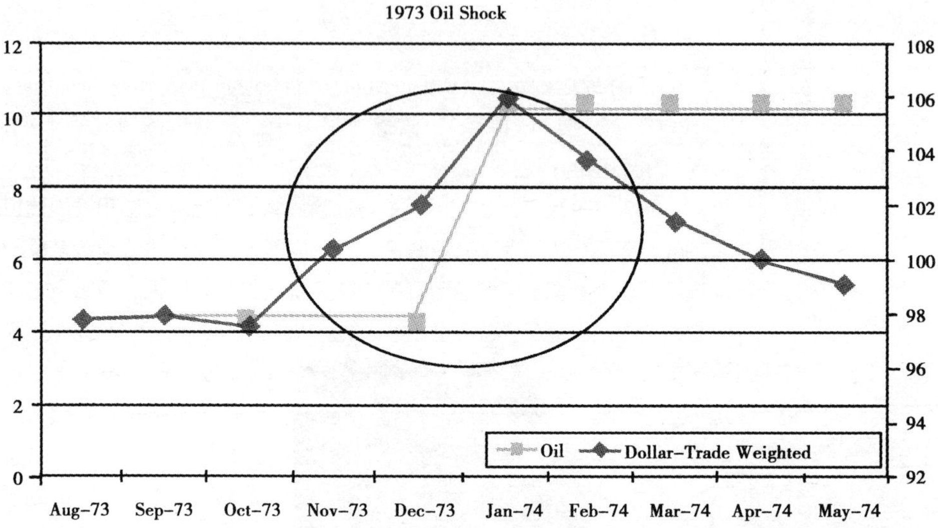

图 4－1　1973 年石油冲击

第二次石油危机，是由伊朗革命的爆发和汽油供应短缺的恶化引发的。石油输出国组织在 1979 年 4 月 1 日上调了油价，幅度为 14.5%。同时，美国能源部宣布解除包括规范石油价格逐渐上涨在内的石油价格管制。不久之后，石油输出国组织再次宣布上调油价 15%。作为回应，美国政府停止向伊朗进口石油。无独有偶的是，科威特、伊朗和利比亚宣布减少各自的石油产量。沙特最终也宣布调高市场原油价格至每桶 24 美元。鉴于以上所有因素，全球原油价格在 1979 年 1～12 月期间共飙升了 118%。

在第二次石油危机期间，美元的价格走势和 1973 年石油危机期间所呈现出来的趋势非常相似：起初是幅度很大的上扬，然后是立即走低。当时，美联储为了控制通货膨胀的增长而调高基准利率。不言而喻，油价的上涨再一次加剧了加息的必要性。在 1979 年 1 月和 12 月之间，联邦基金利率由 10% 升至 14%。1980 年 3 月，利率更是触及 20% 的高水平。1980 年第二季度内，美国国内生产总值季度增长率下滑 7.8%，引发美元价格下行（见图4－2）。

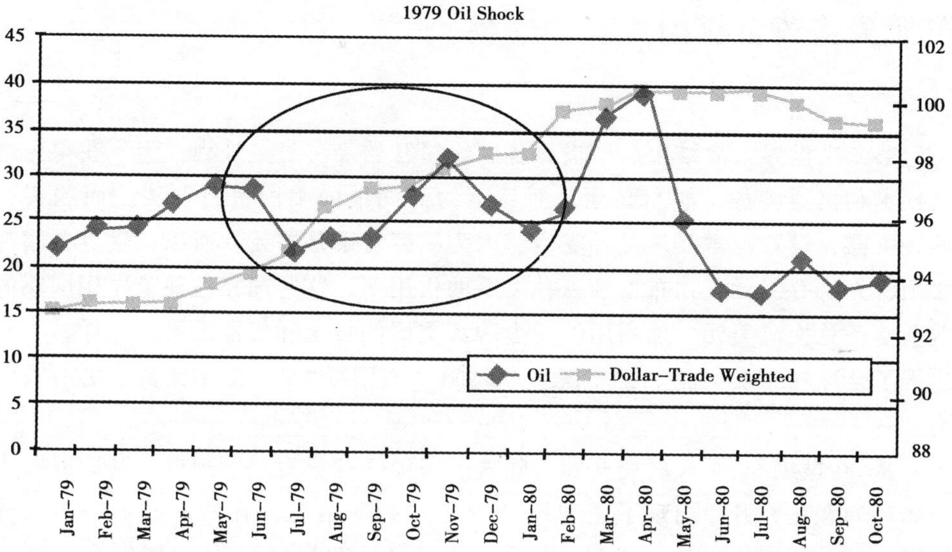

图 4－2　1979 年石油冲击

由于石油交易的结算货币主要是美元，正常情况下，石油价格与美元的关系可以表述为：一方面，美元价格坚挺与否，直接影响石油价格的波动。当美元升值或者美元币值坚挺时，石油价格会下降；当美元贬值或者美元币值疲软时，石油价格会上升。2008 年，全球金融危机之后，由于美国政府增发国债，投放美元，导致美元贬值，从而出现石油价格突破 100 美元大关的现象。另一方面，. 石油价格的突然攀升，导致需要用于石油交易的美元数量增加，在短期内会导致美元价格的走高。但是，由于石油是工业的血液，石油价格的大幅度提升，往往会给美国经济、全球经济发展带来冲击，从而会阻碍全球经济发展，因此，美元价格往往是会下行的。两次石油危机导致当时美元价格的走低，就是这个道理。

美元失去黄金靠山

第二次世界大战结束后，世界各国纷纷开始经济复兴计划，为了获得先进的技术和机器设备，他们必须、而且不约而同地向美国进行购买。而购买技术、机器、设备，需要用美元支付，因为结算货币是美元，所以，世界各国都必须首先持有美元。在布雷顿森林体系的作用下，这些国家往往是先用国家的黄金储备兑换成美元，然后用美元去购买美国的技术和机器设备。这样，一度出现了全球性“美元荒”的状况，一时间“洛阳纸贵”，美元比黄金更有吸引力。

从 20 世纪 50 年代后期开始，随着美国经济竞争力逐渐削弱，其国际收支开始趋向恶化，开始出现了全球性“美元过剩”情况。在两次石油危机的作用下，美元贬值已经势在必行，在所难免。“兵败如山倒”，“墙倒众人推”。于是，世界各国纷纷抛出美元兑换黄金。在布雷顿森林体系下，用美元兑换黄金是允许的，是法定的，于是美国黄金开始大量外流。特别可怕的是，随着美国境外的美元前仆后继地流入美国境内换取黄金，立刻增加了美国境内的美元数量，反而要加重美国国内通货膨胀的程度。

到 1969 年 9 月，美国经济增长速度已经放慢，通货膨胀率却没有相应变动的迹象。而且短短的 3 个月后，也就是到了 12 月，通货膨胀率上升到了 6.1%，成为第二次世界大战结束以来的最高点。无论是保守主义经济学家，还是凯恩斯主义经济学家对这一点都始料不及。于是，尼克松政府采取了渐进的财政政策作法。1970 年 6 月 17 日，尼克松总统发表演说，表明继续坚持原来的需求管理政策（凯恩斯主义政策药方），同时他还宣布：成立全国生产率委员会，由政府、劳工、资方和大学等各方面的代表组成，以监督劳动生产率的增长；由总统经济顾问委员会定期发布“通货膨胀警报”；成立政府采购与规章评估委员会，用以抑制政府中可能提高物价类似于“行政手段”的措施。

但是，这些措施的实际效果很不明显①。

为了彻底摆脱越南战争时期美国社会失业、通货膨胀、国际收支赤字的困境，减缓美元暴跌、大量黄金外流的危机，尼克松政府于1971年8月15日宣布实行“新经济政策”。该政策对外采取了两项措施：放弃按35美元一盎司的官价兑换黄金的美元“金本位制”，实行黄金与美元比价的自由浮动。欧洲经济共同体和日本、加拿大等国宣布实行浮动汇率制。1973年2月美元进一步贬值，世界各主要货币由于受投机商冲击被迫实行浮动汇率制。这一事件被称之为“尼克松冲击”，它标志着布雷顿森林体系的崩溃。

1981年，美国经济学家罗伯特·蒙代尔提出要在美国恢复黄金兑换的建议。此后，美国国会又相继收到数份要求恢复金本位制或实行某种形式的金本位制的提案。当时刚刚走马上任的美国总统里根对这些提案表示支持，并于1981年7月下令成立了一个17人组成的黄金委员会，专门研究在美国恢复金本位制的可能性。

赞成实行金本位制的人认为：对付通货膨胀和经济不稳的唯一办法是恢复金本位制，只有恢复了纸币与黄金之间的兑换关系，才能使人们相信持有的资产的购买力在将来是有保证的，从而达到增加储蓄和投资，促进经济增长，实现充分就业的目的。

反对实行金本位制的人认为：自20世纪70年代以来，金价起伏不定，很难确定准确的黄金平价，金价过高会导致大量的人向政府出售黄金，从而使货币供应量增长过快。金价过低则导致人们向政府大量购买黄金，使政府黄金储备枯竭。黄金生产量的不稳定使其不能成为现代国际货币体系的基础，并且世界经济的增长总是快于黄金产量的增长，有限的黄金存量将会成为制约世界经济增长的因素。如果总是随着世界经济的增长，不断地调整金价，又会使金本位制简单可靠的特点消失得无影无踪。

后来，随着里根总统“强大的美元”政策、“里根革命”取得了成效，美国经济开始复苏，于是美元重新与黄金挂钩的讨论也就不了了之。

从此，美元失去了靠山！失去了黄金这座旧靠山。

---

① 赫伯特·斯坦：《美国总统经济史——从罗斯福到克林顿》，吉林人民出版社2003年版。

但是，里根总统和他的智囊们，却一直在孜孜不倦地为美元寻找新靠山！

华尔街将灭亡

从20世纪60年代中后期到70年代末期，美国经历了一个充满了不确定性的时代，其中对经济影响最大的事件也许要包括：越南战争、通货膨胀、两次石油危机、尼克松冲击。

可以说，20世纪70年代的完整10年，是美国“逝去的10年”。这10年间，美国经济的特点可以用“滞胀”两字来概括。在美国经济滞胀时期，股票市场经过了6次调整，约有一半的时间处于熊市当中。也就是说，在1946～1995年的50年间，美国股市出现了14次大的调整，就有近一半是发生在这10年的经济滞胀时期。经济滞胀严重影响了美国股市的发展，在1973～1974年的股市大调整中，美国标准普尔（即S&P500）下跌了近43.3%，为此前历次调整中的最大跌幅；道琼斯指数从1973年的1050点左右的高峰下跌到1974年的570点的谷底，跌幅达到45%。到20世纪70年代末期，“华尔街即将灭亡”的论调再次大规模出现①。

在“华尔街即将灭亡”论调之上，“美国衰落论”更加震耳欲聋，其代表人物包括哈佛大学教授萨缪尔·亨廷顿和英国著名历史学家汤因比，亨廷顿甚至预言美国将在2000年没落。

这位萨缪尔·亨廷顿

① 陈红：“美国证券市场发展的历史演进”，《经济经纬》，2006年第1期。

可以称得上是美国社会科学领域的顶尖精英，拥有举足轻重的影响力，他“唱衰美国”的声音很有影响力和代表性。他16岁时考入耶鲁大学，后来在芝加哥大学获得了硕士学位，23岁就在哈佛大学获得博士学位，并开始在哈佛大学执教，自1950年开始他就是哈佛大学公共管理学院的高级研究员，而且一干就是58年。

1951年，杜鲁门总统解除麦克阿瑟将军在朝鲜战争中的指挥权，亨廷顿据此写作并出版了处女作——《士兵与国家：军民关系的理论与政治》，此书自1957年出版，便一石激起千层浪，至今仍被视为最有影响力的关于美国国内军事关系的著作。在20世纪60年代，他又凭借《变化社会中的政治秩序》一书而享有更高的盛誉。1993年出版的《文明的冲突与世界秩序的重建》一书，被翻译成39种语言。总之，他的著作在全世界激起的反响一浪高过一浪①。

就在美国对美国自己失去信心、全球对美国失去信心之际，一位迟暮之年的美国总统应运而生、横空出世，他就是70岁才登上美国政治舞台的里根总统。他给美国带来了里根经济学，带来了里根革命和里根中兴，带来了美国新希望！

---

① 萨缪尔·亨廷顿，百度百科。

第五章
为美国发展立宪

强大的美元、强大的华尔街、强大的技术、强大的美军是“里根经济学”的四大国家战略。四大战略的基础是“美国长期资本发展战略”：以长期资本为纲，构建以华尔街为中心的全球间接融资体系。

旷世逸才成就了里根，成就了里根经济学。

1980年11月4日，美国共和党总统候选人罗纳德·里根获胜，他成为美国的第40任总统。里根总统是一位卓越的财经领袖，同时也是一位卓越的政治家。他原本寻求杰拉尔德·福特（同为共和党人，曾为尼克松政府的副总统，因为“水门事件”导致尼克松总统辞职，福特继任总统。）搭档做副总统，后来最终选择了在提名选举中的对手——乔治·赫伯特·沃克·布什（即老布什）搭档做副总统。后来老布什先生担任了美国第41任总统（1989~1993年），其儿子乔治·沃克·布什（2001~2008年）担任美国第43任总统。从一定意义上讲，通过布什父子的传承，里根总统的政治经济思想得到了有效延续。

里根接受自由主义的经济思想，包括弗里德曼的货币主义思想和供应学派的政策建议，反对凯恩斯学派强调政府干预经济的理论，主张实行自由企业制度，减少对工商业的管制，削减政府开支和福利开支。在1981~1989年的执政时间里，里根总统在经济发展方面取得了一系列的成绩，有“里根经济学”、“里根繁荣”、“里根中兴”之说。

里根经济学

里根在担任总统期间，为应对美国当时经济停滞、高通货膨胀率和高失业率并存的国内经济问题，推行了一系列减税、削减预算支出、撤销和放宽对企业的管制、控制货币供给量的经济计划和经济政策。这些经济主张和经济实践被称为“里根经济学”。实际上，准确的表述应该是“里根经济政策学”。

“里根经济学”的核心是强调供应的力量，即有效率地增加供给，因此“供应学派”经济学被认为是“里根经济学”的基础。与凯恩斯强调的“需求管理”，“供应学派”强调的是“供应管理”，“供给创造自身的需求”。凯恩斯主义强调的是市场有缺陷，需要扩大政府开支。里根经济学强调的是要削减政府开支，由自由市场来创造需求。

“里根经济学”的特点是新自由主义经济思想，放松经济管制、削减政府开支、减轻税收负担、进行货币数量控制等，成为其主要的政策特征。

强大的美元、强大的华尔街、强大的技术、强大的美军成为里根总统的四大经济战略。其中，长期资本发展战略是这四大经济战略的基础，里根总统和他的旷世逸才们，为美国发展立宪，用长期资本崛起美国竞争力，美国取得了超越美国的不世之功。

为美元重新固锚[①]

1979 年夏天，卡特总统提名保罗·沃尔克（Paul Volcker）出任美联储主席。沃尔克毕业于普林斯顿和哈佛等名校，此前他担任过尼克松政府中负责金融事务的财政部副部长，纽约联邦储备地区银行行长——这也就意味着他担任过美联储委员会委员和开放市场委员会的副主席。有人说，沃尔克“生来就是当联储会主席的料”，因为他对货币政策太精通了。

一个有趣的细节是，和沃尔克观点类似的大卫—洛克菲勒谢绝了美联储主席的提名，因为他觉得自己作为富豪银行家的形象，会更难让愤怒的民众接受提高利率、紧缩银根的宏观政策，结果这个“美差”就只好落到沃尔克的头上。果然，这位身高两米多的新主席上任伊始就放出狠话，“我要打断通货膨胀的脊梁”，而且他说到做到，接连痛下狠手。

那时，美联储的政策工具与后来格林斯潘的时代一样，主要是提升联储基金利率。沃尔克上任第 8 天就宣布，把联储基金利率提高 5 个基点至 11%，再过两天又宣布把贴现率提高 5 个基点至 10.5%。但是，当这位美联储新掌门人要求再次提高贴现率时，他遇到了麻烦：在美联储拥有投票权的 7 位委员中，有 3 位反对。虽然沃尔克暂时还拥有多数票，但舆论和市场却判断进一步的加息已不可能了。

在美联储投票决定基金利率的现行制度下，沃尔克遭遇了两难困境。如果他坚持“利息至少为正”的立场，要求进一步加息，那么他很可能成为上任不久就变成少数派的美联储主席，并因此无法贯彻自己的政策主张。如果他像他的前任一样圆滑地妥协，那么美国反通胀的历史就将改写。

经济学家将失业率、通货膨胀率称之为两大“痛苦指数”。因此，治理通

---

① 本部分内容改写自刘娜：“保罗·沃尔克：反通胀斗士”，《金融博览》，2011 年第 1 期。

货膨胀，就是要降低、缓解老百姓普遍面临的痛苦。但是，治理通货膨胀的手段往往是提高利率、提高准备金率、提高贴现率，目的是在为过热的经济降温，通俗地讲，就是要用“退烧药”。但是，我们大家都知道，“退烧药”有副作用，这个副作用表现为经济发展速度降低，导致失业率上升，失业率（和通货膨胀率一样）也会给人们带来痛苦。因此，两者之间存在着取舍、替代的关系。从一般意义上讲，失业率和通货膨胀率就像一个跷跷板，这边高，那边就会低。所以，经济学中著名的“菲利普斯曲线”①，讲述的就是两者

菲利普斯曲线

菲利普斯曲线是用来表明失业与通货膨胀之间存在一种替代关系（trade - off）的曲线。可以简单地理解为：通货膨胀率高时，失业率低；通货膨胀率低时，失业率高。

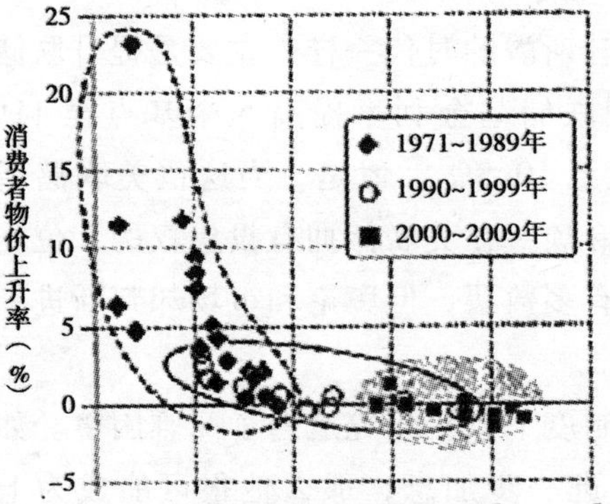

菲利普斯曲线是由新西兰经济学家W·菲利普斯于1958年在《1861 - 1957年英国失业和货币工资变动率之间的关系》一文中最先提出。

此后，许多经济学家对菲利普斯曲线进行了大量的理论解释和适用扩展，尤其是著名经济学家保罗·萨缪尔森和诺伯特·索洛，他们将原来表示失业率与货币工资率之间替代关系的菲利普斯曲线，发展成为用来表示失业率与通货膨胀率之间替代关系的曲线。

① “菲利普斯曲线”是用来表示失业与通货膨胀之间交替关系的曲线，由新西兰经济学家W·菲利普斯1958年最先提出来。该曲线表达的经济思想是：通货膨胀率高时，失业率低；通货膨胀率低时，失业率高。

之间的反向关系，提醒政府要在两者之间保持一个适当的平衡①。

从生产者角度来看，加息会导致消费者减少消费意愿，于是生产者的库存会增加、资金周转会减慢、破产概率要上升、失业程度要加重。这样，虽然老百姓承受的“通货膨胀之痛”会减轻，但是生产者承受的“低速发展之痛”会加重。

虽然消费者可以发出自己的声音，因为通货膨胀而大喊大叫。但是，生产者也同样可以发出自己的声音，因为减产或者破产而大喊大叫。很显然，这是两股不同的声音。如何权衡，如何取舍？在大多数情况下，美国的总统也必须讲政治，所以往往会采取一道道“微调式”的加息方式，让两者都不太痛苦，用时间为代价，通过较长的一段时间来消化两股对立的力量，避免出现“前后夹攻”、“左右不是人”的情况。

沃尔克理解自己的困境，如果将这件事情提交公众来讨论、提交总统来决策，那么事情还没办成，叫痛的政治力量就早已集结完毕。不但是自己，就连总统也会陷入无穷无尽的争吵之中，反而无所作为。所以，沃尔克不想这样“公事公办”。

沃尔克的信念是：决不放弃“为脱离金本位的美元重新固锚”的历史使命。

他坚持经济学的基本逻辑，又凭借多年周旋在美国行政与政治迷宫里练就的本领，终于找到了破解困境的实际路径——美联储不再投票决定基金利率，转而直接制定美国货币供应量目标，然后经由市场过程，由货币供应量的变化决定利率的变化。

这真是神来之笔！

货币供应量当然决定着利率，但美联储却再也不需要为提升利率而直接同政治周旋。当时有一位批评者点评道，“这是一个政治行动而非经济行动”，因为随着利率不断升高，联储可以说，“嘿，这与我们有什么关系，我们又没

① 传统经济学将宏观经济管理的四大目标确定为：物价稳定、就业充分、经济增长和国际收支平衡。这是一个理想的目标，难以一并实现。因为经济增长会导致工资提高，而工资提高又会引起物价上涨和通货膨胀率上升。于是，2.5%的GDP年增长率和6%的年失业率就成为美国宏观调控的临界点。

有加息，我们只是在实现货币供应量的目标”。

1979年10月6日，美联储一致通过了建立货币供应量目标的新体制。紧接着，在公开市场上，联邦基金利率从12%攀升到18%，然后回落在13%～15%之间。商业银行的优惠利率也因此被推高。然后，利率在平静的氛围里持续攀升。

在1981年夏秋之际，利率攀上了连沃尔克本人也没有想到过的峰值：联邦基金利率19.1%，商业银行优惠利率21.5%。

狂奔的通胀野马终于被勒住了：美国通货膨胀率在1981年降为6.5%，再过2年又降到4%以下。

整理通货膨胀的代价当然十分巨大，无论是房地产业、汽车业还是零售业，到处哀鸿遍野。建筑商和工人把木料堆在沃尔克办公室的周围，因为没有人买房子了；汽车商给沃尔克寄来了一袋袋车钥匙，因为没人买车了；美国经济在衰退里挣扎，破产企业已经翻倍了；1981年夏天，美国的失业率接近11%，失业率创出1940年以来的新高。

短期之内数百万人失业，巨大的反对和怀疑声音蜂拥而至，他被称为“经济衰退之父”，被民众看成是“冷漠和傲慢的数字捣鼓者”。国会议员们公开质疑他，甚至拍着桌子痛骂沃尔克；提名沃尔克任美联储主席的卡特总统，因为保增长不力而无缘连任总统；面对这般严重的经济衰退，里根总统的幕僚们也有点招架不住了，他们在初期就对沃尔克颇有微词，而且这股怨气一直延续到沃尔克于1987年结束任期。

对于沃尔克本人来说，虽然货币供应量的调控模式确保了他得以在美联储完成自己的使命，但是排山倒海的讥讽和谴责、受损利益集团的高调辱骂以及来自白宫和国会的政治压力，终究压在了这位身材高大的主席身上。

所幸的是，美国的法律制度保障了美联储主席不会因为决策不受欢迎而在任期届满前下台。虽然，沃尔克遏制通货膨胀有功，但却未能蝉联美联储主席。按照诺贝尔经济学家得主约瑟夫·施蒂格利茨的说法，是里根总统最后没有挽留沃尔克，因为这位打虎英雄不愿大力支持里根总统放松监管的政策①。

---

① 朱伟一：“美联储前主席沃尔克：一位孤独的老人”，《上海证券报》，2010年3月3日。

沃尔克的慧眼与勇气确保了他的成功。为了成功注入这剂猛药，沃尔克的品格不允许他作无原则退让，而正是这一点帮助他坚守下去，直到“守得云开见月明”。终于，他从被污蔑为经济衰退的杀手，一跃成为公认的美国英雄。

投资大师沃伦·巴菲特这样评价沃尔克：“70年代，国家在某种程度上失去了自信，人们普遍认为拥有土地或任何东西都比拥有美元强，改变这种想法需要有坚强的性格和很大的胆量，坚持住更加需要勇气，沃尔克做到了。”

沃尔克的继任者就是大名鼎鼎的艾伦·格林斯潘，他担任过5届美联储主席，任职时间长达18年，享有“经济沙皇”、“美元总统”的盛誉。格林斯潘这样评价沃尔克：他是一位真正的美国英雄，并赞誉他为“过去二十年里美国经济活力之父”。

2010年7月21日，奥巴马总统签署了自20世纪30年代“大萧条”以来最全面的美国金融改革法案，而那份厚达2319页的法案核心正是以保罗·沃尔克名字命名的“沃尔克规则”。这份规则正是沃尔克本人的风格：坚定、正直、耿介、坦率。现在，沃尔克还是奥巴马总统经济复苏顾问委员会主席。

对沃尔克而言，也许这一切都是“迟来的爱”！

凯恩斯主义政策失效

里根上任时面临的是一副烂摊子，主要是美国经济出现严重的“滞涨”，即经济增长停滞与严重通货膨胀同时存在。

从弗里德曼的货币主义经济学理论来看，通货膨胀、物价上涨，直接原因可以多种多样，但是根本原因在于货币作祟，是太多的货币追逐太少的商品，或者是太多的货币追逐他们想要消费的有限商品。因此，治理通货膨胀最重要、最主要的手段就是控制货币、紧缩银根。方法相对简单，操作并不复杂。难就难在政府（最终是老百姓）对治理通货膨胀所产生的副作用能否接受以及接受的程度。沃尔克重手治理通货膨胀当然正确，但是过紧的货币政策带来的种种冲击却需要得到里根总统的支持。应该讲，是在里根总统和沃尔克的共同努力、共同配合下，治理通胀之役首战告捷。

里根总统的第二个任务就是要治理经济发展停滞、经济发展缺乏活力的根本问题。治理“滞”比起治理“胀”要复杂得多，要艰难得多。它不像治理通货膨胀那样，千条线万条线，只要抓住货币一条线就可以万事大吉。治理经济发展停滞，必须找准病因才能用药，必须“对症下药”，才能“药到病除”。由于病因有多种，所以治理“滞”首先必须找准病因、病根。

实际上，比经济发展停滞问题还要严重的是经济危机，或者类似于 20 世纪 30 年代的经济大萧条。那时的情况严重到：一方面生产严重过剩，过剩得“只好把牛奶往河里倒”；另一方面是因为大量失业，老百姓没有购买能力，便宜得一塌糊涂的商品也买不起。于是，旨在应对和治理经济危机的凯恩斯主义应运而生，凯恩斯主义因此而享有“治理危机经济学”的别称。

凯恩斯主义政策的着力点在于需求管理，也就是说，首先要刺激老百姓的需求，只要老百姓有了需求，一切难题就迎刃而解。老百姓有了需求，就会增加消费，增加消费就会缓解生产过剩，就会增加企业的开工率，企业就会增加对劳动力的使用，社会就业水平就会提高，于是获得工资收入的劳动力群体就会扩大，就业扩大又会进一步提高全社会的收入水平，进而会进一步刺激老百姓的需求。这样，一个良性的经济循环就建立起来了。

但是，面对经济危机，大多数企业已经朝不保夕，无力增加投资，无力组织扩大再生产。因此，不能寄希望于企业。这时候，政府最应该挺身而出，最有效的办法就是实施积极的财政政策（辅之实施积极的货币政策），扩大政府开支，增加政府采购。一方面，通过公共项目建设，政府开支可以直接增加就业；另一方面，通过向私人企业采购商品，扩大企业的生产规模，政府采购也就可以间接增加就业。社会就业一增加，社会收入就会增加，于是需求规模就上去了，通过需求规模的扩张可以导致供给规模的扩张，于是社会生产规模就上去了。这样，在需求增加、供给增加的共同作用下，社会生产能力的边界向外推移，于是社会经济发展的这台机器就转动起来了，经济危机就可以得到有效治理了。

因此，在凯恩斯主义看来，政府实施积极的财政政策最为关键，最为重要，而且力量最为神奇。政府为公共设施投入1万块钱，用于购买机器、购买设备、支付工人工资，然后供货商和工人拿到这1万块钱之后再去使用，一直一直地使用下去，最终可能会产生10多万块钱的社会购买力①。而且，公共设施建成后，周边的生产者和老百姓还能够从中获益，还可以节约生产成本，又会进一步得到收益。

所以，凯恩斯主义认为，在经济危机的时候，哪怕政府雇佣一大批工人挖一个大坑，把一大笔钱埋进去填上土，然后再雇佣一大批工人把土挖开，把那一大笔钱取出来。通过政府的两次雇佣，通过支付两次工资，就可以达到增加就业、刺激需求的目的，就能获得供给增长、生产发展的可喜目的。

但是，面对20世纪70～80年代的"滞涨"现象，凯恩斯主义政策不灵了。如果政府继续扩大公共开支，势必增加生产、增长收入，势必为高企的通货膨胀火上浇油。如果继续单方面实施紧缩的货币政策来治理通货膨胀，那么企业生产就会雪上加霜，经济发展就会"屋漏更遭连夜雨"。

很显然，这是一个冲突的、对立的政策选择，这是一个左右为难、进退两难的现实困境。天无绝人之路，还有一个选择，那就是减税！

通过减税，可以减轻企业负担，从而可以刺激企业加大供给。一旦企业加大供给，满足需求的商品数量就会增加。这样，不但通货膨胀可以得到缓解，而且企业生产也可以得到发展。经济发展停滞不前的局面就可以得到改变了，"滞涨"的问题就可以得到有效解决了。

政府不但可以为企业减税，还可以为个人减税。

为企业减税，可以刺激供给；为个人减税，可以刺激需求。

更加意想不到的效果还在于：供给本身也可以创造需求。

---

① 从政府最初投入的1万块钱货币，最后变成10万块钱的购买力，由1变成10，就是由凯恩斯提出的"投资乘数效应"。当然，凯恩斯所言的"投资乘数因子"不是10。

萨伊定律

萨伊定律（Say's Law，Say's Law Of Market），是由法国著名的古典经济学家让·巴蒂斯特·萨伊在 19 世纪初最早提出来，并因而得名。萨伊定律在经济学界既具有广泛的影响力，也遭受广泛的争议。

对萨伊定律的通俗化解释是：“供给会自行创造需求”，“生产会自行创造销路”，“产品只能用产品来购买”，“产品只能用产品来支付”。可见，萨伊对于生产是持赞美态度的，对于生产出来的产品的销售前景是持乐观态度的。在萨伊看来，积极发展生产永远都是需要的。

从萨伊定律出发，容易得到这样的结论和推论：在资本主义生产方式下，一般不会发生生产过剩的危机，也不可能出现就业不足的困境。这个结论恰恰是站不住脚的，因此颇遭诟病。

今天，大家熟悉的是“供给创造其自身的需求”这句名言。其实，萨伊的另外一句名言则是：“激励生产是贤明的政策”。

“通过供给创造需求”被称为“萨伊定律”，它是由法国著名的古典经济学家萨伊最早提出来。实际上，生活中供给创造需求的事例很多①。比方说大家熟悉的手机消费，就具有这个特点，一代一代的新手机层出不穷，被那些追赶时

① 2011 年 4 月 11 日，在晚饭的餐桌上，我和夫人谈起了供给与消费之间的经济关系。我们家正在上小学六年级的女儿刘勤一，一边津津有味地埋头吃饭，一边聚精会神地听讲。她听完我们的讨论后，借用做饭与吃饭两个行动通俗地做了一番解释。她是这么说的：供给和需求，就好比做饭和吃饭。做饭的人代表了供给方，吃饭的人代表需求方。饭菜的口味、品种、质量就是供给，口味好、花样多、有大菜的时候，我们的胃口就好，吃下去的东西就多，这就是供给创造需求。昨天，我们去爬山，大家回来后都很饿，说明需求扩大了，先是把家里的水果大吃一顿，然后是把做好的饭菜全部吃掉了，最后还觉得不够，又把前一顿的剩菜剩饭都吃光了，这就是需求创造供给。听她这么一说，我们既觉得有趣，也觉得有道理。

尚的年轻人乐此不疲地追捧，并且心甘情愿地掏钱消费。还有就是律师业的发展，也具有这个特点。曾经还有这么一个经典的故事：

在一个相对偏远的城市郊区，有一名律师起早贪黑，兢兢业业。但是，任凭他如何磨破嘴皮，走破脚皮，就是没有人请他打官司。他为此十分苦恼，百思不得其解。有一次，他与一位同样做律师的好朋友见面，这位朋友在另外一个地方干得红红火火，风生水起。听完他的诉苦之后，这位朋友爽快地答应要帮他。过了几天，这位朋友西装革履地出现在他所在的这个小镇上，开起了一个新的律师事务所。当他有一天路过此处的时候，发现了他的朋友。他立刻火冒三丈，气不打一起，这哪是在提供帮助，分明就是在抢生意。任凭朋友如何解释，这位律师就是认定他的朋友在欺负他。于是，两人之间水火不容，形同陌路。但是，半年之后，他发现主动来请他打官司的客户不少，而且他还发现对方的辩护律师就是他的朋友。一年之后，随着第三位律师在该地的加盟，主动上门的客户几乎是络绎不绝。最后，他的那位老朋友告诉他一个道理，“供给创造需求”。

实际上，需求和供给是经济学的两大分析工具和分析对象，被认为是经济学家的两大法宝。美国著名的经济学家、几乎是天才式的数理经济学家、1970年诺贝尔经济学奖获得者萨缪尔森先生就此发表感概：你可以使一只鹦鹉成为经济学家。你所要做的是告诉它，关于需求和供给的概念。

如果将凯恩斯主义政策的核心归为需求管理，要求政府做好刺激需求的文章。那么减税政策主张的核心就是供给管理，希望政府做刺激供给这篇文章。

如果将凯恩斯主义政策称之为“需求学派”，那么减税政策主张就可以称之为“供给学派”。实际上，供给学派就是在这样的社会大背景、经济学大背景下诞生的！

减税就是发展生产力[①]

减税成为里根总统执政的基本理念，首先来源于其自身的阅历，特别是他在1966～1974年担任第33任加利福尼亚州州长的执政经验。在第一届任期内（1966～1970年），里根一方面强调削减政府开支；另一方面强调预算平衡。在第二届任期中（1970～1974年），里根强调减少社会福利开支，并且在1973～1974年经济衰退期间获得财政结余。特别难能可贵的是，里根宣布对州的税收进行减免，通过减轻财产税，大约返还纳税者近50亿美元。里根对加州经济的治理为他走向全国政治舞台提供了政治资本和实际经验，也为20世纪80年代里根经济学的勃兴打下了基础。供给学派的崛起恰好为里根的朴素经济思想填补了这个空缺。所谓里根经济学也可以说就是二者的结合。

现代供给学派思潮是由两名美国经济学家所酝酿而成的——南加州大学的阿瑟·拉弗（Arthur Laffer）和哥伦比亚大学的罗伯特·蒙代尔（Robert Mundell），他们的观点受到《华尔街日报》专栏作家祖德·万尼斯基（Jude Wanniski）的注意。万尼斯基后来又发现了共和党人杰克·肯普（Jack Kemp）这名孜孜不倦的学生以及密歇根州众议员戴维·斯托克曼（David A. Stockman）这名后起之秀。这些人逐渐以肯普为核心，形成了一支理论队伍。

---

① 本部分内容主要参考了陈宝森等学者的观点，请详见：陈宝森等：《美国总统与经济智囊》，世界知识出版社1992年版。

现代供应学派

现代供应学派是20世纪70年代兴起于美国的一个经济学流派的税收理论与政策主张。该学派因强调“供给创造自身的需求”而得名，称其为现代供应学派，是想将它与古典经济学家萨伊的理论观点相区别，通常情况下简称为“供应学派”。

供应学派认为：一个国家国民生产增长率主要决定于劳动力和资本等主要生产要素的供给及其有效使用；企业和个人提供生产要素和从事生产经营活动，都是为了谋取利润和报酬，取得实际收入。

供应学派主张充分发挥自由市场对生产要素的供给和利用的调节作用；政府的税收应该成为刺激供应、增加生产和实际收入的工具。

供应学派认为：治理通货膨胀的政策不能过分注重需求管理而忽略供给管理，不能忽略了运用刺激生产力的方法来同时解决通货膨胀和失业两大难题。

万尼斯基是肯普办公室的常客，拉弗和斯托克曼是在这里相识的。还有一批颇有才气的年轻人，如保尔·克雷格·罗伯茨（Paul Craig Roberts）、史蒂夫·恩廷（Steve Entin）、约翰·米勒（John Miller）等也常在此相聚。于是肯普的办公室就俨然变成了供应学派经济学研讨班的会议室。

在这群人中，肯普是政治领袖，也是“肯普—罗思减税议案”的发起人，万尼斯基和拉弗是他们的首席理论家。他们针对卡特政府和国会提出的每一个经济主张和动议，都设想出自己与其相对立的立场，由于相信自己的主张会改变历史，因而意气风发，信心百倍。他们志在实行政策变革，以医治20世纪70年代后期的全球经济“滞胀”病，即经济停滞与通货膨胀同时发生，而主流派经济学对此却束手无策，一筹莫展。在供给学派看来，他们是对凯恩斯主义革命的“反革命”。

供应学派思考的两大主要问题是：

第一，为什么20世纪70年代后期美国经济增长几乎为零。他们认为，资本主义经济本身就有自我扩张、创造财富、增进社会福利的天然能力，可是它受到了国家干预主义（或者说凯恩斯主义）政策的严重阻挠：无所不包的需求管理，彻头彻尾的负面激励；市场上充满了由政府补贴政策和保护主义政策所造成的大堆废品，而不是老百姓真正需要的商品；本来充满活力、富有弹性的美国经济大动脉，却被一系列的税收制度、行政管理制度弄得血管硬化。因此，供给学派的解决办法就是要取消罗斯福新政以来国家给经济活动套上的“马嚼子”，放松不必要的经济限制，取消不必要的经济惩罚（过高的税率就是对全社会的经济惩罚），让美国这匹千里马重新威风凛凛地跑起来！

第二，为什么破坏性的高通货膨胀会在美国和全球经济中释放出来。他们认为，美国政府利用美元取得世界主要货币的特殊地位，利用其作为交易货币、储备资产、财富储藏手段的特殊优势，不但没有让脱离黄金本位制后的美元保持稳定、可靠的购买力，“为万世开太平”，反而愚蠢地采取贬值、减值的“老掉牙”经济政策，结果只能是触发一场从加尔各答到克利夫兰对山姆大叔（美国的别称）制造分量不足的铸币这一“老手法”的反抗。

在供给学派看来，最好是把美元价值固定于黄金上，重新回到黄金本位制度的时代去。也就是说，供给学派想为美元找回黄金靠山！

减税、放松管制，构成了供给学派的财政政策观；回到固定汇率，找回黄金靠山，构成了供给学派的金融政策观。尽管供给学派的创始者认为，他们提出的财政和金融观点，一定会是所向披靡的宏伟教义。实际上，他们的财政政策观点得到了充分采用，但是金融政策观点却是基本没有得到采纳。

后来，他们同里根一起讨论了金本位、减税、供应学派理论、经济增长等一系列问题。里根对此反应极为热情，里根对减税能够“放水养鱼”、减税可以实现“先予后取”作用，即经济学“拉弗曲线”① 有一种直觉的理解。

1980年7月，共和党召开全国大会讨论竞选纲领，希望除减税法案之外还能就金融政策提出新观点。在一个相当于供应学派中央委员会的午餐会上，肯普、万尼斯基、杰夫·贝尔、斯托克曼以及其他一些人，进行了激烈的争吵，焦点集中在是否需要恢复金本位。斯托克曼认为，金本位实际是硬通货和政治纪律的一种比喻。通货膨胀的原因要追溯到政客们由享用免费午餐幻想所造成的金融过度膨胀，号召恢复金本位所得到的好处不会比它所带来的政治问题更多。杰夫·贝尔则有不同的看法。最后达成妥协，在纲领中加了下面一段话：

> 在70年代以前的10年里，金融政策都与维持稳定的美元价值这个高于一切的目标相联系。60年代和70年代，为了追求稳定美元以外的目标，美元同国际商品相分离，因而在国内释放出恶性通货膨胀的力量，并在国外造成金融混乱。今后最迫切的任务之一是恢复一种可靠的货币本位，以期终止通货膨胀。

在这次共和党大会的讲话中，里根扔掉了华盛顿所有的陈辞滥调。他反对国家干预的调子是现代化的，进步的，胸怀宽阔的。现在他的恢宏想象力把供应学派的经典语言都包括进去了，如可靠的货币、资本主义的繁荣、社会流动性、企业的能动性、个人的激励机制等，而且说得又清楚又响亮。里根与供应学派紧密结合起来，借此里根赢得了白宫宝座，供给学派也成为最红火的官方经济学。

里根总统任期内的减税政策不仅开启了美国有史以来最长时期的经济扩张，而且带动全球经济共同增长（包括世界各国受美国启发而削减税收和实施改革）。1982～2000年是美国历史上最长期的经济增长。

---

① 一般情况下，税率越高，政府的税收就越多；但是，税率高过一定限度时，企业经营成本提高，投资减少，收入减少，即税基减小，反而导致政府的税收减少。由美国经济学家拉弗教授描绘的税收与税率之间关系的曲线，就被称之为“拉弗曲线”。

“思想大碰撞”的戴维营研讨会①

与前任尼克松和卡特总统不同，里根从不将自己捆绑在繁冗的细节处理上，他真正关心的是宏伟的经济和金融战略规划。如果说“性格决定成败”的话，也许是里根举重若轻、抓大放小、志在高远的性格成就了他。

由于20世纪70年代接连发生的“美元危机”、“石油危机”、“布雷顿森林体系危机”和1973~1975年的严重经济危机，把西方国家弄得焦头烂额。为共同解决世界经济和货币危机，协调经济政策，重振西方经济，1975年7月初，法国首先倡议召开由法国、美国、日本、英国、前联邦德国和意大利六国参加的最高级首脑会议。1976年，加拿大加入，于是就有了“七国集团（G7）首脑会议”之说。1998年俄罗斯加入，又有了“八国集团（G8）首脑会议”之说。成员国的国家元首每年召开一次会议。

1983年5月28日至30日，7国首脑峰会在美国弗吉尼亚州的威廉斯堡轰轰烈烈地召开，这次会议由里根总统担任东道主。

在这次峰会上，里根总统显得特别的意气风发，踌躇满志。也许就在这次峰会刚刚结束之际，里根总统就借着这股兴高采烈的劲头，召集了一次看似轻松平常、不刮风不下雨、实际上却影响美国历史发展的内部研讨会。

---

① 笔者在此部分和后面四个部分中，均采用了“演义”的写作方式，设想出里根总统和副总统布什、国务卿乔治·舒尔兹、白宫办公室主任黑格、财政部长唐纳德·里甘、经济顾问委员会主席马丁·费尔德斯坦、美联储主席保尔·沃尔克、社会改革事务长官阿伦·格林斯潘、经济顾问威廉·西蒙、国防部长卡斯珀·温伯格等人的对话。它不是真实事件的再现，而是笔者的“演义”手法。如有雷同，纯属巧合。如有不实之处，敬请上述人士和读者表示谅解。

考虑到笔者演义写法，既不是直接引用，也不是间接引用，文字中不再采用中文中常见的“”（即引号）。表明这是由笔者猜想甚至是设想的，是笔者个人想法的表述，有些语言可能也不一定完全符合发言人的风格，因此难以满足严格考证的要求。关于这一点，敬请读者注意区分。

这次会议的地点就选择在位于马里兰州 Catoctin 群山公园的戴维营。当年，艾克·戴维·艾森豪威尔总统将这座总统度假胜地以他孙子的名字来命名。事实上富兰克林·罗斯福总统最早开始在这里度假疗养，躲避华盛顿夏季的炎热与潮湿。在过去的很多年间，美国总统或在这里会见要人，或在此躲个清静，因此成为总统首选的度假圣地。

选择在戴维营开会，有点类似我国领导人选择北戴河开会，往往是开“神仙会”、“务虚会”。面对着一望无际的海洋，享受着清凉无限的海风，行走在满是树荫的草地，往往会让人神清气爽，心旷神怡，发思古之幽情，树鸿鹄之壮志，正是出思想、出战略的好地方。

出席这次内部会议的人员也许有：副总统布什、国务卿乔治·舒尔兹、白宫办公室主任黑格、财政部长唐纳德·里甘、国防部长卡斯珀·温伯格、经济顾问委员会主席马丁·费尔德斯坦、美联储主席保尔·沃尔克、社会改革事务长官阿伦·格林斯潘、经济顾问威廉·西蒙等。

在这次会议上，里根总统面带着他一贯的、标志性的“永恒微笑”，轻描淡写地首先讲话：

这次，把大家请到这里来，其实并没有特别紧要的事情要商量和解决。不过，这次峰会对我的触动很大，引发了我许多的思考。此前，我也一直在思考美国的经济未来，主要是大的战略，大的规划。但是，过去的 2 年多时间里，说起来我是总统，其实和我过去当“救生员”没有区别，准确地讲是“灭火员”，总是不停地与通货膨胀、失业在作战。

这次，希望大家能够轻轻松松地、痛痛快快地讨论一次，大家可以想到哪说到哪，随心所欲，畅所欲言，高谈阔论更好，既不要有顾虑，也不要有压力，更不要有门户之见。

至于讨论的主题，我看就围绕“未来发展战略”展开。特别要说明的是，我希望得到的不是短期发展战略，而是长期的发展战略，至少要能够管用 10 年，能够管用 50 年当然更好，总之是管用的时间越长越好。你们不必担心我的任期，只要你们提出的战略对美国有利、对美国人民有利，我一定马上就干，不管有多么困难，多么复杂。

下面，我把这次峰会上的一些情况，向大家通报一下。

‘在 29 日下午的会议上，一开始大家都静在那里，但是眼睛都盯着我看了好久，后来他们有一位领导实在忍不住了，就对我说，美国的通货膨胀治理得这么好，有什么绝招吗？我当时就说：当然有啊，但是一言难尽，你们要是真想听我细说，就在这里多住几天。看来，我们治理通货膨胀的效果，已经得到了大家的认可和关注。

撒切尔夫人正在忙大选，不过她告诉我，一旦继续当选她将启动两项大改革：一是金融改革；二是养老金改革。我从她的讲话中，感觉到英国未来有很大发展空间。这些年来，以德国和法国为代表的欧洲经济发展①一直不错，欧盟成员国已经超过10家了，目前正在商讨制定欧盟宪法的事情，他们甚至想将欧洲货币体系（EMS）发展成为统一的欧洲货币即欧元，这些工作做起来需要时间，也许需要十年八年时间，但是我还是感觉到欧盟咄咄逼人的气势。

里根总统说到这里，环顾了一下在座的成员，略有遗憾地补充了一句，如果这次蒙代尔教授也来了的话，我倒想听听他对欧盟和欧元前景的看法。

这些年来，日本经济发展真是不错，好得让我们与会人员都震惊了。会上中曾根首相大出风头，会议中间他也给我讲了不少“掏心窝子”的“私房话”。我一方面替中曾根和日本感到高兴；另一方面我又为此感受到巨大的压力。在拍纪念照的时候，中曾根硬是挤到我的身边来，把撒切尔夫人的位置给占了，这也成为会议的一个花絮了，你们大家可能也都知道了。有媒体解读说日本靠近美国都超过英国了，也有媒体说日本在向国际社会显示其强大的实力。当然，总体上讲，日本对我们国家还是友好的。

我简单地说到这里，下面的时间交给你们。

---

① 欧洲在20世纪60～70年代经历了一个经济高速增长期，被称为“欧洲经济奇迹”时期，前联邦德国和法国最为引人注目。20世纪70年代末，在美元急剧下跌的时候，美国就曾发行了以德国马克标价和结算的“卡特债券”来募集资金支撑美元。卡特债券（Carter Bonds）是指20世纪70年代末美国卡特政府针对美元汇率的动荡而发行的以德国马克等外国币种标价的国债。

尽管当时前联邦德国购买了美国的国债，但前联邦德国主要关心的不是美元，而是欧洲1979年设立的欧洲货币体系（European Monetary System，简称EMS），前联邦德国是EMS的积极倡导者和推动者，该体系成立的目的是协调欧洲各国的汇率政策，在欧洲内部建立相对稳定的汇率机制。

“管用50年的美国经济战略”之一

照例还是一番客气，本来大家希望乔治·舒尔茨先讲，他是数朝元老，而且在威廉·西蒙之前就担任过尼克松总统的财政部长要职，现在又身居国务卿之位，“一人之下，万人之上”，他先讲当然最合适。不过舒尔兹还是真诚地让现任财政部长唐纳德·里甘先发言，这样，里甘也就不好再推辞了。

于是，里甘就在“正好我来抛砖引玉”的引言下阐述自己的看法：

未来50年，美国财政发展的第一原则就是确保强大的美元。我的基本看法是：美元不牢，地动山摇；美元不稳，大厦将倾。围绕强大的美元战略，我有三个方面的看法：

第一，大国金融从来都以币值稳定为基础，以货币强大为目标。以前的荷兰，后来的英国，现在的联邦德国和日本，基本上都把本币强大作为经济金融发展目标。本币一旦强大，就能给国内居民带来强大的信心，带来强劲的消费和投资愿望。所以总统先生讲，强大的美元是强大的美国之本，强大的美元符合美国利益，我完全赞同。

第二，强大的美元才能吸引外来资本。从货币体系上看，由于“尼克松冲击”已经将美元与黄金脱钩了，已经动摇了国际社会对强势美元的信心。如果我们再不及时纠正，那么这个巨大的失误还不知道有多严重。我至今认为，布雷顿森林体系的崩溃，不能完全归罪于其他国家，我们自己有责任，美元贬值并且一贬再贬，保卫美元的行动反而一拖再拖。即使从现在开始，坚持强势美元政策，都有点“亡羊补牢”的味道了，但是我们至少还可以稳住欧洲美元，大力吸收包括日本和亚洲“四小龙”在内的东亚美元。

我想在此特别强调的是，国民储蓄率太低是我们美国经济发展的软肋。正是因为国民储蓄率太低，使得资本形成很缓慢。但是，我们国家又是全球最大的经济体，又需要庞大的资本才能推得动，所以我们不得不大力吸引外国资本。当然，能够改变国民储蓄率就万事大吉了，但是它不是一朝一夕就能完成的事情。因此，通过强势美元来加速资本形成、加速经济发展，在我看来，不是一个当前的、临时性的小问题，而是一个长期的、根本性的大问题。正是从这个意义上讲，强势美元是一个长期的经济战略。

里甘所言的经济政策背景大致是这样的：1968 年，尼克松总统上台后开始放任美元贬值，结果到 1971 年导致布雷顿森林体系解体，美元对黄金的兑换窗口被关闭，固定汇率制度让位于浮动汇率制度。福特总统上台后坚持由市场决定汇率，继续放任美元贬值。结果，美元贬值一直延续到卡特总统执政的末期。最后，美元大幅贬值让美国自己人都按捺不住了，于是美国财政部发起保卫美元运动，通过借外币的方式来确保美元币值逐步回升。

第三，我不赞成美元与黄金挂钩重新回到固定汇率时代。我也注意到，现在讲固定汇率好、浮动汇率好的经济学家都大有人在，莫衷一是。我的观点是“先挺再定”，先挺住一段时间，如果强势美元政策深入人心，他们能够把美元等同于黄金来对待和持有，那么我们就没有必要再动汇率制度了。

一旦浮动汇率制度被世界各国接受，说不定我们美国还可以获得额外收益。有些经济学家不是一直在说，一旦美元强大了，我们美国政府只要开动机器印刷美元，就可以换来大把大把的真金白银。如果真是这样的话，我这个财政部长就轻松多了，今后的财政部长还会更加轻松。不管怎么说，在这一点上，我赞同西蒙先生此前的看法。

里甘简明扼要地讲述完自己的观点，其他人纷纷点头称是。虽然威廉·西蒙有如坐针毡之感，因为里甘隐含地批评了前任政府，当然也包括他这位曾经的财政部长在内，但是他也没有表达不同的意见。

这时，里根总统笑嘻嘻地说：好，“强大的美元”算是一条战略。

接着，他又温和地问道：要是因为形势所逼，不得不让美元贬值，我们浑水摸鱼搞两三年，应该没有问题吧？

一看里根总统半真半假地发问，里甘反而一本正经地说道：有强有弱，虽可以；一弱再弱，却不行。强势美元应该是大潮流，美元间或贬值只能是小浪花。

后来的政策实践表明：强势美元果然能钓大鱼。

由于里根总统此前已经采取了大规模的减税措施，虽然起到了刺激经济增长的良好作用，但是效果还没有立即显现出来。倒是减税带来的“财政赤字增长”效果却立即得到显现。1983 年度，财政赤字高达 2000 亿美元，占美国当年国民生产总值（即 GNP）的 6%。

为了解决急剧增长的财政赤字，里根政府决定大量发行中、长期国债进行政府筹资。但关键的问题是这些国债卖给谁呢？按照当时美国的居民储蓄率水平，美国国内投资者无力来购买政府发行的巨额国债。剩下的唯一办法就是吸引国际资本来购买。当此之时，世界上最有钱的地方只有两个：欧洲和日本。

于是，实施高利率政策和强势美元政策的“吸引外资效应”、“钓鱼效应”立刻发挥出来了！

高利率和强势美元意味着投资者的高收益率，它们一起成为美国钓鱼的“诱饵”。美元在 1980 ~ 1985 年间大幅升值，美元指数从 85 左右上升到 140 左右，涨幅达 50%。吸引力已经足够强大，果然，日本资金源源不断地进入美国！

1976 年，日本购买美国国债总额为 1.97 亿美元，10 年后的 1986 年 4 月达到了 138 亿美元，为 10 年前的 70 倍。日本 1985 年一年对外投资额为 818 亿美元，其中 535 亿美元是对美国债券的投资，特别是对美国中长期国债的投资，占比达到 64%。

后来的政策实践还表明：强势美元也不得不适当贬值。

强势美元政策固然起到了吸引外资的良好作用，有力地弥补了财政赤字缺口，促进了美国经济增长。但是，强势美元严重削弱了美国制造业的出口竞争力，贸易赤字开始大幅度攀升。美元的升值导致在 1980 ~ 1984 年期间美国实际净出口急剧下降，在这四年间，美国实际净出口下降了 1650 亿美元（按 1984 年价格计算）。许多具有国际贸易背景的企业因此受到了惨重的打击。在 1980 ~ 1984 年期间，美国的经常项目赤字也逐年增加，到 1984 年已高达 1000 亿美元。

很显然，在高利率政策、强势美元政策、减税政策的共同作用下，财政赤字、贸易赤字增长无法避免。由于强势美元给美国制造业和出口企业带来过大的冲击，在里根总统任期内，也出现过短时间的美元贬值现象。

“管用 50 年的美国经济战略” 之二

看到大家讨论的差不多了，乔治·舒尔茨不紧不慢地接下话题：

舒尔茨 1969～1970 年担任劳工部长，继任者是詹姆斯·D. 霍奇森；1972～1974 年担任财政部长，继任者就是在座的威廉·E. 西蒙，1982～1989 年担任国务卿，继任者是詹姆斯·贝克。他既有管理社会事务、财经事务的经历，又正好处在国务卿的职位上。因此，他的发言自然不能偏离美国的外交战略和外交政策。不过，他外交战略思想又隐含着十分清晰、明确的财经背景。而这种特殊的、综合的业务素质，正是里根总统所特别看重的。

于是，舒尔茨抑扬顿挫的语音在安静的室内飘荡起来：

未来 50 年，美国对外政策的第一原则就是“唯有实力才能获致和平”。我的基本看法是：没有强大的军事实力，就不可能有强大的综合竞争力；没有强大的军事实力，就不可能有强大的美元和强大的金融。下面，我就从扩张军事实力与发展经济金融之间的关系谈起，主要讲三点看法：

第一，要算大账，不能算小账。我记得西奥多·罗斯福有句名言，“说话温和，手持大棒”。“手持大棒”被理解为要保持强大的军事实力，因此被认为是强硬外交政策的代名词，遭到过诟病，但是我认为讲得很有道理。总统先生刚才讲到“强大的美元”可以算作是管用 50 年的经济战略之一，意义在于吸引外资。“天下熙熙，皆为利来；天下攘攘，皆为利往”，讲的就是这个道理，有钱赚大家自然就来了。这没有错，但是可以赚钱的国家和地区很多，不一定非来美国不可。

从我了解的情况来看，石油美元之所以来美国，一是因为美元作为结算货币，占了先机，他们既然持有美元自然首先想到的就是美国。但是，我的经历告诉我，他们乐此不疲地选择美国进行投资，甚至还要接受较低的投资收益水平，一个重要原因就是这些国家希望与美国保持良好的经贸关系和外交关系，希望在必要时能够借助美国的军事实力、政治实力、影响力。

实际上，这些国家也在算大账、算政治账。日本和“亚洲四小龙”的东亚美元为什么来美国，也是同样的道理。中国有两句名言，一句叫做“失之东隅，收之桑榆”，另一句叫作“醉翁之意不在酒”。把这两句话用到东亚美元投资美国的选择上，倒是很有道理。

所以说，保持强大的军事实力，就是在为美元、美国资本、美国文化保驾护航。一定要把这笔无形的政治账算进去，千万不能只算经济账。

第二，要算经济循环账，要算长期发展账。这些年来，我们财政部的日子一直是“年年难过年年过”，捉襟见肘，囊中羞涩。总统先生上任后，把减税作为第一件大事来抓，我都非常赞成，只是财政部的短期压力就更大了，只能靠增发国债来填补。同时，我也注意到美国国债规模与日俱增，我们都在替总统先生您和财政部担心。刚才里甘说得好，我们必须挺住，必须守住，“守得云开见月明”，确实很有道理。

现在通过大量发行国债，搞赤字财政，一方面可以减轻通货膨胀的压力；另一方面可以增加政府开支、政府采购，可以推动企业生产扩张，从而达到推动经济增长的目的。这样，可以收到明显的短期效果。但是，我真正想表达的观点是：保持强大的国债规模不是应急之举，不是相机之策，而是在建立具有美国特色的长期经济增长方式和长期融资方式。

在我看来，美国强大的一个标志，就是外国资本源源不断地涌入美国。今天也许我们是资本形成不够，但是未来很可能出现资本过剩的新局面。如果从现在开始，我们就始终坚定不移地保持强大的国债规模，然后通过政府对军事装备的持续采购，源源不断地向美国的军事设施进行投资，这样一个前所未有的经济良性循环链就建立了：一是可以消化外来资本向美国的持续涌入；二是可以建立强大而活跃的国债融资市场；三是可以通过美国政府对军事装备的长期采购，提高美国军事实力。

从长期来看，这个循环不但可以建立，而且必须建立。一旦该循环建立起来，我们美国就会拥有无比强大、无与伦比的军事实力。最最可贵的地方还在于，我们美国人可以对此不花一分钱，完全由外来资本所承担。何乐而不为呢！

第三，“军转民”如箭在弦上，不得不发。纵观战后美国40年来的发展，我们在技术上已经积累了雄厚的实力，在军事航天和航空等各个领域都有着充分的表现。所以我一直坚信，我们国家的技术实力没有落后，在一些重要领域反而领先竞争对手更大的距离。但是，我们也有问题，最大的问题就在于这些技术未能转化为现实的生产力。但是，这个问题不是技术发展本身的问题，而是技术转化的应用问题。一个原因可能是技术本身还不够完善，从而缺乏商业应用价值，另一原因就是缺乏足够的资本，转化速度过于缓慢。但是，我认为还有一个至关重要的原因，就是保密的需要，对抗的需要。

但是，从我担任国务卿以来的所见所闻，再加上过去所做的思考，我感觉到全球阵营性军事对抗的可能性在降低，前苏联和中国已经开始裁军，特别是中国的“军转民”（军事技术转化为民用技术）的步伐很大。所以，我大胆地提出一个不太成熟的想法：放下思想包袱，加快“军转民”技术发展①。

如果我们部分地放松管制，挪出一些技术成果给民用产业，同时通过国债资金加大对“军转民”技术和产业发展的推广应用，我真切地相信：一旦转换成功，不但能够推动全社会的劳动生产率提高，而且能够带动全社会的技术进步和技术创新，甚至可能出现一次重大的科技革命。过去，凯恩斯先生在《货币、利息和就业通论》一书中提出“投资收益边际递减规律”，今后甚至可能要改写，有可能出现“边际报酬递增”的新局面。

舒尔茨戛然而止，只见里根总统还在认真地写着，室内仍然一片安静，谁也没有发言的意思，但是都在严肃地表达赞同之意。

忽然间，里根总统心满意足地问道，会后是你舒尔茨请里甘（财政部长）吃饭，还是温伯格（国防部长）请你吃饭？

里根总统冷不丁的一句玩笑话，谁都没有想到，引发大家一阵会意的笑声。聪慧的舒尔茨马上应道，一定是我们大家请总统先生吃饭，您是船长②！

---

① 20世纪60年代，“硅谷”得益于军事技术外溢而起步发展。20世纪80年代的“硅谷传奇”也就此诞生！

② 按照我们中国人的说法，那一定是要说“舵手”，因为舵手掌握船只航行的方向，在过去孤立无助的航海条件下，当然十分重要。但是美国人最喜欢说的是船长，顾名思义，一船之长。英美航海的传统和法令要求，船长负总责，船长说了算。这既是权力，也是责任。一旦船只失事，船长被要求最后离开船只。也就是说，船长是属于船只的，由他与船只最后共存亡！所以，英美文化中有船长精神（capitain spirit）之说，与信托法精神相一致。

我们都是水手！

当时的政策背景[①]是：1983年3月23日，里根向全国发表了题为“和平与国家安全”的演说，首次正式提出美国将对弹道导弹进行战略防御的研究。从1983年6月星球大战计划开始实施，到1993年5月星球大战计划宣告结束，在这前后的10年时间里，美国对星球大战计划的资金投入约为600多亿美元。

星球大战计划是里根政府对苏战略的重要组成部分。美国提出并实施这一计划的目的在于改变美国的国家安全战略，加强美国威慑的稳定性，并通过转变美苏军备竞赛的重心发挥美国的技术优势，向前苏联施加更大的压力。在星球大战计划实施之初，里根总统、舒尔茨国务卿、国防部长温伯格等人，认为前苏联没有足够的经济实力来应对美国的挑战。出乎意料的是，星球大战计划推动了美苏军备竞赛的升级，从而将前苏联经济结构进一步推向军事化、畸形化、单一化，前苏联70%的产出水平与军事工业相连，加速了前苏联的解体。

可见，星球大战计划作为“强大的美军”战略的重要组成部分，对“冷战”的结束有着深远的影响，对后来的美国政府也都有重要影响。

后来的政策实践表明：20世纪60年代，美国“硅谷”得益于军事技术外溢而起步发展。20世纪80年代之后，美国“硅谷传奇”就此诞生！

“管用50年的美国经济战略”之三

看看大家都没有继续发言的想法，费尔德斯坦想了想，又赶紧看了看时间。他的这一细小的动作，被目光敏捷的里根总统看到了，随即轻声细语地说道，费尔德斯坦，你先不能讲，如果你先讲，大家都不敢发表观点了，我想请你作最后总结发言，最好是到后山上的那片树林中去，给你一个更广的舞台，更高的讲台。而且，我们给你一个最好的待遇，你可以站着讲，但是

① 何维保，“星球大战计划与里根政府的对苏战略”，《北方论丛》2003年第3期。

你也要给我们做学生的一个最宽松的环境，我们可以站着听，也可以躺着听！

听到总统这么一讲，大家立刻感觉到总统已经完全融入了当前的讨论，完全走进了“为美国发展立宪”、“为后来者立宪”的状态中，于是既兴奋，又轻松，室内充满了欢声笑语。接下来，大家就起哄让威廉·西蒙接着讲。

这时，威廉·西蒙发言了：

从现在开始，必须复兴华尔街，耽误不得，失误不得。未来10年乃至50年，我们都必须坚定不移地做大做强华尔街。我的基本观点是：华尔街不兴，美国不兴；华尔街不强，美国不强。

围绕“复兴华尔街”这一主题，我也讲三点①：

第一，资本市场是强大的资金蓄水池，是治理通货膨胀强有力的政策工具。这次美国面临的高通货膨胀，虽然有我们过去的政策失误，但是也有全球经济失衡的大背景。关键是治理完这次通货膨胀，我们以后怎么办？会不会再来一次更加严重的通货膨胀，会不会一而再、再而三地爆发通货膨胀？虽然我们已经接受了货币主义的经济思想，一方面控制货币发行规模；另一方面严格控制公共支出规模，避免凯恩斯主义政策的负面影响。但是，货币主义政策就一定有效吗？就一定可以避免通货膨胀吗？

在我看来，有一个新现象必须加以充分关注，那就是人口结构问题。国内已经有经济学家开始在讲“4664现象”，也就是“婴儿潮”现象，从经济学道理上讲，“婴儿潮”应该带来发展浪潮。“扎堆生育”带来“扎堆消费”，“扎堆消费”带来“扎堆生产”，给经济增长带来规模经济效应，成为经济增长和经济发展的推动力。而且我们已经看到，1950~1970年是婴儿食品、玩具、动画片、迪斯尼乐园和流行音乐大量消费和大量生产的浪潮。那么，在未来的10年里，它肯定要带来新的机会，但是也一定会带来新的冲击。这个冲击，我担心还是会发生在通货膨胀身上。至于我的这个推理和结论是否正确，刚好费尔德斯坦教授也在这里，他是专家，我倒很想听听他的见解。

---

① 看来三位有财政部长经历的官员讲话就是爽快，开门见山，掷地有声。

「4664」现象

“4664现象”是美国“婴儿潮”（baby boom）现象的一个别称。“婴儿潮”概念最早就是用来形容美国第二次世界大战后的“4664现象”，即在1946～1964年间出生的美国人，大约有7500～7800万人，占美国成年人口的35%。

“婴儿潮”现象首先是一个生育现象，指的是在某一时期及特定地区，出生率大幅度提升的现象。历史上有记载的几次大的“婴儿潮”现象，通常是起因于有振奋人心的事件，比如农作物丰收、大战赢得胜利过后、赢得体育竞赛等。

“婴儿潮”的一个重要影响就是它带来发展浪潮。“扎堆生育”带来“扎堆消费”，“扎堆消费”带来“扎堆生产”，给经济增长带来规模经济效应，成为经济增长和经济发展的推动力。

1965～2000年是美国“婴儿潮”一代的消费高潮期，在此期间内，可口可乐、麦当劳、高露洁和耐克等消费品巨头的股票市值上涨了20～36倍。“婴儿潮”一代成为推动美国经济、文化以及消费多个领域发展的驱动力。

只见费尔德斯坦微微颔首，于是西蒙接着说下去：

我们必须未雨绸缪，必须考虑到长期的人口发展因素，千万不能出现与我们自己的“影子”反复作战的局面。为了避免这个可能出现的结果，我的看法就是要复兴华尔街，大力发展资本市场，让大家把余钱用来买股票、买债券，让老百姓的钱在资本市场上沉淀下来，把资本市场变成蓄水池，那样我们就真的可以高枕无忧了。也许，沃尔克也可以像里甘一样轻松无比（言语中不无揶揄里甘之意）。

威廉·西蒙真不愧为杰出的财经人士，也难怪他颇得里根总统的欣赏。要论证复兴华尔街的必要性，所阐述的第一条理由却不是最强劲、最直接的，但是这一条理由却最能打动“一把手”，最能说到里根总统的心坎上。他不是经济学科班出生，凭借在华尔街的经历，却对人口结构、人口红利这样的新奇见解了然于胸，不得不让人敬佩不已。“婴儿潮”概念最早就是用来形容美国第二次世界大战后的“4664 现象”，即在 1946 年至 1964 年间出生的美国人，大约有 7500 万～7800 万人，占美国成年人口的 35%。婴儿潮果然给美国带来发展浪潮，正如西蒙所预言的那样：1980～1990 年是个人电脑和互联网；1990～2000 年是“婴儿潮”的收入和消费顶峰期，他们掀起了汽车（“婴儿潮”一代处于美国汽车市场的高端）、房地产、奢侈品和金融市场的热潮。2000 年之后，“婴儿潮”一代进入老年，他们为旅游、化妆品、药品和医疗服务创造了巨大市场。总而言之，1965～2000 年是美国婴儿潮一代的消费高潮期，在此期间内，可口可乐、麦当劳、高露洁和耐克等消费品巨头的股票市值上涨了 20～36 倍。“婴儿潮”一代成为推动美国经济、文化以及消费多个领域发展的驱动力。

第二，资本市场不但能汇聚国内资本，而且能吸引外国资本。我赞同刚才里甘的观点，吸引外国资本、加速资本形成确实是未来美国的长期需要。但是，我们需要扪心自问的是，外国资本为什么来美国？难道仅仅是为了获得汇率差？汇率差不但有波动，而且幅度也很小，收益率并不理想。难道是利率差？利率差同样幅度较小，而且持续的高利率对美国经济发展也会构成严重的压制，高利率政策不会长期实行下去。应该讲，光靠汇率差和利率差，吸引力远远不够。

前几年，我到中东国家去过好多次，同他们的王室成员、政府官员、企业负责人都有过深入探讨。我曾经信誓旦旦地告诉他们，只要美国通货膨胀一有回落，我们就会采取强势美元政策，我极力鼓动他们的石油美元回流美国。但是他们几乎都表达过这样的想法：华尔街的投资渠道还是狭窄，他们的投资主要集中在美国国债上，他们希望增加在股票市场上的投资，希望得到更好的投资回报。日本和“亚洲四小龙”的东亚美元，也有同样的期盼。所以，我们必须顺势而为，顺水推舟，千万不能“拒人（资本）于千里之外”。

我现在最担心的事就是刚才听了总统先生的介绍，您讲到撒切尔夫人要在英国搞金融改革，这可是一个十分重要、十分可怕的消息。如果伦敦的资本市场搞好了，搞大了，华尔街的资本市场落后了，那问题就大了。一方面欧洲美元就会失守；另一方面还会分流石油美元和东亚美元。到那时候，我们就只有花费“愚公移山”的力气来守护华尔街了。而且，我最担心的还不是英国，是日本，是东京股市。前些年，我与日本政府官员、企业负责人交流，我发现他们是“剃头的挑子，一头热，一头冷”，企业有很高的积极性，官员们普遍没有热情，所以我认为不用担忧，也就没有放在心上。刚才总统先生讲到中曾根政府准备大搞国际化，只要不搞“东京股市国际化”，那就好办。一旦“东京股市国际化”搞成了，那将是华尔街的灭顶之灾。伦敦在北边，东京在南边，华尔街夹在中间，那就真叫一个憋屈！

所以，在我看来，华尔街的地位要和美元的地位相提并论。现在，国际上有政治家和经济学家在讲美元霸权、货币霸权。我们国内的大经济学家托宾先生也在大讲特讲“铸币税”，也就是说我们美国替全球的生产者、消费者在印钞票。很显然，美元给美国创造了大笔的财富。实际上，如果华尔街成为全球资本市场，全球的资本来到华尔街投资，全球的企业来到华尔街融资，华尔街就与美元一样可以获得霸权，一样可以创造财富。如果按照中国人的说法，通过华尔街的复兴，美国可以成为全球资本市场的最大庄家，那可是一本万利、稳赚不赔、日进斗金、坐地抽成①的大生意。华尔街不但要尽快复兴，而且要强力复兴，要“不战而屈人之兵”，直接打消伦敦和东京办国际化资本市场的念头，那才真叫一个“绝”、一个“高”！

第三，发展资本市场，我们有优势。我们有信托法，我们有公司治理，我们有现代企业制度，我们有形形色色的创新企业，我们还有各种各样的人才。前面几项优势，是我们老祖宗留下来的，如果我们不把这些优势用活用好用足，我们都愧对祖宗！

威廉·西蒙讲到此处，已经掩饰不住内心的那份激动和激越之情。听到此处，有华尔街经历的里甘和格林斯潘都随声附和，表示支持，布什、黑格、乔治·舒尔兹、费尔德斯坦也连连说好。只有沃尔克还是一言不发，他历来就是华尔街金融家的反对者，但是这次他也没有发表不同的看法。

这时，里根总统喜形于色，爽朗地说道，看来今后我有事情可干了。不

① 坐地抽成（成的发音为tóng，音近同），是湖南省邵阳地区的方言。意思是说，通过设立交易场所，提供交易服务，就可以轻轻松松地得到一定百分比的管理费收入。

如果说美元成为世界货币给美国创造“铸币税”，那么华尔街成为世界资本市场给美国创造“铸券税”、“融资税”。

对，应该说我马上又要干大事啦！

后来的政策实践表明：

从1982~2007年的25年时间里，美国道琼斯指数从1000点上涨到最高的14198点，整整上涨了14倍。

以国债市场、股票市场、风险投资市场、金融衍生品市场为代表的美国资本市场，成为全球资金关注的“宠儿”市场，吸引了“石油美元”、“欧洲美元”、“亚洲美元”等各路人马的资金。

“管用50年的美国经济战略”之四

最后终于轮到年轻的费尔德斯坦上场了。他总是那样的谦虚、斯文，说话总是慢条斯理，不温不火，听他演讲有如坐春风之感。

于是，费尔德斯坦开始娓娓道来：

刚才里甘、舒尔茨和西蒙三位先生的发言，立意高远，入木三分，我也深受启发。他们既有国际视野，又熟悉时局变化，而且对美国经济特征和属性都有深入的把握，逻辑十分缜密，论证十分精细，几乎无懈可击。应该讲，大部分观点我都赞同。

总统先生建议我们围绕“未来发展战略”主题来发表观点，我的理解是总统先生希望我们为美国未来发展寻找到一座真正的靠山。如果以美元为例，我们已经失去了黄金这座旧靠山，很显然，我们必须为美元、美国经济找到一座新靠山。

话音未落，里根总统插言了：讲得好，就是要找到美国发展的新靠山，费尔德斯坦，你不要急，尽可能详细地讲出你的全部想法，后面的时间都留给你。

显然，费尔德斯坦的话抓住了里根总统的兴奋点。费尔德斯坦连忙说道：好，好，总统先生请放心，我知无不言，言无不尽。

刚才三位阐述的战略，可以用三个“强大”字眼来概括，那就是：强大的美元、强大的美军、强大的华尔街。顺着大家的思路往下走，我认为还需要再补充一个战略，那就是：强大的技术。这样，就构成了一个相对完美的战略体系。

实际上，上述四个发展战略，说到底属于四大战略成果。如果我们把美国比喻为一座宏伟的建筑大厦，四大战略成果就好比是顶天立地的四根大柱子。但是，硕大的四根柱子下面必须有坚硬的、牢固的奠基石，用中国人的话说就是要有“基础”。可以说，柱子下面的奠基石，才是我们真正需要的发展战略，它才是起点！

我的观点是：**以长期资本为纲，构建以华尔街为中心的全球间接融资体系。**

从大家刚才的发言来看，可以找出两条主线：

第一条主线：美国国民储蓄率低，资本形成困难，需要吸引外国资本，也就是说，一定要让其他国家的投资者高高兴兴地来美国投资。

第二条主线：涌入美国的资金多了以后，我们必须替他们找到出路，必须让资金有用武之地，最终要确保这些投资者风风光光地挣钱回家。

虽然主线有两条，但是道理只有一个，那就是要为投资者创造价值、创造利润。实际上，有两种方式可以达到上述目的：

第一种方式：美国工商企业拥有强大的国际竞争力，这样就能够出利润、出价值。总统先生上任后立即对企业大幅度减税，实际上就是在发展生产力，就是在提升美国企业的国际竞争力。十分正确，我完全赞同。

第二种方式：美国金融企业能够利用进入美国的外国资本去进行全球投资，同时把境外优秀的企业请到美国来上市，然后用美国资本（包括美国本土资本和进入美国的外国资本）来持有这些上市企业的股票，让投资者充分分享全球优秀企业创造的价值。

虽然满足投资人愿望的方式有两种，但是说到底，不管是美国本土资本还是外国资本，能够赚到钱才是硬道理。

这样，美国就有两条路径可走：

第一条路径：打造美国工商企业的国际竞争力，让他们在全球范围内大展身手，大展宏图，创造越来越丰厚的利润。

第二条路径：打造美国金融企业的国际竞争力，让他们在全球范围内配置金融资产，把国外的优质企业请到美国来融资，让外国企业和美国本土企业一起为美国、为华尔街创造利润。

这两条路径，既不是替代关系，更不是排斥关系，而是促进关系，如车之两轮、鸟之双翼，并行不悖。

围绕“资本要逐利”而产生的两条路径，正好对应了两大分工体系。

第一条路径对应的是美国在全球产业分工体系中的定位。

第二条路径对应的是美国在全球金融分工体系中的定位。

关于美国工商产业发展的国际定位问题，我的看法是要牢牢占领技术发展、技术创新的制高点，集中优势兵力打攻坚战。要拿出当年艾森豪威尔将军那样的勇气和胆识，由我们美军担任主攻，正面作战，知难而上，不胜不罢休。

目前，经济学界习惯于将产业分为三类，分别是技术密集型产业、资本密集型产业、劳动力密集型产业。我觉得应该坚守技术密集型产业发展方向，至于劳动密集型产业，可以大胆地从美国本土转移出去，让日本、德国、中国这些国家去发展和竞争。正是从这个意义上讲，我非常赞同刚才舒尔茨国务卿讲到的观点。

至于选择哪些产业作为政府扶持的重点，我一时也没有想清楚，还需要进一步研究。在这里，我郑重地表达一个观点：必须大力发展我们的医药产业。治病吃药和吃饭吃菜一样重要，特别是随着人口老龄化、长寿化，全球对医药产业发展的需求一定会水涨船高，保住我国医药产业发展的竞争力，就是保住了一片广阔的利润高地①。

关于美国金融业发展的国际定位问题，我的看法是要建立“全球间接融资体系”。既要尽可能地让外国资本跑到美国金融市场上来投资，然后再由我们的金融机构将这些资本投资出去，在全球范围内创造价值；又要尽可能地让外国企业跑到美国金融市场上来融资，由我们的金融市场为他们提供资本。

可见，建立“全球间接融资体系”最巧妙之处全在“间接”二字上。如果全球资本都采取直接融资模式，由资金需求方与资金提供方直接交易，那就不需要美国金融企业来做中介了，也就没有华尔街的事了。

因此，必须让美国成为全球的金融中心、投资中心、融资中心。这样，全球资本就会围着华尔街转，全球财富就会用美元来代表和持有。

可见，建立“全球间接融资体系”最符合美国的利益，最能代表美国发

---

① 这些年旅游者从美国往国内捎回来的商品主要就是一些保健品，如深海鱼油、卵磷脂等。美国经济学家保罗·皮尔泽在《财富第五波》中将土地革命、工业革命、商业革命、电脑信息网络革命、保健革命视为渐起的五次财富浪朝和冲击波。请参见：保罗·皮尔泽：《财富第五波》，王永编译，吉林大学出版社2004年版。

展的美妙前景。关键是选择哪种资金和培育哪种机构为这个体系奠基、浇注。

十多年来，我一直在思考这个问题，中间发表过几篇与此相关的学术论文，但是都没有明确地回达出来。今天，听了大家的发言，我的想法变得清晰起来：要大力发展长期资本，用长期资本来崛起国家竞争力。既要用长期资本来打造工商企业的竞争力，更要用长期资本来打造金融产业的竞争力。

如果美国工商企业能够通过资本市场筹集到长期资本，就会在研发（R&D）投入、技术创新、技术领先方面占得先机，就会用长期资本来支持长期创新，就会不战而胜，就能源源不断地提供利润。

如果美国金融企业能够用足用活用好本土的长期资本，奠基华尔街资本市场，不但可以成为华尔街资本市场的底部资金、奠基资金，还可以吸引国外的长期资本来投资。

如此而行，我们美国资本就可以在全球范围内呼风唤雨，指点江山；就可以用全球的资本来为美国人创业，为美国人挣钱。

这样，刚才三位提出的强大的美元战略、强大的美军战略、强大的华尔街战略，再加上强大的技术战略、长期资本战略，就构成了我们“五角大楼”上那五个高高翘起的屋檐。

这五大战略，看似各自独立，其实浑然一体，不可分割。一旦实施长期资本发展战略，就会出现强大的华尔街，就会有强大的、活跃的美国股票市场和美国债券市场。这样，就可以吸引外国资本源源不断地来到美国，于是强大的美元战略就自然而然地得以实现。在强大的华尔街和强大的美元战略推动下，美国股票市场和国债市场就可以为美国工商企业、军工企业提供稳定的长期资本，就可以支持他们进行技术创新和技术发展，当然就会有强大的美军和强大的技术。这时，强大的美军和强大的技术，又会反过来支持强大的华尔街、强大的美元，为他们保驾护航、开疆拓土。

于是，以华尔街为中心的“全球间接融资体系”就建成了！

可以说，这五大战略是“你中有我，我中有你”，正如中国《孙子兵法》中所说的连环计，一环扣一环，环环相扣。也可以说，这五大战略是“肝胆相照，休戚相关”的，正如中国《红楼梦》中所言：“一荣俱荣，一损俱损”。

30年后的今天，当我们重新回顾和审视美国这段风起云涌的历史时，我们也许很难想到，美国历史上纵横捭阖、气势如虹的连环计，竟然诞生于这样一个风平浪静、风光宜人的戴维营秘密会议！竟然出自于这样一位温文尔雅、其貌不扬的旷世逸才！

费尔德斯坦扫视了一眼，发现大家都在聚精会神地倾听，接下来又兴致勃勃地说道：下面，我侧重就长期资本战略的实施步骤，简单地谈五个看法：

第一，最重要的长期资本是养老金和寿险资金。通常情况下，长期资本主要是指养老金和保险资金。由于寿险保费收入可以汇聚成长期资金，财产险保费收入难以汇聚成长期资本，所以长期资金的真正代表是养老金和寿险资金。这两类资金的期限，都可以长达50~60年，而且源源不断地积累。将长期资本与技术密集型产业发展战略、强大的美军战略相结合，那是真正的“金玉良缘”；将长期资本与强大的美元战略、强大的华尔街战略相结合，那是真正的“天造地设”。可以说，长期资本是未来美国的竞争力之本！竞争力之源！

第二，长期资本有利于确保外国投资者的巨大信心。将美国老百姓的养命钱投入资本市场，有利于确保外国资本源源不断地涌入美国。外资来美国投资，会有收益性、流动性、安全性等方面的综合考虑。如果美国人用长期资本、用美国老百姓的养命钱跟他们一起投资，那么他们的担心和顾虑就会少许多，他们就会放心大胆地来投资。

第三，汇聚长期资本的关键是要靠养老金制度改革和发展。过去，我们用美国社保基金的结余资金来买美国国债，用商业寿险的长期资金来买美国国债，发挥了长期资本的作用。但是在资本形成、推动资本市场发展等方面，力度很小，贡献不大。未来全球的一个大趋势是人口老龄化，美国必须抢先启动养老金制度改革，建立基金积累制的养老金制度，积累庞大的养老金资产，然后推向资本市场。这样，养老金发展就与美国资本市场发展、美国企业竞争力提升相得益彰、相濡以沫。到那时，我们所有的经济战略就有了根基，我们所有的美好构想就有了保障。

第四，养老金改革可以改善美国的国民储蓄率。我的一项研究表明①，通

---

① 1974年，费尔德斯坦在美国《政治经济学》杂志上发表了题为“社会保障、引致退休和总的资本积累”的文章。他使用美国1929~1971年（不包括1941~1946年）的时间序列数据进行测算。测算结果显示：美国社保制度对国民储蓄有“挤出效应”，抑制了个人储蓄，减少总的资本积累和国民收入，储蓄总量被减少了38%。费尔德斯坦认为：大力发展基金积累制养老金计划，可以增加资本积累，可以使美国GDP永久性地增加大约2%。实际上，这篇文章成为费尔德斯坦构思“美国长期资本发展战略”的理论基础！

过养老金改革和基金积累制发展，可以提高国民储蓄率，可以加速资本形成。这样，就会出现美国经济发展所期盼的“源头活水”。

我的另外一项研究表明：即使资本具有高度流动性的 OECD 国家，国民储蓄和国内投资也是高度相关的，国民储蓄率的增加将导致国内投资率几乎同等程度的变化。如果国民储蓄率始终上不去，资本形成就一定困难重重，前面大家所说的大战略也就成了“无源之水”、“无本之木”，只能是南辕北辙、缘木求鱼。可以说，千条战略，万条计策，提高国民储蓄率是第一条！养老金改革可以帮助我们办到！

第五，长期资本战略的顺利实施必须借助全球国际化大环境。如果世界各国都画地为牢、以邻为壑，我们的长期资本战略就无法落地生根。因此，我们要大张旗鼓地提倡经济全球化的观点，推销全球金融一体化的理念，推广国际经济大循环的作法。

如此而行，不出 10 年，美国经济、金融、军事、教育、文化，都将独步天下，而且可保 50 年无人出其右！

不知不觉，费尔德斯坦已经结束了自己的发言。也许是在座的诸位还沉浸在费尔德斯坦构思的美妙蓝图中，没有一个人接话、出声。

静静地呆了好久，里根总统打破了沉默：

费尔德斯坦，你今天讲述的不是战略，而是超越，是美国超越美国的故事；你描述的经济蓝图不能归于可行不可行，应该讲是妙不可言，几乎是绝妙；你讲述的观点不能归于制定经济政策，分明就是在制定美国发展宪法。

听到总统先生如此高度的赞赏，费尔德斯坦反倒惶恐不安，顺口说道：我只是一介书生，讲完今天这席话，也许就江郎才尽。总统先生您才是立宪人，您将名垂青史！

后来的政策实践表明：

长期资本崛起美国竞争力！

全球加速经济金融一体化！

美国开始全面超越美国！

里根经济学名满天下！

旷世逸才成就里根经济学

里根既不是美国名牌大学的毕业生，也没有经济学的基本功底。但是他有里根经济学，一个重要的原因是里根身边汇聚了一批知名的经济学家和优秀的财经精英。借用我国汉高祖的话说，那就是：韩信会将兵，多多益善；我会将将，不一而足。

还在竞选阶段，里根就组建了一个超级豪华的“经济政策协调委员会”，专门负责制定一旦他当选就可以马上实施的计划。他请乔治·舒尔茨担任主席，共有13名成员，这些成员包括：阿瑟·伯恩斯（尼克松政府要员）、艾伦·格林斯潘（后来担任过18年的美联储主席）、杰克·肯普（供给学派的代表）、詹姆斯·T. 林恩（尼克松政府行政与预算管理局局长）、保罗·麦克拉肯（卡特总统经济顾问委员会主席）、威廉·西蒙（尼克松政府要员）、默里·韦登鲍姆（里根总统经济顾问委员会主席）、卡斯珀·温伯格（里根政府的国防部长）和沃尔特·里斯顿（花旗集团主席）。

大选结束后，里根在其国内政策顾问马丁·安德森的建议下，组建了总统经济政策顾问委员会（PEPAB）。委员会由12名经济学家组成，大家都主张自由市场经济①。先后担任里根总统经济顾问委员会三任主席的人员是：默里·韦登鲍姆、马丁·费尔德斯坦、贝里尔·斯普林克尔。

里根非常喜欢会见经济政策顾问委员会……许多委员是他的老朋友，当他在罗斯福房间或是内阁房间和他们一起讨论时，他就会眼睛发亮，满面春风。他们的工作比任何其他因素都更让他确信自己的决策是正确的。是他们让他坚决反对任何增税计划，是他们一次又一次地催促他削减联邦开支，是他们推行了减少限制的经济政策。最重要的是，正是他们当面赞扬他始终如一、坚定不移地为美国经济复苏做出的努力……这个经济学家群体的意见受到高度尊重。

---

① 作者不详，《第二十三章：为尼克松总统和里根总统做顾问》，网络文章。

伟大的经济学家米尔顿·弗里德曼（1912～2006年）。

20世纪20～30年代，美国经济大萧条后上台的罗斯福总统执行凯恩斯主义经济政策，实行新政，政府大力干预经济事务，通过增加开支和控制利率来推动美国经济发展。直到20世纪60年代末期，美国经济政策基本上被凯恩斯主义所统治。

米尔顿·弗里德曼

米尔顿·弗里德曼（Milton Friedman，1912～2006年）1976年因在消费分析、货币流通史和稳定政策上的巨大贡献而荣获诺贝尔经济学奖。他是“货币主义”思想的代表人物，是“单一货币原则”的提出者。

作为美国芝加哥学派的领导者，他被认为是18世纪英国经济学家亚当·斯密在美国的再生，他所推广的自由市场理论在20世纪后半叶的绝大多数时间内都是美国占主导地位的经济政策理论基础，

他的经济思想和货币主义政策，在美国先后被尼克松总统、福特总统和里根总统所采纳。在英国受到撒切尔夫人的大力欢迎，并积极加以采纳。他参与了1981年智利政府的经济改革，进而对拉美国家的经济改革产生了重要影响。

传记作者写道，在里根竞选加利福尼亚州长期间，有人看见他利用早到的间隙阅读弗里德曼的《资本主义与自由》① 一书。这是一本新自由主义的经典，书中认为，自由竞争下的市场和价格制度是解决任何问题的最好机制，虽然

① 米尔顿·弗里德曼：《资本主义与自由》（汉译世界学术名著丛书），张瑞玉 译，商务印书馆2007年版。该书的英文版最早出版于1962年，书中讨论了经济的资本主义对于自由社会的重要性。

不能采取“自由放任”的市场态度，但是国家应该创造条件使市场和价格制度发挥最大的功能。国家应该尽可能减少对经济的干预，如果干预也应该尽量通过市场和价格制度来进行。

他被认为是美国芝加哥学派的领导者，是18世纪英国经济学家亚当·斯密在美国的再生，他所推广的自由市场理论在20世纪后半叶的绝大多数时间内都是美国占主导地位的经济政策理论基础。

1976年弗里德曼因在消费分析、货币流通史和稳定政策上的巨大贡献而荣获该年度的诺贝尔经济学奖（诺贝尔评审委员会语）。他还是“货币主义”思想的代表人物，是“单一货币原则”的提出者，他把货币的数量看作是政府政策的一个重要工具，可以影响通货膨胀和商业周期。

他的经济思想和货币主义政策，在美国先后被尼克松总统、福特总统和里根总统所采纳。在英国受到撒切尔夫人的大力欢迎，并积极加以采纳。他参与了1981年智利政府的经济改革，进而对拉美国家的经济改革产生了重要影响。在中国改革开放之初，他就来到北京，与我国当时的领导人进行过交流。

伟大的经济学家罗伯特·蒙代尔①。

他是开放经济宏观经济学的创始人，国际经济学大师，1999年获诺贝尔经济学奖。他从未在“衙门”谋一官半职，连顾问头衔也从不当真，但是对经济政策产生了巨大影响，赢得“欧元之父”等多个雅号。

---

① 关于蒙代尔先生的简介内容，转引自向松祚：“欧元之父蒙代尔的经济智慧与个性魅力”，《当代金融家》，2005年第8期。

罗伯特·蒙代尔

罗伯特·蒙代尔（Robert A. Mundell）是1999年诺贝尔经济学奖的获得者，开放经济宏观经济学的创始人，国际经济学大师，享有“欧元之父”的美誉。

他最出名的文章当属1960年发表于《美国经济评论》上的《最优货币区理论》，既是富有创见的经济学文献，也是政治家们引用最多的经济学论文之一，主张欧元或反对欧元的政治家们都以这篇文章作为他们辩论的起点。

1961年他向国际货币基金组织提交了著名论文《如何恰当运用货币政策和财政政策来实现内部平衡和外部平衡》。论文提供了宏观经济政策崭新的思维方式，是现代国际经济学和经济政策理论的一个重要里程碑。

他还是“供应学派”经济思想的灵魂人物，奠定了“供应学派”的理论基础，被认为是“供应学派之父”。

1960年，他在《经济学季刊》上发表《固定及浮动汇率下国际货币调节的动态机制》，是他最具创造性的论文。他最出名的文章当属1960年发表于《美国经济评论》上的《最优货币区理论》，那是经济学史上再版次数最多的论文之一，更是政治家引用最多的经济学文章之一，主张欧元或反对欧元的政治家都以这篇文章作为他们辩论的起点。1961年，他向国际货币基金组织（IMF）提交了著名论文《如何恰当运用货币政策和财政政策来实现内部平衡和外部平衡》。论文提供了宏观经济政策崭新的思维方式，是现代国际经济学和经济政策理论的一个重要里程碑。

那是在20世纪70年代中期，华尔街三一教堂相邻的米歇尔一号酒吧。原本是华尔街青年才俊休闲聚会的所在，却经常出现三四位奇装异服、落拓不羁的人物。他们分别是罗伯特·蒙代尔、阿瑟·拉弗、罗伯特·巴特利和朱迪·万尼斯基。当时蒙代尔 43 岁，长发披肩，说话很慢且模糊不清，已是哥伦比亚大学的经济学教授。拉弗 35 岁，精神抖擞，口若悬河，是美国预算管理局的首席经济学家。巴特利和万尼斯基则分别是《华尔街日报》评论版的主编和助理主编。他们在酒吧聚会，晚餐后开始讨论经济学，时常通宵达旦。话题非常广泛：滞胀、石油危机、布雷顿森林体系的崩溃、汇率动荡、美国经济的出路、弗里德曼的货币主义、蒙代尔的国际经济学、国际收支的货币方法等等，特别是以历史大视野对经济学进行重新认识，把经济学家弃之如弊履的“萨伊定律”（即通过供给自动创造需求）进行重估，强调古典学派原理的价值。一套影响深远的经济政策逐渐形成，它注定要改变美国经济和世界经济，改变世界权力格局和人类历史进程。

后来，人们给这套经济政策冠以许多不同的名号：“供给学派经济学”、“里根经济学”、“新古典经济学”等，蒙代尔也因此享有“供给学派之父”的美名。

“对美国未来有影响的经济强人马丁·费尔德斯坦”①。

1979 年 8 月 6 日，美国《时代》周刊发表了一篇特稿，题目是《对美国的未来有影响的五十人》。这篇文章所介绍的 50 个人中，有一个叫马丁·费尔德斯坦，他当时 40 岁，才华横溢，对经济有独到的看法。《时代》周刊发表该文章时，当时美国总统里根尚未参加竞选，有人预测费尔德斯坦将会进入新总统的“智囊团”。

---

① 张从忠：“对美国的未来有影响力的经济强人——费尔德斯坦”，《价值中国》，2006 年 5 月。

马丁·费尔德斯坦

马丁·费尔德斯坦是1977年约翰·贝茨·克拉克奖设立后的首位获得者，1982～1984年担任里根总统顾问委员会主席，帮助里根总统创建了“里根经济学”，后来长期担任具有全球影响力的学术组织——美国国民经济研究所（NBER）的所长。

2004年，他担任美国经济学会主席。2006年，他被布什总统任命为美国总统外国情报顾问委员会委员。2009年，他被奥巴马总统任命为美国总统经济恢复顾问委员会委员。

费尔德斯坦的专长是公共财政，特别是社会保障方面的研究，同时在国际经济学和国际政策研究方面卓有成就。他关于“基金积累制养老金制度可以促进国民储蓄”的文章，一石激起千层浪，引发了一场经济学界的热烈讨论，他的观点成为全球养老金制度改革、选择基金积累制养老金制度的理论基础。

果然不出所料，1982年秋天，费尔德斯坦被新当选的里根总统任命为总统经济顾问委员会主席，作为美国最高级经济参谋，亦被人们称为“里根的经济强人”。“经济强人”这个称号是日本《朝日新闻晚刊》封给他的。这家报纸在1982年8月14日的头版上，发表了美国《纽约时报》著名财经记者伦纳德·西尔克所撰写的评论，针对当时美国总统里根选择马丁·费尔德斯坦接替默里·韦登鲍姆，用《里根经济强人》的标题大书特写。从那时开始，费尔德斯坦就更负盛名了。

里根的政府班子中，财政经济部门里共有5位最重要的关键人物，他们是财政部长唐纳德·里甘，总统顾问委员会主席马丁·费尔德斯坦，预算局主任大卫·斯托克曼，联邦储备委员会主席保尔·沃尔克、美国商务部长鲍德力治。这5人中，马丁·费尔德斯坦最受美国社会人士赏识，人们认为他是财经专家。

马丁·费尔德斯坦是犹太人，从美国哈佛大学毕业后，在英国牛津大学获得经济学博士学衔，在 1977 年荣获约翰·贝茨·克拉克奖章。该项奖是从 1977 年开始设立的，每两年举行一次，由美国约翰·贝茨·克拉克基金会举办，专门奖励美国 40 岁以下的最杰出的经济学家。费尔德斯坦是该奖项设立后的第一个获得者。当时他才 37 岁，是美国国民经济研究所所长。

费尔德斯坦的专长是公共财政，特别是社会保障方面的研究。早在 1980 年 5 月，他就发表文章主张美国政府推行一种达到“既可平衡供求，又能增加企业投资的双重目的”的政策，办法是把“紧缩银根政策和在财政上刺激投资及储蓄的政策”结合起来。他 1982 年秋进入白宫后，提出了“里根经济学”，实质就是他一贯主张的所谓“双重目的”的经济观点翻版。这种主张正符合里根总统争取企业支持的想法，这也是里根总统选中他为首席经济顾问的重要原因。

2004 年，他担任美国经济学会主席。2006 年，他被布什总统任命为美国总统外国情报顾问委员会委员。2009 年，他被奥巴马总统任命为美国总统经济恢复顾问委员会委员。

经济金融战略大家威廉·西蒙（1927～2006）。①

威廉·西蒙 1927 年出生于美国新泽西州，父亲是一位保险经纪人，他后来对保险资金、养老金资产等长期资本的重视，也许与他父亲的影响密不可分。他没有接受过良好的高等教育和经济学教育，但是他后来对金融和投资产生了强烈的兴趣。1964 年，西蒙离开他任副总裁的韦登公司，成了萨洛蒙兄弟公司的合伙人。没用几年时间，他就在华尔街上赢得了最精明的政府证券商的声誉。那时，股市繁荣，金融前景比 1920 年以来的任何时候都好。他很快就成为资深合伙人，并且发了大财。

① 威廉·西蒙：百科名片。

威廉·西蒙

威廉·西蒙是美国保守的共和党人。他先是在尼克松总统时期担任美国财政部副部长，并被任命为美国石油政策委员会主席，负责处理当时刚刚露头的石油危机，被称为尼克松政府中的“石油沙皇”。

从1974年4月起，西蒙开始担任美国财政部长。他成功地动员中东产油国将石油美元的余额存入美国银行，或者投资于美国政府证券，实现了所谓的“石油美元的回收利用”。同时，他坚持美国财政部的传统立场，反对将黄金作为国际货币资源，积极支持美国政府实施的“黄金非货币化战略”。尼克松总统辞职后，威廉·西蒙卸任财政部长，但随即被继任的福特总统任命为新成立的经济政策委员会主席，并委以“主要经济政策事务的发言人”重任，在福特政府中享有重要的影响力。

威廉·西蒙还是里根总统非常欣赏、非常亲近的人士，尽管在里根总统的政策顾问圈子中，要数西蒙不是名牌大学的毕业生，也不拥有博士头衔，但是并不影响他受到里根总统的厚爱。里根总统待他以经济学家的礼遇，同时他也是帮助里根总统确定全球经济金融战略的核心人物。

西蒙是个保守的共和党人，他在1968年和1972年两次支持了尼克松。由于西蒙具有丰富的金融市场知识，也曾参与过一些政策咨询活动，因此他在1973年初被任命为财政部副部长，在乔治·舒尔茨手下工作。几乎就在他担任财政部副部长的同时，他又被任命为石油政策委员会主席，负责处理刚露头的石油危机，以解决第一阶段的石油和汽油的短缺，他被人称为尼克松政府中的“石油沙皇”。从1974年4月起，西蒙开始担任财政部长。他出访因“石油美元”致富的阿拉伯各国，同它们签订经济条约，并吸引它们将石油美元的余额存入美国银行，或者投资于美国政府证券，特别是财政部的长期债券，以实现所谓的“石油美元的回收利用”。

他坚持美国财政部的传统立场，反对将黄金作为国际货币资源，支持私人拥有黄金。当国会在1974年夏天取消了已经实行了40年的禁止私人拥有黄金的禁令时，西蒙宣布于1975年初销售200万盎司黄金。这一行动曾被看作是美国实施“黄金非货币化战略”的重要组成部分。

尼克松总统辞职后，威廉·西蒙卸任财政部长，但随即被继任的福特总统任命为新成立的经济政策委员会主席，并委以“主要经济政策事务的发言人”重任，可以与国务卿基辛格一起会见其他工业国家的代表，以便制定一个“应对世界能源危机和世界经济失调的计划”。

作为经济政策委员会主席的西蒙，他拥有的权势是伯恩斯在尼克松政府中所望尘莫及的。有趣的是，伯恩斯是美国最有威望和最受尊敬的经济学家之一，而西蒙却根本不是学术圈子内的成员。但是，西蒙并不为此而自卑，他有金融市场上丰富的实践经验，他蔑视那些被他称之为“穷困的毁灭经济的博士们”的学院派经济学家，而把自己比作是“成功的但是没有博士学位的为挽救经济而战的金融家”。按照传记作者的说法，威廉·西蒙是里根总统非常欣赏、非常亲近的人士，待之以经济学家的礼遇，同时也是帮助里根确定全球金融经济战略的核心人物。

从米尔顿·弗里德曼到罗伯特·蒙代尔，从马丁·弗尔德斯坦到威廉·西蒙，他们都是百年难遇的旷世逸才、财经奇才，都是举世罕见的稀缺资源。

“千里马常有，而伯乐不常有”。伯乐与千里马一们，同样稀缺，同样价值连城。

“四美具，二难并”。如今，稀缺的千里马，找到了稀缺性更高的伯乐。

尤其难能可贵的是，对他们宠爱有加的伯乐，竟然是一位能够见微知著、高瞻远瞩、高屋建瓴的政治巨才。

“吹尽黄沙始见金”，时代的大潮和历史的飓风，将他们一一塑造成天造地设的天之骄子，同时又将两种稀缺资源汇集在一起，顿时风云际会，雷电交加。不世之功油然而生！

第六章
养老金撑起国债蓝天

养老金充当了美国国债融资的鱼饵，钓来了全球资本大鳄，是养老金撑起了美国国债蓝天！是养老金护住了“美国财经之根”！

全球外汇资本持有美国国债，使得美国国债成为大国间博弈的利器。

美国首任财政部长亚力山大·汉密尔顿作为一位“美国国父”，他为美国构建了一个基础性的货币金融体系。该体系包括五大支柱，分别是：国债市场、银行体系、铸币体系、税收体系和贸易政策体系。

实际上，在这五大支柱当中，美国国债应该当之无愧地被称为“美国财政金融之根”、“美国经济之根”，一直在左右着美国的历史命运。

国债的本质是借钱，要么借别人的钱，要么借未来的钱。由于美国政府以老百姓的养命钱奠基于美国国债市场，增强了国际国内投资者的信心。

于是，养老金在美国国债融资过程中充当了鱼饵，钓来了全球各路资本大鳄，这个名单上有暴发户一般的“中东人”、后苏联时代落魄的“俄罗斯寡头”、桀骜不驯的日本人、来自世界工厂且朝气蓬勃的中国人，还有曾经教会美国人玩资本的英国人和其他欧洲人。

养老金撑起了美国国债蓝天！

当然，全球外汇资本持有美国国债，使得美国国债成为大国博弈的利器。

汉密尔顿的“交易”

在美国历史上的每一次关键时刻，美国国债都起到了决定历史走向的作用。从最近的这次2008年金融危机来看，美联储就是通过认购巨量的美国国债把美国经济从悬崖边上拉回来。

如果我们把历史的时钟回拨200年，美国独立战争、美国内战等决定美国命运的时刻，都不约而同地出现过国债的身影，美国国债在美国历史上已经成为左右时局的一个砝码。无论是战争年代还是和平年代，无论是美国人内讧还是对外争夺世界霸权，美国的精英们都把国债的作用发挥到了极致。

美国证券交易的初次繁荣，始于美国联邦政府成立时发行的战争债券。1789年，首任总统华盛顿决定签发价值8000万美元的政府债券，用以支付战争带来的费用。第一任财政部长亚力山大·汉密尔顿在1790年1月的报告中建议：新政府应当承诺对国会及下属13个州的战争债券还本付息。此前的所有战争债券都因缺乏承兑信用而发生严重贬值，此时在联邦政府的承诺下，战争债券价格回升，很多人从倒买倒卖中获得巨额利益。与此同时，银行因持有大量有政府承诺的战争债券而使银行股票也成为追捧对象①。

制定美国国债发展战略，乃至奠基美国金融发展战略的“第一人“称号，当之无愧要属于亚力山大·汉密尔顿②！

1790 年 4 月 18 日，34 岁的美国财长汉密尔顿走出位于百老汇大街的乔治华盛顿总统官邸（纽约是当时年轻合众国的临时首都），恰好撞上 47 岁的国务卿托马斯·杰斐逊。两人寒暄几句，心直口快的汉密尔顿直截了当地对杰斐逊说：“国务卿先生，请求您帮帮我吧。您知道，我提交的国债法案，国会 4 次辩论都未能通过。如果您能够改变主意，凭借您的巨大影响力，下次辩论就有望过关啊。”“财长先生，您知道，我连宪法都反对，何况是您的国债法案呢，宪法并没有授权联邦政府承接独立战争时期的联邦债务和各州债务啊。不过，您要是乐意的话，明天晚上我们可以一起共进晚餐，聊聊这事儿，我也打算请麦迪逊先生一起来。”“太好啦，国务卿先生，我一定准时赴约。”

汉密尔顿喜出望外，他知道机会来了。美利坚合众国正式宣告成立还不到 1 年，各州为争夺永久首都已经吵得不可开交了。谁都明白：赢得合众国永久首都将带来多么巨大的政治影响和经济利益！论经济实力，纽约最强，不仅仅因为它已经是临时首都，是当时北美最发达、交通最便利的城市，而且纽约市为改善基础设施、建设联邦首都，已经投入巨资，自然势在必得。论政治实力，却是弗吉尼亚占优。弗吉尼亚不仅为独立战争做出了最大牺牲和最大贡献，而且有数位声望卓著的建国之父来自该州，最着名的当然是华盛顿（独立战争总司令，制宪会议主席，第一任总统）、杰斐逊（独立宣言起草人、第三任总统）和詹姆斯·麦迪逊（《联邦党人文集》作者之一、第四任总统）。华盛顿、杰斐逊和麦迪逊热切期望合众国的永久首都迁入弗吉尼亚州。假若纽约州能够配合，则大事可成。汉密尔顿知道杰斐逊就是要和他谈这个交易。

---

① 陈红：“美国证券市场发展的历史演进”，《经济经纬》，2006 年第 1 期。

② 我国青年经济学家向松祚先生在一篇题为“汉密尔顿和美国的金融战略”文章中，用生动的笔调讲述了汉密尔顿的财经成就，非常精彩。下面的内容就转引自：向松祚：“汉密尔顿和美国的金融战略”，《第一财经》，2009 年 12 月 14 日。

果然，第二天晚餐时，杰斐逊和麦迪逊明确提出“交易”条件：如果汉密尔顿愿意说服纽约州支持弗吉尼亚州成为合众国永久首都所在地，他们两人就承诺支持国会通过汉密尔顿的国债法案。汉密尔顿毫不犹豫地答应了。几天后，美国国会顺利通过汉密尔顿起草的《公共信用报告》，华盛顿总统立刻签署成为法律。国债市场迅速崛起，成为美国金融货币体系最根本的支柱之一。

人类历史上，总有极少数天才人物之思维和战略，远远超越他的时代。汉密尔顿—杰斐逊—麦迪逊之间的著名“交易”充分说明：即使是象杰斐逊和麦迪逊那样杰出的人物，也不能理解汉密尔顿倾全力创建国债市场之深谋远虑，当时能够明白汉密尔顿天才构思的人物可谓少之又少。纵然是200多年后的今天，全球可能也只有那些金融精英们才真正懂得汉密尔顿“金融战略”的极端重要性。

今天，当我们激烈辩论美国经常账户逆差、美元汇率、全球失衡、美元霸权、国际货币体系改革等关乎所有国家最高利益之重大问题时，我们绝对有必要重新反思200多年前汉密尔顿的金融思维。当我们深入思考面向未来的中国金融战略时，汉密尔顿的远见卓识最值得我们思虑再三。

汉密尔顿1755年生于今天的维京群岛，7岁失去父（父亲离家出走、杳无音信，有等于无），13岁丧母。10岁到码头打工谋生，14岁出任贸易公司总经理，17岁只身跑到纽约国王学院学习（今天的哥伦比亚大学），旋即投笔从戎，很快被华盛顿看中，出任贴身副官。独立战争结束后，汉密尔顿回到纽约学习法律，以半年时间完成平常人最快也需要4年才能完成的学业，不到3年，即成为纽约最有名、最赚钱的律师之一，他处理的多个案件成为后来美国法律制度之经典范例。与此同时，作为《联邦党人文集》最重要的作者和制宪会议最早的发起者和最热诚的参与者，汉密尔顿实际上主导了美国宪法的制定。

1789年，合众国联邦政府开始运作，华盛顿提名他担任财政部长，不到4年时间，就构建了异常完整的美国金融货币体系。困扰今天历史学者的一个有趣问题是：汉密尔顿究竟是从哪里学到那么艰深的金融理论？他如何可以有那样全面、系统、深刻的金融战略思维？须知他几乎没有受过正规的学术训练，而且那时也没有今天热闹非凡的各种金融专业。

简言之，汉密尔顿为美国构建的货币金融体系有五大支柱：一是统一的国债市场；二是中央银行主导的银行体系；三是统一的铸币体系（金、银复本位制）；四是以关税和消费税为主体的税收体系；五是鼓励制造业发展的金融贸易政策。

最引人注目的是：汉密尔顿自始至终从整体国家信用角度来设计五大政策和制度安排。他说："一个国家的信用必须是一个完美的整体。各个部分之间必须有着最精巧的配合和协调，就像一个枝繁叶茂的参天大树一样，一根树枝受到伤害，整棵大树就将衰败、枯萎和腐烂。"

的确，汉密尔顿的五大支柱恰像五株树枝，完美配合和协调，共同支撑起美国金融体系的参天大树，最终成长为主导全球经济的美元霸权体系。国债市场是国家整体信用优劣的最佳指示器；中央银行负责维持银行体系和货币供应量之稳定；统一的铸币体系（后来是美元纸币体系）极大降低金融贸易之交易成本，促进金融、贸易、产业迅速发展；税收体系确保财政健全和国债市场之良性循环；制造业（真实财富创造能力）则是金融货币的最终基础。

汉密尔顿的金融哲学基于他对世界各国经济发展历史尤其是英国崛起经验的深刻把握。远在出任财长之前，汉密尔顿就写到："1690 年代开始，大英帝国创建了英格兰银行、税收体系和国债市场。18 世纪，英国国债市场迅猛发展。国债市场之急速扩张，不仅没有削弱英国，反而创造出数之不尽的巨大利益。国债帮助大英帝国缔造了皇家海军，支持大英帝国赢得全球战争，协助大英帝国维持全球商业帝国。与此同时，国债市场极大地促进了本国经济发展。个人和企业以国债抵押融资，银行以国债为储备扩张信用，外国投资者将英国国债视为最佳投资产品。为了美国的繁荣富强，为了从根本上摆脱美国对英国和欧洲资金和资本市场的依赖，美国就必须迅速建立自己的国债市场和金融体系。"

经济发展之关键是最有效动员和配置资源，动员和配置资源的最佳手段就是信用体系。一个人拥有最高信用，他就可以充分利用他人的资源来发展自己的事业；一个企业拥有最高信用，它就有无限的资源来扩张；一个国家拥有最高信用，她就能够动员全球的资金和资源来发展本国经济。汉密尔顿早就深刻洞察了金融和信用的本质。历史很快验证了汉密尔顿的先见之明和高瞻远瞩。

18 世纪 80 年代，美国金融市场还是一塌糊涂，10 年后的 1794 年，欧洲投资者就给美国国债和整个金融市场以最高信用评级。当时的法国外交部长宣称："美国国债运转良好、安全可靠；美国政府对国债市场的管理是如此规范、美国经济发展是如此迅速，以至于我们从来不担心美国国债的安全性。"正是国家信用的完善刺激欧洲资金源源不断流入美国，推动美国经济快速增长。

美国著名政治家丹尼尔·韦伯斯特①（Daniel Webster）曾经如此评价汉密尔顿金融战略对美国的最高重要性："汉密尔顿创建的金融体系，是美国繁荣富强的神奇密码。他叩开信用资源之门，财富洪流立刻汹涌澎湃。美国人民满怀感恩之情，世界人民满怀敬畏之心。丘比特拈花一笑，智慧之神翩然而至，那是我们钟爱的希腊神话。然而，汉密尔顿创造的金融战略比希腊神话还要美妙、突然和完美。他那不可思议的大脑灵机一动，整个美国金融体系就应运而生。"

林肯总统"夜会"财长

在美国内战时期，美国国债再一次走上历史前台。

在美国南北交战双方处于胶着状态、打得难解难分之际，华尔街选择了自己的政治立场：站到北方一边。华尔街为北方认购了大量由联邦军发行的战争债券，而南方只有通过不停地印刷纸币来筹集军费，最终导致了南方恶性的通货膨胀。最后的结果是北方战胜了南方。可以说，是债券帮助了北方获胜②。

---

① 丹尼尔·韦伯斯特（Daniel Webster），美国第 14 任（1841～1843 年）和 19 任（1850～1852 年）国务卿。美国著名的政治家、法学家和律师。

② 新浪网在《新浪读书》栏目编辑了 13 篇关于林肯总统的文字内容。在开篇之作"林肯：危机中的领袖"一文中提到了林肯总统最喜欢的诗句是：登上高山之巅，才发现到处都是雪封云黯，只有超然于众生之上，才可藐视世俗的恩恩怨怨。该文在第 9 篇"美国南北战争成就牛市?"中，将林肯总统循循善诱的风格和"成大事不拘小节"的境界描写得活灵活现。请参见：http：//news. sina. com. cn/w/2008－10－21/101316495301. shtml。

毫无疑问，战争，既是血与火的较量，也是物质力量的比拼。而在这方面，南方一开始就落在下风。不过，随着战争的深入，联邦政府的财政也很快显得捉襟见肘了。一度连支付国会议员薪水的钱都拿不出来了。林肯面临着严峻的考验。为战争融资的手段被逐个想到，提高税收显然是第一个，而税务总局也确实发挥了极大的作用。但这远远不够。为了筹集到更多的资金，林肯决议要发行绿背钞票（简称绿钞），这也是独立战争时使用过的手段。但财政部长蔡斯认为，这个决定违反宪法，因此拒绝执行。此时，作为最高决策者的林肯没有用权力去强压蔡斯，而是再次表现出足够的耐心。他去找蔡斯聊天，并很自然地说起这样一个故事：

> 意大利有一位船长驾驶的船触了礁，船底被撞破了一个洞。船长命令船员们抽水，而他自己则跑到船头的圣母玛丽亚像前祷告。可是从漏洞涌进来的水越来越深，眼看这条船连同船上的一切都要沉入海底了。最后，船长因祷告毫无灵验，不禁火冒三丈，盛怒之下，一把抓起圣母玛丽亚的塑像扔进了水中。突然，船不再漏水了。船员们抽干了船舱的水，把船安全驶进了港。当船驶进船坞修理时，人们才发现是那尊圣母像堵住了船的漏洞。”

林肯推心置腹地对蔡斯说：“只要对维护联邦有利，在非常时期，不管是否符合宪法，都应当得到执行。”林肯真诚的态度及那一番令人心服的道理打消了蔡斯的抵触和对抗情绪，尽管蔡斯是一位在思想上支持硬币的人，但他还是勉强地支持这种纸币，只是因为“马上行动十分重要，国库已几乎空虚了”。就这样，绿背钞票得已顺利发行。

绿背钞票

美国南北战争之初，林肯政府的国库极度空虚，总共只有不到200万美元的黄金储备。但根据财政部长蔡斯的保守估计，即使战争很快结束，联邦政府也要花费约3.2亿美元。当时美国并没有统一的货币发行机制。流通中的纸币均为各州立银行自行发行的银行券。

为缓解现金严重短缺的压力，1862年2月国会不得已通过了《法币法》（Legal Tender Act），授权财政部发行1.5亿无息、且不可兑赎金银硬币的绿背纸币即绿背钞票。《法币法》规定，绿背纸币除了不可支付关税和政府债券利息外，可支付一切公私债务，包括政府其他税收。1862～1864年，为支付战费，联邦政府共三次发行这种无硬币支持的信用货币，总额是4.5亿，几乎占全部流通货币的一半。

大规模地扩大货币供给的必然结果是急剧的通货膨胀。1861至1864年，价格上涨了74%。这是美国革命以来通货膨胀上升得较快的一次。这一时期也是农民和农业的繁荣时期，尤其是胜利的北方农民，他们是绿背货币的大量持有人。

绿背货币的发行，连同几乎同时发行的美国国债，为美国政府赢得南北战争的胜利奠定了坚实的财政金融基础。

但是，绿背货币和金银硬币之间，农民、农场主、金融家、工业资本家之间爆发了长时间的利益冲突。它不仅是19世纪60年代末和整个70年代美国政治和经济生活中一件举足轻重的大事，而且对19世纪后期的平民主义运动、白银运动、美国联邦储备体系的形成，以及战后福利国家的货币政策取向都产生了深远影响。

尽管发行绿背钞票引发了北方的通货膨胀，价格水平上扬到战前的180%，但在南方，由于缺乏融资手段，只能靠印钞来支付战争费用，结果经济完全失控，到了战争结束时，通货膨胀率达到战前的9200%！两者的差距在于，北方的印钞仅为融资的13%，而南方却要占到一半多。更重要的是，北方还有其他融资手段，发行国债就是关键性的一种。

至于如何能够将战争国债的销售工作办理好，那就是财政部长蔡斯的事了。

此时，蔡斯正在为 5～20 年的战争国债滞销发愁，便很自然地想到了世交之子库克。库克早在费城就发行过一段时期公债，尽管规模不大，但却积累了丰富的经验。库克也确实不负蔡斯所托，以高度的活力和技巧把难题变成了一个巨大的机会，创造性地改变了以往发行债券的模式。

旧债券的发行模式是：财政部将债券私底下出售给银行和经纪商，但问题是，这样做覆盖的人口会非常少，也就是说力度不够。战前，美国持有债券的人也只有 1%。库克想到了将债券持有人提高数倍的办法。他通过报纸和传单广泛宣传所要发行的债券，并且娓娓道来地告诉普通的美国人，购买这些战争国债，不仅是一种爱国表现，更是一种很好的投资。

富有组织才能的库克，发动了 2500 个分销代理处在北部每一个地方销售公债。在库克的鼓动和爱国热情的鼓舞下，没过多久，那些习惯于把钱藏在家中的人们就在爱国热情和利益驱动的双重影响下，加入到购买战争国债的大军中来，差不多有 100 万北方人，即 1/4 的家庭买了战时国债。

像林肯一样，库克没有白讲故事，而事情的发展也超出了库克和林肯等人的想象。1% 很快就变成了 5%！

到后来，库克出售国债的速度已经超过战争的支出。而有了这样的经济后盾，加上林肯总统和格兰特将军，北方获胜就在情理之中了。

库克的做法还具有一种凝聚人心的政治心理意义。由于太多的家庭购买了国债，使得越来越多的北方人心甘情愿地献身于这场维护国家统一的战争中来。饶有意味的是，个人的爱国行为不仅支持了国家，也变相地稳定了自己的战时生活——在普遍意义上，战时的通货膨胀和食品、生活用品匮乏是普通人不得不面对的难关。在财政部积极努力和民众积极认购国债的作用下，在克服第一年的缺乏经验和危机之后，联邦政府成功地为战争筹措了资金，不仅没有实行配给或对物价实行控制，而且北方人民除了棉布之外，对食物和各种必需用品也并无严重缺乏的现象。

北部经济在很大程度上既能生产枪炮，又能生产黄油。相反，南部的农业经济却彻底失去了平衡，根本无法适应现代的全面战争的要求。战争的胜负在物质层面上奠定了。

但是，最出乎人们意料的，还是华尔街的脱胎换骨。而这也成为了南北战争带来的一大“礼物”。由于战争，大量的债券涌入华尔街，而通过债券等方式募集的政府资金则投向了铁路和军工厂等与战争有关的产业，这些产业的利润进而回流到华尔街，同时也需要得到华尔街的资本支持，这一切使得华尔街迅速成为了金融中心。就像美国著名财经作家约翰·戈登①所感叹的那样，“华尔街几乎是在一夜之间成为了世界第二大证券市场，而纽约也迅速地繁荣起来”。

美国财政金融之根

20世纪之后的美国历史上，国债占GDP比重最高的时刻就是第二次世界大战时期。从杜鲁门总统以后逐步下降，到了尼克松和卡特时期，美国国债占GDP的比重达到历史新低。但是，里根和老布什政府上台之后，这一比重迅速攀升（见图6-1、表6-1）。

从国债规模上来看，在1970以前美国国债的增长保持平缓，维持在500亿美元左右的规模，20世纪70年代的两次石油危机及其引发的一系列经济和金融体制变化，刺激了债券的交易。两次石油危机造成了很高的通货膨胀率，并导致全球固定汇率体系即布雷顿森林体系于1971年崩溃。在这种情况下，市场利率不仅发生大幅度上升（对应是债券价格大幅度下降），而且波动极其剧烈，这种状况使得购买债券的风险迅速增加。

两次石油危机的另一个间接结果是利率市场化、金融自由化和金融全球化迅速发展，这使得大量企业、地方政府开始主要依靠债券市场、而不是银行贷款来进行债务融资，获得直接的债务性资金，其结果就是债券发行规模的迅速增长。

到了20世纪90年代，在美国经济黄金时期——克林顿总统任期内国债数量占GDP的比重有所下降，相比较之下，小布什和奥巴马就显得“生不逢时”，小布什上台后的第二年即2001年“9·11”事件后，美国连续发动了阿富汗战争、伊

① 约翰·戈登的财经三部曲是：《伟大的博弈》、《财富的帝国》、《资本的冒险》。《伟大的博弈——华尔街金融帝国的崛起》，祁斌 译，中信出版社2005年版。《财富的帝国》，董宜坤 译，中信出版社2007年版。

拉克战争，到小布什在任的最后五个月，美国金融危机肆虐全球。奥巴马总统临危受命，不得不大量举债度过危机，美国国债成为美国度过2008年金融危机的首席功臣①。

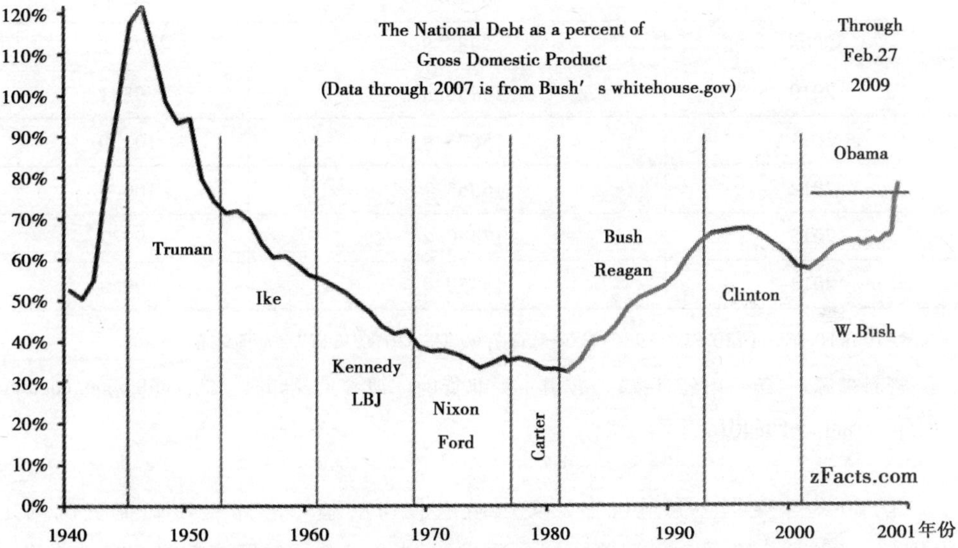

图6－1　美国国债在各总统时期占美国GDP的比重

资料来源：美国国债钟，U. S. National Debt Clock。

表6－1　　美国国债占GDP比重

年份	国债总额（单位：10亿美元）	占GDP的比重（%）
1910	2.6	—
1920	25.9	—
1930	16.2	—
1940	43.0	52.4
1950	257.4	94.1
1980	909.0	33.3
1990	3206.3	55.9

① 周莉萍："美国政府救市中的国债政策"，《银行家》，2009年第8期。

续表

年份	国债总额（单位：10 亿美元）	占 GDP 的比重（%）
2000	5628.7	58.0
2007	8950.7	65.6
2008	9985.8	70.2
2010	14456.3	98.1
2011	15673.9	101.0
2012	16565.7	100.6
2013	17440.2	99.7
2014	18350.0	99.8

注：1910 年、1920 年、1930 年等无官方数据，2010 年以后为预测值。

资料来源：《第一财经日报》，转引自：北青网。请参见：http：//bjyouth. ynet. com/article. jsp？oid = 62964016。

在 2008 年美国金融危机中，美国政府救市的基本思路是帮助金融机构走出困境。2008 年 10 月 3 日，美国国会通过了 7000 亿美元的经济救援方案，彰显美国政府对经济形势的动态关注和试探性调整政策思路。正是这个经济刺激计划将国债工具引入了金融危机救助法案。如此大规模和不确定的刺激计划需要大量的资金，在政府减税的背景下意味着必须增发国债才能满足财政部的资金需求。

确实，在美国财政部向国会递交的申请中，增发国债的建议非常明确。但是，一旦美国财政部的申请获得国会通过，那么美国国债的规模将从 10.6 万亿美元提升到 11.3 万亿美元。尽管通过发行国债来筹集资金的做法，在常人看来有“饮鸩止渴”之嫌，但是在当时的时点和环境下超量发行国债确实是一个好办法。

首先，当时的市场避险情绪高涨，大量资金回流国债，因此短期内国债发行可能会有足够的市场需求；其次，当时的国债利率极低，此前 3 个月国债年化收益率甚至跌至 0.02%，而 10 年期国债收益率仅为 3.4%，这样政府可以用非常低廉的利息成本获得资金并且再度投放到市场中去，而不需要担心过高的国债利率会对其他投资产品造成负面冲击。

这个时候美联储站了出来！

在2009年3月20日，美联储时隔近40年再次宣布大举收购美国国债，开启了定量宽松的货币政策。美联储宣布将在未来6个月内收购总额3000亿美元的长期国债，以有效改善信贷市场环境。与此同时，为了给住宅市场以更大的支持，美联储还宣布将再购买“两房”担保的房产抵押债券7500亿美元，并将追加购买1000亿美元的“两房”债券。由此，美联储购买抵押贷款证券的规模将扩大到8500亿美元至1.45万亿美元。美联储直接在公开市场操作中购买国债、逆回购及对各主要金融机构发行的债务作担保，其目的只有一个，即提高各金融机构的清偿能力。美联储释放出来的资金被用于两个方面：“两房”和不良资产救助计划（TARP）。此外，国债也为其他金融机构提供流动性援助，比如在汽车行业，为通用汽车和克莱斯勒汽车集团下属的金融公司提供援助。

『两房』债券

“两房”是美国最大的两家住房抵押贷款机构——联邦国民抵押协会（简称房利美，即Fannie Mae）和联邦住房贷款抵押公司（简称房地美，即Freddie Mac）的简称。由美国国会立法设立的政府资助机构，目的在于为住房抵押贷款市场提供稳定而连续的金融支持，提高住房抵押贷款的可获得性。

美国的住房政策是政府公共政策之一，自1932年构建联邦住宅贷款银行系统以来，逐渐形成了以“两房”为主、私人抵押贷款机构为辅的住房抵押贷款二级市场，通过政府干预和市场化运作相结合的方式，为住房建设提供资金保障。一开始他们都是国有的，后来都变成私有的了，但享受很多优惠的政策。

“两房”作为美国房地产市场的两大支柱，两家机构承保或者购买的房地产贷款约占美国居民房地产市场的50%，次贷危机以后达到80%以上。“两房”拥有和担保的资产规模约5.5万亿美元。

“两房”债券是指由“房地美”和“房利美”发行的住房抵押债券。这两家机构将联邦住房委员会或其他金融机构担保的住房抵押贷款按期限、利率进行组合，作为抵押或担保发行住房抵押债券，在金融市场上出售，再以收入资金向更多的人提供住房贷款。同时还对提供住房贷款的金融机构发行的住房抵押贷款证券品种提供担保。所发行的重要品种为住房抵押债。

在“两房”债券的投资者中，75%以上是美国国内投资者，其中以养老基金、共同基金、商业银行和保险公司为主；25%是海外投资者持有。美国次贷危机爆发后，“两房”受到冲击，美国政府向“两房”注资之后，他们又都部分国有化了，目前处于被美国政府托管的境地。

在美联储传统货币政策工具几近穷尽的情况下，国债已经挑起了美国经济复苏的大梁，可以说，美国国债在帮助美国走出经济危机的过程中居功至伟。

总而言之，由于美国国民储蓄率过低，依靠国内储蓄来实现资本形成，远远不能满足美国经济发展的资本需求，长期以来，美国经济发展总是依靠国债融资。可以说，美国国债是美国经济之根，财政之根，金融之根！

献给决策者的礼物

在纽约时代广场上有一个巨大的数字计数器，它实时更新美国的公共债务总额，并显示出每个美国家庭所要负担的数额，被称为国债钟[1]。国债钟是由纽约房地产商人西摩尔·德斯特（Seymour Durst）于1989年赞助安装。1995年西摩尔去世后，由他的儿子道格拉斯·德斯特维持着大钟的运转。

美国国债钟

国债钟是一个位于曼哈顿的大型数字计数器，它有26英尺长、11英尺高，位于纽约第六大道和42街的交汇点，离著名的时代广场不远。它实时更新美国的公共债务总额，并显示出每个美国家庭所要负担的数额。

国债钟由纽约房地产商人西摩尔·德斯特于1989年赞助安装。1995年西摩尔去世后，他的儿子道格拉斯·德斯特维持着大钟的运转：需要用500个灯泡显示数字，每月需要2000美元的维护费用。德斯特作为“好心人”，其目的就是为了提醒美国人多为子孙后代着想，在经济问题上不要总是“寅吃卯粮”。

1989年美国国债总规模为2.7万亿美元，每个家庭承担3.5万美元。

2000年9月，国债总额为5.7万亿美元，每个家庭承担7.4万美元。

2002年7月，美国国债规模上涨到6.1万亿美元。

2008年10月，美国国债数字已达10.2万亿美元。

2011年7月，美国国债突破14万亿美元。

《华盛顿邮报》的一篇文章指出：到2014年，美国国债产生的利息总额就将超过除了国防之外的所有开支，包括在教育、交通、能源等方面的所有投资；到2017年，利息总额将可能从2070亿美元飙升至6270亿美元。

① 美国国债钟爆字，百度百科。

20 世纪 80 年代伊始，西摩尔·德斯特就开始关注政府的公共债务。在送给美国国会参众两院议员的贺卡中，他写道“新年快乐，您负担着 35000 美元的国债。”由于当时的技术所限，国债钟未能安装。1989 年，随着美国国债上涨到 2.7 万亿美元，国债钟终于被安放到了距离时代广场一个街区的地方。由于债务情况变动的频繁以及计数器不能很好地显示债务的下降，2000 年 9 月 7 日，国债钟被迫停用，并被盖上帆布。此时数字定格在“总额：5676989904887 美元，每个家庭承担 73733 美元”。

2002 年 7 月，国债钟重新启用，此时的数额已上涨到 6.1 万亿美元。2004 年，经过现代化改装、“进退自如”的新国债钟安装完毕。位置也由原来的 42 街移到了现在 1133 大道的德斯特大楼外墙上。

2008 年 10 月 8 日，由于席卷全球的次贷危机和伊拉克战争等原因，纽约时代广场附近的“国债钟”已经用光了位数，无法再记录不断增长的国债数字。此时，美国国债数字已达 10.2 万亿美元，而当时“国债钟”的电子告示牌只能容纳 13 位数字，无法显示 10 兆的 14 位数字。“国债钟”的所有者德斯特计划于 2009 年把电子告示牌增加两个数位以容纳 15 位数（见图 6－2）。

美国债券市场是目前世界上规模最大、交易最为活跃的债券市场，按照债券发行主体的不同可以分为：国债（Treasury securities）、政府机构债券（Agency securities）、市政债券（Municipal bonds）和企业债券（Corporate bonds），其中，国债和政府机构债券统称为联邦债券（Federal securities）。美国国债是由美国联邦政府发行用于弥补其预算赤字的债务工具，因为其得到美国政府完全的信用担保，所以被视为全世界最安全的投资品种，在债券市场中占有最重要的地位。

美国国债的经济职能主要表现在两个方面：

第一，弥补财政赤字，保证财政收支平衡。美国政府弥补财政赤字的主要手段就是增加财政收入、缩减财政支出和发行国债，美国政府刺激经济发展的大规模减税政策使财政收入来源减少，军费开支的增加又使得财政支出难以缩减，因此弥补美国财政赤字的任务最终只能依靠发行国债来完成。

第二，吸引外国资金，保持国际收支平衡。由于美国贸易赤字额连续创出新高，在经常项目出现大量逆差的情况下，国际收支平衡就要通过资本流入使得资本项目出现顺差来维持，其中通过国债来吸引外国投资者已经成为美国资

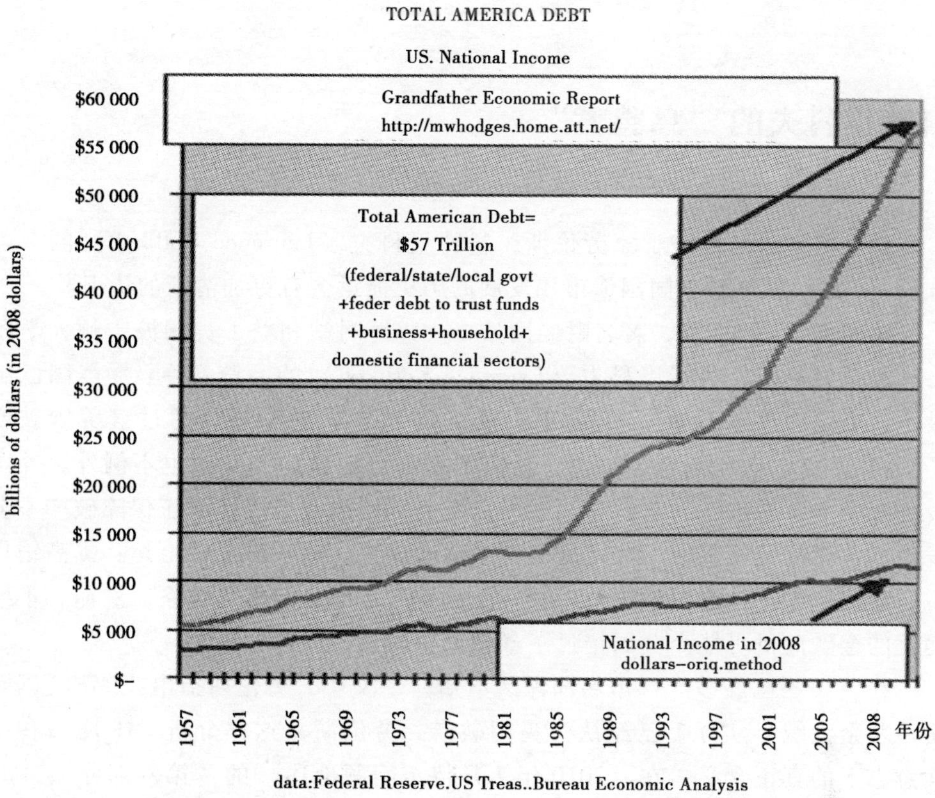

图 6－2　1957～2008 年美国国债总额增长图

数据来源：美国国债钟。

本流入最重要的渠道之一。外国资金的大量流入，一方面帮助美国国际收支实现平衡；另一方面促进了美国经济发展。

科特里科夫的“乌鸦嘴”

读过美国著名经济学家劳伦斯·科特里科夫（Laurence Kotlikoff）的一段分析①，我们也许对美国国债市场发展的历史命运会有更加清晰的认识。

2010年8月11日，著名财经网站——彭博网站刊登了美国波士顿大学经济学教授劳伦斯·科特里科夫（Laurence Kotlikoff）的一篇文章：《美国已经破产，市场却浑然不知》。实际上，早在2006年，劳伦斯就写过《美国破产了吗?》一文，劳伦斯得出结论：任何国家都可能破产，美国也不例外。外国投资有助于延缓破产到来的时间，但只有美国国内改革才能真正保障破产不会发生。他建议美国采取三大措施来削减财政赤字，避免破产的厄运：提高销售税、建立个人化社会保障体系以及一个涵盖广泛的医疗保障体系。然而，不期而至的金融危机可能令美国错过了最佳调整时机。

在《美国已经破产，市场却浑然不知》一文中，劳伦斯指出：IMF（国际货币基金组织）实际上已经认为美国破产。劳伦斯是这样分析IMF隐藏在字面意思下的真正含义：在《2010年7月特定问题论述》的“第六部分”，IMF指出：“在一定的贴现率下，与今日联邦财政政策相关的财政缺口相当巨大。填补财政缺口需要经年累月的财政调整，每年的调整幅度应相当于美国国内生产总值（GDP）的14%。”

14%意味着什么？目前美国联邦政府收入与GDP的比重为14.9%。按照IMF的表述，为了填补美国的财政缺口，如果只在财政收入方面做出调整，就需要立即将当前的个人所得税率、企业所得税率、联邦税率以及《联邦保险贡献法案》项下的税率翻番。

所有税率都翻番，这太难了，那么可以考虑节省支出。然而劳伦斯指出，

---

① 关于劳伦斯·科特里科夫的观点，转引和改写自：王慧卿：“美国已经破产?”，《中国证券报》，2010年8月13日。请参见：http://business. sohu. com/20100813/n274179970. shtml。

在目前体制下节省开支也非常难以做到。“当前在婴儿潮一代出生的人口为7800万人，这些人在彻底退休之后所享有的社会保障和医疗保险福利将高于人均GDP。若按今日的货币计算，这些权利的年均成本约为4万亿美元。正是如此，尽管在20年后经济规模势必会出现增长，但也不足以让我们每年承受如此之重负。”

根据劳伦斯的测算，美国全部的财政缺口为202万亿美元，比官方公布的债务数字的15倍还要高。而他的测算与官方数据差异如此之大的原因在于，美国国会一直小心翼翼地将其大部分负债贴上“非官方”的标签，让它们远离账面。

然而不管贴什么标签，该还的总是要还的。如果美国继续实行当前的政策，劳伦斯预测将来会出现这样的情景：第一种可能是婴儿潮一代的退休福利被大幅削减，第二种可能是年轻人因税率的大幅攀升而丧失工作和储蓄的动力，第三种可能则是政府拼命开动印钞机为其巨额支出埋单。而最可能的是将上述三种方式加以综合。这样最终导致的结果就是：贫困人口、税率、利率和消费者价格指数急剧飙升。

经历过1929年“大萧条”以来最严重的2008年金融危机之后，美国面临的财政状况处于前所未有的糟糕境地。但是，解决方法似乎没有改变。劳伦斯指出：“目前美国唯一能做且必须去做的就是，大刀阔斧地对税收、医疗、退休和金融机制进行彻底的改革。”这跟他4年前提出的政策建议并无二致。

实际上，不仅劳伦斯·科特里科夫为美国财政缺口担忧，其他有识之士也有同样的担忧。

美国政府问责局前总审计长、美国彼特·皮特森基金会总裁兼首席执行官（简称CEO）大卫·沃尔克的估计表明：如果把美国政府对国民的社保欠账等所有隐性债务统统加在一起，那么2007年美国的实际债务总额高达53万亿美元。53万亿美元是什么概念？如果把100美元一张的钞票摞起来，53万亿美元可绕地球两周；2007年全球的GDP是54.3万亿美元，也就是说，仅仅美国一个国家的债务，已经使全球的债务率接近100%；对于3亿美国人而言，这个数字相当于每个美国人承担着17.5万美元的债务①。

虽然劳伦斯和沃尔克两人的测算数据有差异，但是结果都令人震惊。

“家家都有一本难念的经”，美国也不例外。

美国国民的储蓄率本来就低，再加上政府和家庭大手大脚花钱，借债度日②，总有一天会“要了美国的命”。

但是，我们必须看到，美国人并没有“坐以待毙”、“束手就擒”，他们不是按照劳伦斯·科特里科夫开出的“药方”去照方抓药，而是试图拓展一条新通道，开辟一个新战场：在美元霸权之外，创立新的养老金霸权；在美元“铸币税”之外，创立新的“铸券税”、“融资税”。

事实上，美国在全球金融发展历史上，已经悄然创造了一种凌驾于资产价格之上的“养老金霸权”新范畴。这样，凌驾于资源价格之上的美元霸权，凌驾于资产价格之上的养老金霸权，就会一起飞扬。

社保基金“天生爱国债”

众星捧月

美国国债投资者群体十分广泛，主要分为政府账户和社会公众两类，其中政府账户（主要是美国社保基金、美国财政部）持有的国债几乎全部是不可流通国债，而社会投资者（其中包括外国投资者）持有的大多为可流通国债。

政府账户是指美国联邦政府授权账户，主要包括军人退休及医保基金，公务员退休及伤残基金，全国社保基金，全国医保基金，其他基金。其中，最为

① 钮文新：“美国是否会破产”，《中国经济周刊》。请参见：http://news.hexun.com/2008-11-10/111027923_4.html。

② 在2008年美国次贷危机中，“高杠杆比率”一词频频出现在媒体上。实际上，美国家庭借债度日也在使用“高杠杆手法”。

重要的是美国社保基金。[1] 社会投资者主要包括联邦储备（Federal reserve），存款机构（Depositary institutions），美国联邦储蓄债券（U. S. saving bonds），养老基金（pension funds）、保险公司（insurance companies）、共同基金（Mutual funds）、州和地方政府（State and local goverments）以及外国投资者（foreign investors）等。

在1970年以前，美国商业银行和个人投资者是美国国债最大的持有者，两者最多曾经持有超过50%的美国国债，但是这种情况从1970年以后就开始出现扭转，国债市场的机构投资者迅速崛起，这其中就包括了数量众多的养老基金，个人持有债券的很大一部分都转为由养老基金或者共同基金持有，商业银行和个人在国债市场中所占比重迅速下降，到1999年两者持有数量加起来已经不到国债市场份额的1/10。与此同时，养老基金以及外国投资者异军突起，1989年以后，国外投资者特别是以中国、日本为首的亚洲美元，以英国为首的欧洲美元，以石油输出国组织为主的中东美元，以及加勒比银行持有的国债接近美国国债总额的2/3。

外国投资者持有美国国债的结构，因为20世纪90年代新兴国家和石油资本的介入而改变。在美国十大债权人名单上，截至2009年11月，中日英俄分列前四位，加勒比银行中心、石油输出国组织所占比重也很大。在前十名中，中国就有大陆、中国台湾、中国香港三个席位（见图6－3）。

2011年3月，美国财政部发布了外资投资美国国债的修正报告：截至2010年年底，中国持有美国国债总数首次突破万亿美元大关，达到1.16万亿美元。根据此次公布的最新数据，中国持有美国国债总数上涨了2680亿美元，涨幅达到了30%。中国持有美债总数比位居第二的日本高出了2778亿美元。

中国投资数额之所以出现大幅改变的原因是：中国投资者在伦敦购买的美国国债原来被计入了“英国账单”中。因此，最新公布的详尽报告，更为精确地追踪了持有美国国债的投资者所在地，而不是单纯以购买地计算。出于这一原因，英国也成为最新公布的报告中数量“变化最大”的国家，其持有的美国国债数量下滑至2721亿美元，比上次公布的5413亿美元下滑了2692亿美

---

① 美国国债，百科名片。

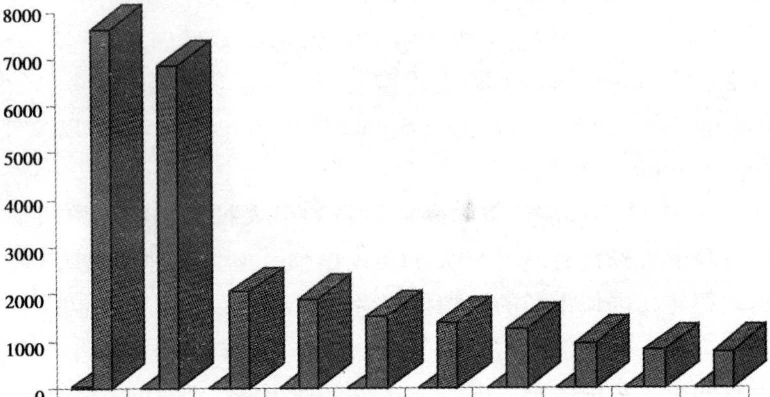

	中国大陆	日本	加勒比银行	石油输出国	英国	俄罗斯	巴西	卢森堡	中国香港	中国台湾
占比(%)	23.4	21	6.27	5.81	4.68	4.2	3.86	2.99	2.48	2.4
总额(亿美元)	7635	7635	2047	1895	1528	1370	1260	975	809	783

图 6－3　截至 2009 年 4 月美国国债外国持有者前十位

数据来源：美国财政部 TIC 系统。

元。不过，英国仍为美国的第三大国债持有者。

这样，2010 年持有美国国债前五名的外国投资者分别是：中国 1.16 万亿美元，日本 0.88 万亿美元，英国 0.27 万亿美元，石油出口国 0.21 万亿美元，巴西 0.186 万亿美元①（见图 6－4）。

① 黎史翔、王进雨："美财政部发布修正报告中国持美债数首破万亿美元"，《法制晚报》2011 年 3 月 1 日。

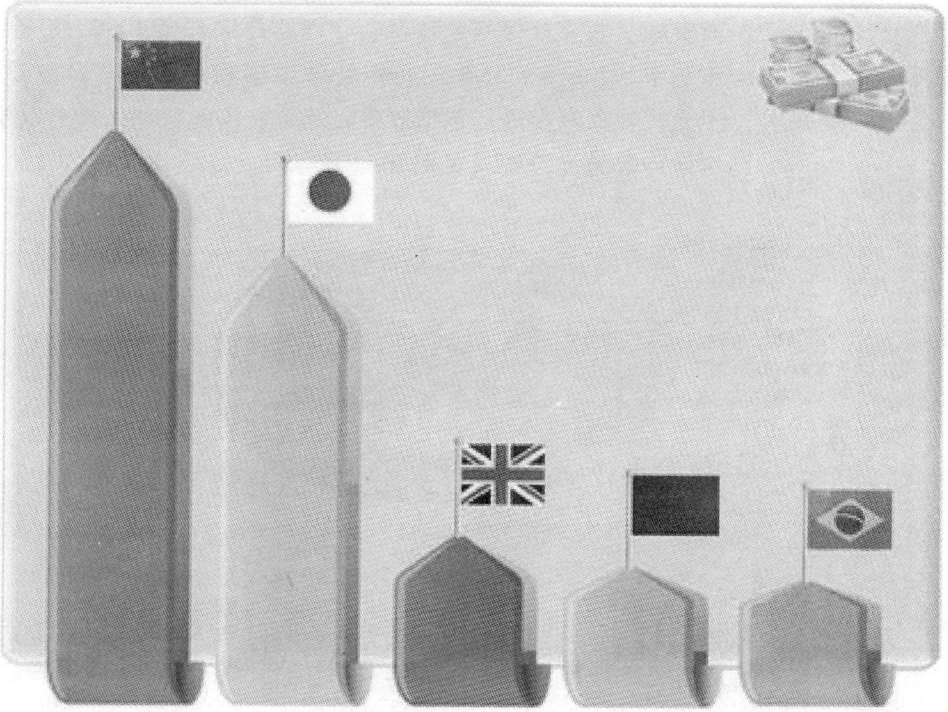

图 6－4　2010 年美国国债前五大外国投资者

数据来源：美国财政部。

转引自：黎史翔、王进雨："美财政部发布修正报告中国持美债数首破万亿美元"，《法制晚报》2011 年 3 月 1 日。

社保基金"天生爱国债"

美国政府对社保基金的投资有着强烈的风险意识。美国 1935 年《社会保障法案》明确规定：（联邦社保基金）只能投资于美国政府对其本息均予以担保的"孳息型有价证券"。也就是说，根据这项法律，联邦社保基金不仅要由联邦政府统一集中管理，而且收支节余必须投资于联邦政府连本带利"担保"的证券，所获利息也要被存入信托基金。这样，美国政府从法律上保证了联邦社保基金不得被用于购买股票，或进行委托投资、房地产开发等其他方面的投资，而实际上联邦社保基金理事会管理的社保基金 100% 投资于年利率 3.5% ~9.25% 的历年特种国债和公债等有价证券。不允许社保基金进行包括股票、基金在内的权益类投资以及房地产等另类投资（见图 6－5）。

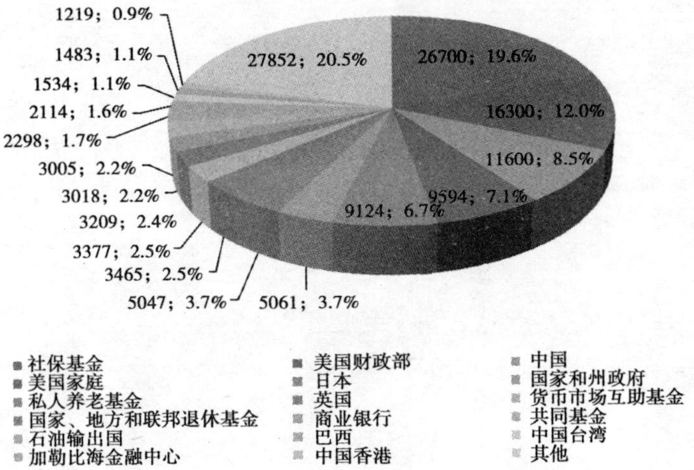

图 6－5　2010 年度美国国债投资者结构

2010 财政年度，美国国债总额为 13.6 万亿美元。联邦政府账户持有 4.6 万亿美元，社会投资者持有 9 万亿美元。

可以看到，美国社保基金持有 2.67 万亿美元的美国国债，在国债总额中的投资占比最高，占比为 19%，而且持有的往往是不可公开交易的美国国库券或者美国特别国债。美国财政部持有 1.63 万亿美元国债，主要是从“量化宽松计划”中借来的，为第二大投资者。

2010 年度，美国国债投资者的整体情况①如下：

社保基金：2.67 万亿美元（19%）；

① 资料来源：美国国债，百科名片。

美国财政部：1.63 万亿美元（11.3%）；

中国：1.16 万亿美元（8%）；

美国家庭：9594 亿美元（6.6%）；

日本：9124 亿美元（6.4%）；

国家和州政府：5061 亿美元（3.5%）；

私人养老基金：5047 亿美元（3.5%）；

英国：3465 亿美元（2.4%）；

货币市场互助基金：3377 亿美元（2.4%）；

国家、地方和联邦退休基金：3209 亿美（2.2%）；

商业银行：3018 亿美元（2.1%）；

共同基金：3005 亿美元（2%）；

石油输出国：2298 亿美元（1.6%）；

巴西：2114 亿美元（1.5%）；

中国台湾：1534 亿美元（1.1%）；

加勒比海金融中心：1483 亿美元（1%）；

中国香港：1219 亿美元（0.9%）；

其他投资者：27852 亿美元（20.5%）。

养老基金之饵再一次在国债市场上钓来了各路大鱼，美国国债市场最终成为了一个资本角力的超级市场。

“养老金之饵”护住“财金之根”

自 1935 年至今 75 年来，美国第一支柱的联邦社保基金早已成为全球第一大公共养老基金（20 世纪 80 年代曾经被日本短暂超越过，屈居过第二），它至今坚持 100% 投资于美国国债市场，不允许在股票投资上“越雷池半步”，正是养老金奠定了美国国债市场无与争锋的地位。

从 1974 年 ERISA 法案开始，美国私人养老金就开始为资本市场拦坝蓄水；从20世纪80年代初开始，美国私人养老金就开始为美国资本市场开闸放水，高比例进入美国股票市场，为其源源不断地提供资金，直接推动了股票价格的上涨。有了养老金“打底”，有了秉持长期价值投资理念的机构投资者“撑腰”，美国股市在历次危机中都能屹立不倒，并在危机后迅速恢复。

于是，以国债市场、股票市场为代表的美国资本市场，成了全球资金关注的“宠儿”市场，吸引了“石油美元”、“欧洲美元”、“亚洲美元”等各路人马的资金。美国人用自己的养老金盘活了美国乃至整个世界的资金，把中国太极中的“四两拨千斤”发挥到了淋漓尽致的地步。

用通俗的话讲，就是美国人以自己的养老金在资本市场底部建了仓，通过养老金把自己的资本市场打造成全球安全性强、流动性好、收益率高的市场，并由此吸引了全球资金来跟风投资，并为美国企业源源不断地提供金融支持，推动其不断地创新和发展。而且在这一过程中，养老金资产本身也实现了大幅增值。

以养老金为饵，钓全世界资本之鱼。

这就是美国资本积累和资本扩张的奥妙所在！

通过纳斯达克市场和风险投资，支持了微软、戴尔、甲骨文、雅虎等等一大批高科技企业，在20世纪90年代末带来了美国经济发展的第二个黄金时期，全球开始在美国的带领下步入信息经济、知识经济、创新经济新时代。

通过主板股票市场和投资银行，全世界最优质的企业都争先恐后地到美国上市。包括亚洲最赚钱的企业：中国石油、中海油、中国移动、中国人寿等；包括亚洲最具成长性的企业：百度、新浪等。这些企业给美国居民带来了巨额的投资收益和价值实现。

通过资本市场，美国的小孩子只要一出生，就能用美元购买到全世界最具成长性、最具稀缺性、最有价值的优质资产。

至此，美国真正成为了“其名物各随地宜而不一焉”的“天下第一坐商”、“天下第一资本”，因为美国可以调动和支配全球资本。通俗地讲，美国是当今世界资本最丰富的国家。

大家千万不要误会，这不是说美国人自己的钱最多，恰恰相反，美国是一个缺钱的国度。只不过他有“吸金大法”，有本事替别人、替别国把钱管好、用好。准确地讲，美国人管理的金融资产规模是全球最大的，在美国本土上流动的金融资产规模是全球最大的，而且美国人通过“雁过拔毛”、“收取买路钱”所实现的金融资产管理费收入是全球最大的。

这样，我们就看得非常清晰了。原来，美国是在“慷他国之慨”、“借他国之力”、“花他国之钱”，“涨美国之股”、“卖美国之债”、“发美国之财”、“办美国之事”。原来美国就是这样一位“借钱挣钱”、“借力打力”的富商巨贾。

实际上，美国长期以来一直为资本积累不足所困扰，“低储蓄率陷阱”几乎就是美国的命门所在，在很多场合、很多时候“几乎要了美国的命”。

1929～2004年，美国居民的储蓄率情况显示，除了1929年大萧条后的异常下降和1941～1946年的异常上升之外，在1947～1984年长达37年的时间里，美国居民储蓄率都维持在7%～11%左右。但是，从1984年开始，美国居民储蓄率呈现出一种趋势性下降的态势。从1992年开始，甚至储蓄总额（即绝对数）也开始下降。一方面，美国经济发展需要大量的资本支持；另一方面，美国人依靠自己的储蓄远远不能满足资金需求。

针对这样一种情况，美国的经济学家和不少有识之士，一直都忧心忡忡、忐忑不安，担心总有一回“天会塌下来”。

第七章
高高的养老金大坝

美国股市有座高高的“养老金大坝”，它不断地蓄水，不断地泄洪，推动美国股市水涨船高、风生水起。

正是以养老金和保险资金为代表的长期资本，奠基了华尔街，奠基了道琼斯股指，同时也构筑了美国股市特有的“地质图谱”。

从1982～2007年的25年时间里，美国道琼斯指数从1000点上涨到最高的14198点，整整上涨了14倍。根本原因：一是美国经济大发展，25年间美国GDP增长了4.0倍；二是美国股市有座高高的“养老金大坝”，不断蓄水，不断泄洪。

25年来，道琼斯指数也有过大幅波动，但是道琼斯指数的铁底就位于7100点附近。以养老金资本和保险资本为代表的美国长期资本，奠基了华尔街，奠基了道琼斯股指，同时也构筑了美国股市奠基石的“地质图谱”。

今天，大家习惯地将巴菲特视为一代“股神”，并认为巴菲特的“神”一半来自于天生、一半来自老师。实际上，巴菲特非“神”非“怪”，本领全在“价值投资”四字方针上。

沃伦·巴菲特

沃伦·巴菲特（Warren Buffett），生于美国内布拉斯加州的奥马哈市，全球著名的投资商，富豪。早年考入哥伦比亚大学商学院，拜师于著名投资学理论学家本杰明·格雷厄姆。后来依靠股票、外汇市场的投资，成为世界上数一数二的大富翁。2011年其财富位居世界第三位，净资产达到500亿美元。

他倡导价值投资的理念。1965～2006年的42年间，由巴菲特领航的伯克希尔公司净资产的年均增长率达21.46%，累计增长361156%；同期标准普尔500指数成分公司的年均增长率为10.4%，累计增长幅为6479%。

他热心公益和慈善事业。2006年他捐出总价达300多亿美元的私人财富，投向慈善事业。这笔巨额善款分别进入比尔·盖茨创立的慈善基金会以及巴菲特家族的基金会。巴菲特捐出的300多亿美元是美国迄今为止最大一笔私人慈善捐赠。2010年8月，两位世界顶级富翁沃伦·巴菲特与比尔·盖茨宣布，已成功劝说40名美国亿万富翁公开承诺捐赠自己至少一半的财富。巴菲特被美国人称为"除了父亲之外最值得尊敬的男人"。

他坚持长期投资理念。在巴菲特看来，投资并不复杂，他坚守的原则是：第一，不把所有的鸡蛋放在一个篮子里；第二，生意不熟不做；第三，坚持长期投资。他曾经说过："短期股市的预测是毒药，应该把它摆在最安全的地方，远离儿童以及那些在股市中的行为像小孩般幼稚的投资人。"

他强调道德的价值。2011 年 8 月，巴菲特在《纽约时报》发表题为《停止宠爱超级富豪》的文章指出，"国会善待超级富豪的时间已够长了"。他呼吁奥巴马政府切实采取行动，使富人能够做出牺牲，分担国家的财政挑战。

真正借给巴菲特神勇力量的是伯克希尔公司，它就是一家保险公司，就是一家长期资本公司。

如今，美国华尔街已经进入机构投资者时代，养老基金时代，长期资本时代，当然也是投资大师辈出的时代。

巴菲特抄底高盛股票

2008 年 9 月 15 日，拥有 158 年历史、经历过资本市场风风雨雨的美国第四大投行——雷曼兄弟公司正式宣布破产，同一天美国银行正式宣布收购美国第三大投行——美林集团。这两枚深水炸弹引爆了美国乃至全球金融市场的强烈地震，9 月 15 日，华尔街迎来名副其实的"黑色星期一"，美股暴跌，道琼斯指数创下了"9·11"事件以来单日最大跌幅，欧洲、亚太股市 9 月 16 日一开盘大幅度下跌，远在天边的冰岛因为主权债务危机濒临破产……

此刻，全球股市都开始疯狂地抛售股票，美国证监会连发两道“限空令”金牌都无济于事，抑制不住股指的狂泻。2008 年 10 月 6 日和 7 日，道琼斯指数分别跌破 10000 点和 9500 点整数关口，上一次跌破这个点位还是 10 年前。名闻天下的美国五大投行：高盛、摩根士坦利、美林、雷曼兄弟和贝尔斯登在主导了美国华尔街 75 年之后全军覆没，或被收购，或被兼并，或直接破产，高盛和摩根士坦利转为银行控股公司。全球最大的保险企业 AIG（美国国际保险集团）以及两大房地产放贷机构（房地美和房利美）被迫由政府接管，那些曾经让世人瞩目的华尔街炼金术士们原形毕露。

覆巢之下，安有完卵。在这些机构走下神坛之后，留下更多的是美国民众乃至政府高官的恐慌，一时间美国风声鹤唳，草木皆兵，仿佛电影《2012》提前上演。

被称为“经济沙皇”、“美元总统”的格林斯潘先生被拉下神坛，两次接受美国国会听证会，他被指责应为当时低利率政策负责。当时在接受记者采访时，格林斯潘承认金融危机将会扩大化。一向乐观的小布什总统终于在金融危机阴影中低下了高傲的头，2008 年 9 月 19 日，小布什与美国财政部长伯南克垂头丧气走出白宫的镜头被美国媒体放大。

美国前任财政部长保尔森在他的新书《峭壁边缘》中描述了这样一段鲜为人知的故事，反映了当时的恐慌。他提到，在 2008 年 8 月 8 日北京奥运会开幕式这一天，美国金融危机正面临着扩大化的趋势，有一位俄罗斯的官员找到中国高层，试图说服中国人和他们一起抛售美国两大房地产信贷集团（房地美和房利美）的债券，以造成美国金融市场的更大恐慌，当时的俄罗斯正在全力进攻格鲁吉亚，中国没有采纳俄罗斯人的建议，否则世界金融史将被改写。

保尔森先生出身于华尔街上的投资银行高盛集团，他对华尔街动荡可能引发的后果更是心急如焚。正是在他的力促之下，美国国会通过了 7000 美元的救市计划，在美国国会赞成救市和反对救市两派僵持不下的时候（当时，美国参议院通过了方案，但是众议院没有通过），保尔森亲自单膝下跪，以西方最高的礼节恳请一位女议员投赞成票，这一幕被无数美国媒体转载，财长的下跪让美国普通老百姓真正认识到了问题的严重性。

面对危机人人自危，但是还有极少部分美国人神态自若。就在人们争相抛售股票的恐慌期间，股神巴菲特和另一位投资大师索罗斯出现了！

他们逆市操作，大胆抄底，马不停蹄地在全球购买具有长期投资价值的股票。两位投资家的涉猎范围，从美国一直延伸到澳大利亚。

巴菲特将50亿美元投资于华尔街巨头高盛，此外还向美国通用电气公司（GE）投资了30亿美元。2008年10月，巴菲特还在《纽约时报》专栏中发表文章，称其已经开始购买美国股票，并建议投资者在美国股票市场上投资。

索罗斯则购买了澳大利亚环球投资公司（Sphere Investments）5%的股权，当时这家公司正准备在毛里塔尼亚发展一项数十亿美元的铁矿山项目。

巴菲特抄底高盛和美国通用电气公司，一年之后实现了巨额收益。

巴菲特的“股神”之名更加响彻云霄，政治上和经济上都取得双丰收。

2009年8月，巴菲特和比尔·盖茨这两位世界上最富有、最智慧的美国人，与来自美国内布拉斯加大学工商管理学院（巴菲特曾在此学校获得了学士学位）的学生进行对话，他的开场白就是，“我感谢美国，感谢美国给了我们这个时代，让我们能实现自己的价值。”他的这一发言让所有在场的学生激动不已，在学生们看来，这是一个睿智的人，这是一个深切热爱美国并对美国充满信心的人，甚至对美国金融系统纠错能力都深信不疑的人。

伯克希尔借给巴菲特勇气

很多人会认为，巴菲特的“神勇”是天生的。因为他从小就极具投资意识和投资眼光，他钟情于股票和数字的程度远远超过了家族中的任何人。而且他满肚子都是挣钱的想法，五岁时就在家门口摆地摊兜售口香糖。稍大后他带领小伙伴到球场捡大款用过的高尔夫球，然后转手倒卖，生意颇为红火。上中学时，除利用课余做报童外，他还与伙伴合伙将弹子球游戏机出租给理发店老板，挣取外快。

也有很多人认为，巴菲特的“神勇”是从老师那里学来的。1950年，巴菲特申请哈佛大学被拒之门外，考入哥伦比亚大学商学院，拜师于著名的投资学理论大师本杰明·格雷厄姆。格雷厄姆一向反对投机炒作行为，主张通过分析企业的赢利情况、资产情况以及未来前景等综合因素来评价股票。

对资本市场的灵感、得益于老师的指点，确实对巴菲特摘取“股神”之名有很大的影响。但是，真正对巴菲特产生深远而持久的影响，恰恰是站立在他背后的企业，站立在他背后的长期资本！

是伯克希尔借给巴菲特勇气！是保险资金借给巴菲特勇气①！

2006 年 10 月 11 日，《国际金融报》报道巴菲特作为实际控制人的伯克希尔—哈撒韦公司（Berkshire Hathaway）股价突破 10 万美元，成为美国历史上最昂贵的股票。伯克希尔是一家拥有众多子公司的控股公司，在纽约证交所整体上市。旗下最主要的业务领域是财产保险及再保险。

对于保险公司来说，承保和投资处于同等重要的位置。其大致的现金流转过程是：支付保费的投保人为保险公司提供了稳定的现金流，保险公司可以用这些现金进行投资，直到有索赔发生。由于索赔的不确定性，保险公司偏爱投资流动性好的证券，主要是股票和债券。这种偏爱显然有利于巴菲特发挥投资特长，因此，在 1965 年入主伯克希尔公司之后，他就开始关注保险业并寻找机会。

1967 年 3 月，伯克希尔以 860 万美元的价格买进奥马哈的两家头牌保险公司——国民赔偿公司和火灾及海运保险公司的全部股份，开始了保险业务和证券投资业务良性互动的过程。

《沃伦·巴菲特之路》一书的作者海格士多姆这样评价上述收购的意义，“这是伯克希尔·哈撒韦公司非凡成功故事的开始。巴菲特得到的不只是两家运作良好的公司，还是一辆管理投资的装甲车。”

在巴菲特的打理下，伯克希尔保险的承保和投资发展迅猛。国民赔偿公司在 1967 年收取了 1680 万美元的保险费，获得 160 万美元的税后利润，

① 我国保险专业人士徐高林在“巴菲特和他的伯克希尔怎样运用保险资金”一文中，将巴菲特积累长期资本、长期资本成就巴菲特的关系，讲述得头头是道，一清二楚。后面的内容转引自：徐高林：“‘股神’和价值投资大师巴菲特怎样运用保险资金?”，《证券市场周刊》，2006 年 12 月 4 日。

1968 年的保险费收入则增至 2000 万美元，税后利润达到 220 万美元。与此同时，国民赔偿公司和海运及火灾保险公司在 1967 年拥有价值 2470 万美元的债券和价值 720 万美元的股票，两年后股票和债券价值总和已达 4200 万美元。

在随后的 20 世纪 70 年代，巴菲特一共购买了 3 家保险公司，另外组建了 5 家保险公司，保险业务的发展也为巴菲特的投资提供了源源不断的资金支持。经过以保险业务为依托的多年收购和扩张，该公司逐渐发展成为一家业务范围很广的控股公司。

1998 年 6 月，伯克希尔以增发股票作对价的方式收购了通用再保险公司。这是让巴菲特颇为自得的一次大手笔收购，这次合并使伯克希尔的资产总额增加了近 65%，“这次收购相当于为公司带来超过 240 亿美元的追加投资，”巴菲特说，伯克希尔与通用再保险公司的结合，让股东们看到一个美好的未来，如果两家公司独立经营发展的话，这种未来恐怕是遥不可及的。

目前，伯克希尔的业务被归纳为三类：保险和其他、公用事业和能源、金融和金融产品。其中，保险是公司的核心业务，从资产比例来看，该公司 2006 年第三季度报告的合并总资产为 2400.02 亿美元，保险业务及其他类资产为 1796.92 亿美元，占比接近 75%。

伯克希尔管理层认为，保险的承保和投资是完全独立的两种领域。因此，伯克希尔对承保业务完全下放经营决策，但投资业务主要由巴菲特亲自负责。伯克希尔在评估承保业务的业绩时，完全不考虑投资收益，但该公司 1967 年以来从不分配利润，以便为承保和再保险业务提供雄厚的资金实力支持，成为该公司推动承保业务的营销法宝之一。

伯克希尔的保险资金是指股东资本金、用于再投资的留存收益以及保险合同项下的净负债准备金或称为浮存金（float）。2003 年到 2005 年年底，伯克希尔的浮存金金额依次为 442 亿美元、461 亿美元和 493 亿美元。按照通用会计准则计算伯克希尔的留存收益余额，2003～2005 年依次为 318.81 亿美元、391.89 亿美元和 477.17 亿美元；同期超面值缴入股本（capital in excess of par value）余额依次为 261.5 亿、262.7 亿、264.0 亿美元。在 2005 年年底 740 亿美元的留存利润加资本公积资金中，按照保险业的法定会计准则（statutory accounting rules）认定的法定盈余（Statutory Surplus）为 520 亿美元。

可见，伯克希尔的可投资资金比负债（即上述493亿美元的浮存金金额）多一倍是最保守的估计。

伯克希尔公司把保险资金投向四大类资产：现金及现金等价物、股权证券、固定到期证券和其他资产。在2005年年底持有的固定到期证券中，所有美国联邦债券的评级都是AAA级，州以下公债、外国债及抵押支持证券的评级95%在AA级以上。

从保险资金资产负债匹配的角度来看，伯克希尔公司的现金及现金等价物类资产就已经涵盖了负债的绝大部分。2003～2005年的匹配比例分别为78.7%、83.9%、67.6%，再加上AAA级的联邦债券及投资级以上的证券，该公司对负债的覆盖系数2005年年底达到126.4%。可以说该公司用于购买投资级以下债券和股票的资金，完全是不必考虑负债匹配性的“自由资金”。

一句话，是保险资金作为长期资本，借给了巴菲特勇气！

道琼斯指数铁底是7100点

华尔街的历史是一部经历无数灾难的历史，也是一部不断从灾难中吸取教训以防止灾难再次发生的历史。从他的童年开始，华尔街就经历了恐慌、战争、火灾、骚乱、恐怖主义和无数的其他磨难，每一次，华尔街都安然无恙，从容度过。

自1974年美国《雇员退休收入保障法案》（ERISA法案）颁布以来，36个年头已经过去，唯有养老基金始终不抛弃、不放弃，两者相濡以沫、依依不舍，为美国华尔街的兴旺发达忠心耿耿，说一不二。正所谓：“宠辱不惊，看庭前花开花落；去留无意，望天上云卷云舒。”

美国道琼斯指数在20世纪90年代中期曾经下探过7100点（受到“9·11”事件的影响），这个位置既是2000年因为科技股泡沫引发股灾留下来的股市低点，也是2008年这场“百年不遇”的金融危机留下来的股市低点。道琼斯指数在 2009 年 2 月创下 10 年来的新低，恰好也是在这个 7128 点的位置停止了下跌的步伐。

我们不禁要问，这个点位为什么如此坚不可摧、牢不可破？

是什么力量在苦苦支撑它呢？

答案就是养老基金！

其实这个 7100 点真是不简单，它是真正有来头的。它是养老金在 20 世纪 80～90 年代美国资本市场黄金时期打下的“底子”，是以养老基金和保险资金为代表的长期资金严防死守、长期驻守的位置。

在 2008 年全球金融危机的大灾大难面前，巴菲特先生之所以能够淡定、神勇，之所以能够舍生忘死、视死如归，一方面是他作为华尔街精神领袖的使命使然；另一方面也是他对美国资本市场基石抱有坚定不移的信念使然。并不在于他像神仙一样能够预知未来，而在于他能够像凡人一样能够把握过去。

“春江水暖鸭先知”！

站立在保险资金之上的投资大师，当然对华尔街的冷暖两知、先知！

巴菲特先生抓住了美国资本市场发展的“牛鼻子”，抓住了资本市场发展的“主要矛盾”，看清了养老基金是美国资本市场的基石，看清了美国资本市场上的“养老金防线”，看到了美国养老基金资产管理人的众志成城和翘首以盼，看到了养老基金成为了美国资本市场的中流砥柱。于是，在 7100 点的上方，就大胆地出手救市了！

美国股市奠基石的“地址图谱”

大家可能知道，按照地层的年龄可以将岩石年龄划分成一些单位，这样便于我们进行地球和生命演化的表述。人们习惯于以生物的情况来划分，岩石地层单位主要有宇、界、系、统、阶等，对应的年代地层单位有宙、代、纪、世、期等。年代地层单位代表的是地质年代（时代），岩石地层单位代表的是某个地质年代所形成的岩石（或地层）。一个是地层，一个是年代（时代），二者相互对应。

我们这里做一个设想①，按照投资存续时间的长短，可以把美国资本市场的大资金区分为7个大的地层，那么美国资本市场的地质图谱就可以这样来描绘：

第一层是投资存续时间最长的养老基金；

第二层是投资存续时间稍短于养老金的保险资金；

第三层是投资存续时间较短的共同基金，但是由于大部分养老金借道共同基金投资于资本市场，使得本来作为短期资金汇聚的共同基金，其投资存续的平均时间被拉长了，成为美国资本市场上的长期资金了；

第四层是投资存续时间略短于保险资金的信托基金；

第五层是投资存续时间略短于信托基金的产业资本；

第六层是投资存续时间更短的商业银行理财产品；

第七层是随波逐浪、来去自由、快进快出的超短期资金。

每一次金融危机或经济危机来临的时候，金融市场上首先“逃跑”的就是这一批短期和超短期资金，但是一旦金融浪潮退却到整个资本市场的基石——养老基金水位时，很快就会止跌回升。因此，养老基金真正成为了美国资本市场的水位标杆、定海神石②。

---

① 2005年的“五一”节期间，笔者与家人一起到河北省的易县去旅游，易县是因为“风萧萧兮易水寒”的易水而得名。在易县的大峡谷中，笔者抬头看到峡谷十分明显的地质断层面构造，迅速联想到日日思考的“养老金与资本市场”相濡以沫、依依不舍的关系，立刻萌生了这样一个想法：美国资本市场是否也存在同样的地质图谱？回到北京后，立即进行深入研究。于是，笔者就有了美国养老金之石、美国资本市场地质图谱等概念。

② 如果大家有兴趣比较一下中美两国资本市场的地址图谱，就会发现：美国资本市场的地质图谱是金字塔形的，庞大的长期资本沉睡地层（见图7－1）；中国资本市场的地址图谱是漏斗性，产业资本反而成为资本市场的保驾护航者，成为价值发现者和购买底部筹码的先知先觉者（见图7－2）。

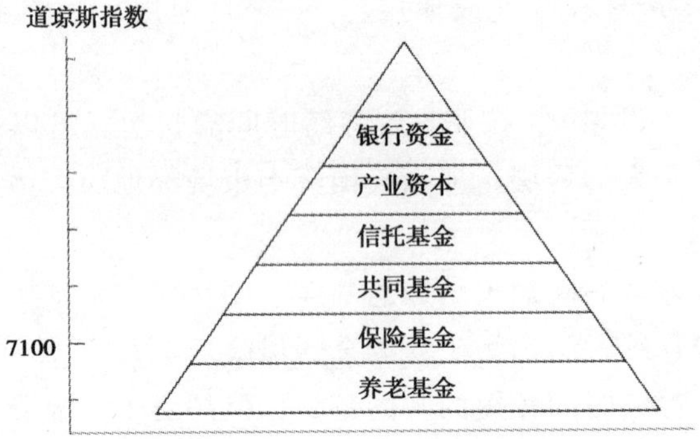

图 7－1　美国资本市场的“地质图谱”与股票指数

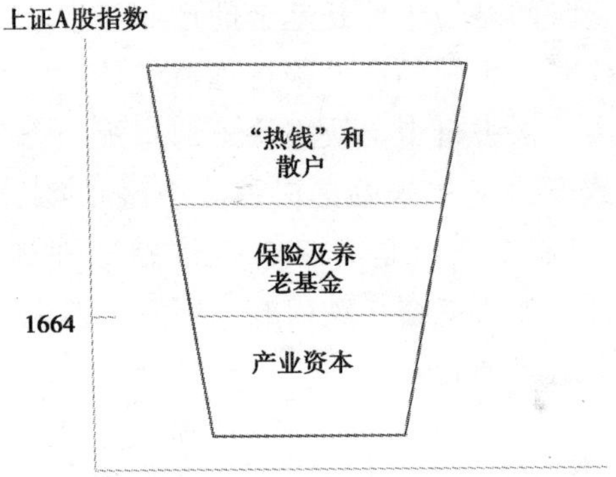

图 7－2　中国资本市场的“地质图谱”与股票指数

道琼斯指数 25 年上涨 14 倍

在美国资本市场发展史上，20 世纪 80 年代可以说是美国股市发展顺风顺水、风生水起的黄金10年，而且从1980年开始，美国道琼斯指数就开始了真正的狂飙之旅，持续时间超过20年。但是此前的10年，也就是20世纪70年代，美国股市的发展却并非如此，反而是上窜下跳、一波三折。

然而就在人们悲观绝望的时候，伟大的转机出现了！

它出现在1982年11月2日的盘中，道琼斯指数在历史上第3次突破了1000点，此后的28年里它再也没有跌破过这个点位，道琼斯指数在2007年10月11日达到最高的14198点（见图7-3）。

（附1929~2009年美国道琼斯指数走势图。见图7-4）

从1982年到2007年，只有25年的时间。但是这个25年，是美国股市高歌猛进的25年，是美国股市牛气冲天的25年。从1982年道琼斯指数的1000点到2007年的14198点，25年后，道琼斯股指已经是1982年的14倍。

在这25年的时间里，美国经济同样获得了巨大的发展。前有1981年里根总统上台后提出的《经济复兴计划》，引导美国经济走出衰退，出现了将近8年的繁荣。后有1992年上台的克林顿总统提出的“新经济”战略，实现了长达8年的大繁荣。从1982年到2007年的25年间，美国GDP由3.25万亿美元上升到13.98万亿美元，2007年的GDP规模已经是1982年的4倍。

关于经济增长（即GDP增长）与股指上涨的关系，经济学家和金融学家们进行过长期研究，得到了一些非常有启发的结论。一个国家资本市场的长期牛市必须有一个持续稳定的经济增长与之相对应，同时必须有一个良好的国际经济环境与之相匹配。很显然，25年间美国GDP的持续增长正是美国股市大发展的基础，同时全球经济在这25年间整体上也呈现出欣欣向荣的景象，这些因素都构成美国股市发展的良好“基本面”。

同时，股指上涨是需要通过交易价格和交易量来推动，资金规模成为股指走高的动力，因此流动性、资金量就成为研究股指变动的分析性因素，25年间美国股市的流动性充裕，低利率导致资金成本较低，成为解释美国股指上涨的重要变量。

但是，不管是经济增长理论、货币经济理论、泡沫经济理论都难以对25

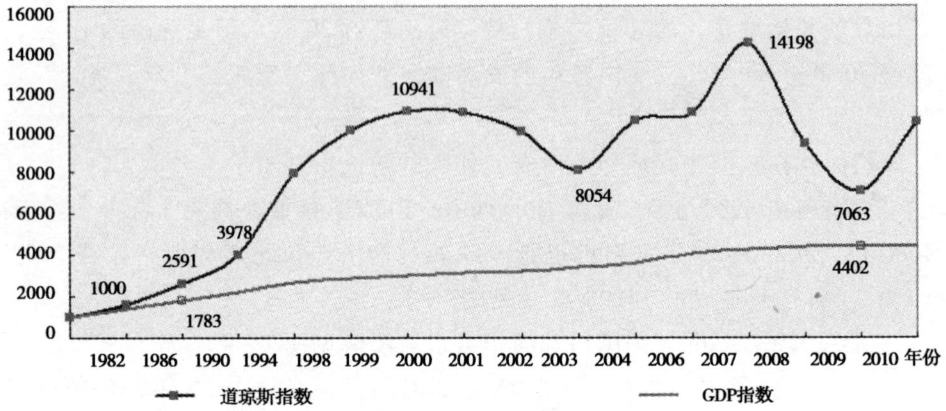

图 7－3

注：根据美国统计局以及证监会网站整理而得到相关数据，我们把 1982 年 GDP 看作 1000，各年度 GDP 做了指数化处理，2010 年 GDP 空缺，2010 年股指以 2010 年 9 月为截止日，股指站在 10000 点的上方。2011 年的大多数时间里，道琼斯指数在 12000 点附近震荡。

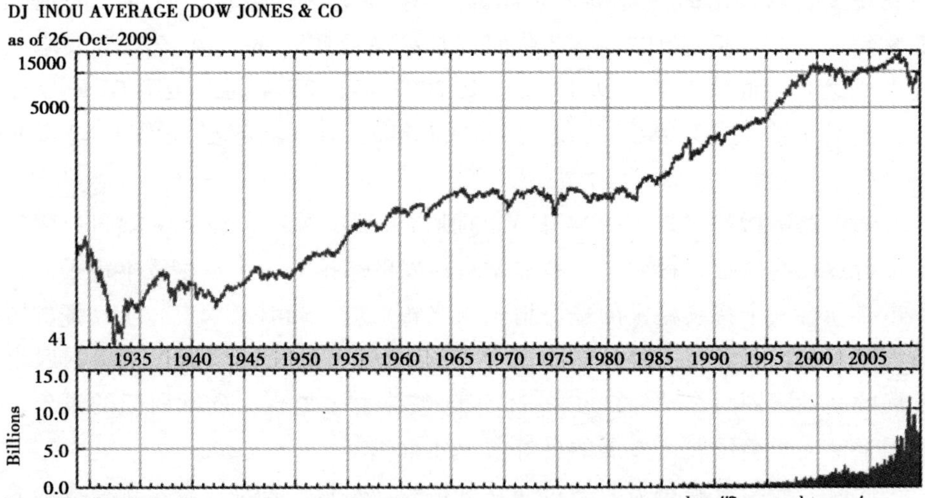

图 7－4　1929～2009 年美国道琼斯指数走势

注：图 7－4 上部为 1929～2009 年美国道琼斯指数走势图，下部为纽约交易所的成交量。直观而言，1980 年特别是 1985 年之后，纽约交易所的成交量明显增大。

年美国股指大幅度上涨进行充分的解释。

从 1964～1981 年的 17 年间，美国 GDP 增长了 4.7 倍，即从 1964 年的 6636 亿美元，增长到 1981 年 3.13 万亿美元。但是，道琼斯指数在长达 17 年间，仅仅上涨了 1 个点，即从 1964 年 12 月 31 日的 874 点上涨到 1981 年 12 月 31 日的 875 点。

在笔者看来，面对美国 25 年来的股指大幅上涨，需要在 GDP 增长、资金规模等数量化的因素外，引入制度性的因素才能进行相对全面的合理的解释。在这 25 年间，美国道琼斯指数之所以大井喷，美国股市交易数量和交易金额之所以呈现几何式增长，之所以出现量价齐升的波澜壮阔景象，需要从制度性的金融结构变迁当中来寻找新的解释。

25 年间美国资本市场诞生和涌现了一股前所未有的神秘力量和神秘机构，她就是养老金制度和养老金资产！

25 年间美国资本市场出现了养老金截流蓄水、开闸放水的“造坝运动”。

美国股市有座“养老金大坝”

美国的金融史总是如此的巧妙和诡秘！

1973 年 12 月，第一次石油危机爆发，美国股市应声下跌，1973～1974 年道琼斯指数和标准普尔指数双双下跌了 40% 多。但是美国历史上著名的《雇员退休收入保障法案》（即 ERISA 法案）刚好在 1974 年通过，伟大的个人退休金账户（即 IRAs 计划）得以诞生。同时，在 1974 年通过的《国内税收收入法案》，对养老金投资收益给予免税的优惠政策。

1978～1979 年，第二次石油危机爆发，为美国经济和全球经济增长蒙上了更大的阴影，起到了雪上加霜、伤口上撒盐的负面作用，人们对经济前景一片悲观。恰恰就在 1978 年，美国新的《国内税收收入法案》得到通过，伟大的 401（k）计划得以破土而出。1978 年通过的《国内税收收入法案》与 1974 年相比，税收优惠政策的力度更大，更显美国政府的慷慨和果敢，对缴费和投资收益都给予免税的优惠政策。

今天来看，1974 年的《雇员退休收入保障法案》、《国内税收收入法案》和 1978 年《国内税收收入法案》就是美国资本市场上气势恢宏的拦坝蓄水工程。因为 1974 年《雇员退休收入保障法案》而诞生的个人退休金账户计划（即 IRAs 计划），以及因为 1978 年《国内税收收入法案》而诞生的 401（k）计划，作为美国私人退休金大家庭中的“双胞胎”，构筑了资本市场上的“养老金大坝”，发挥了为资本市场截流蓄水的作用。养老金大坝的“开闸放水”、“灌溉泄洪”，则是以 IRAs 和 401（k）为代表的美国私人养老基金的大规模入市为标志（见图 7－5）。

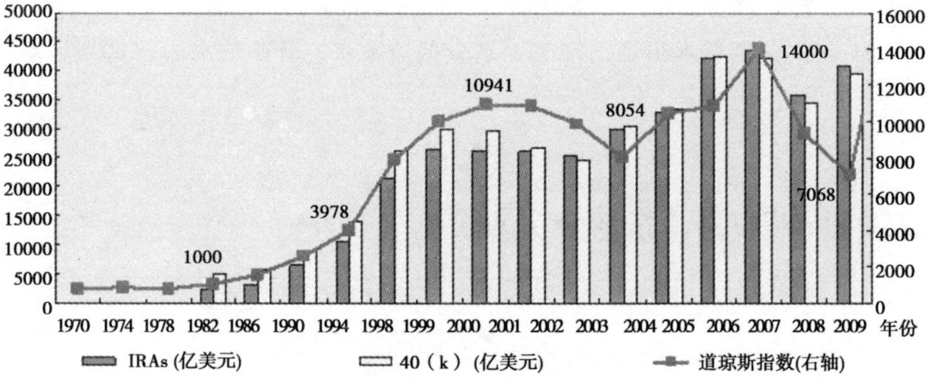

图 7－5　养老基金发展与道琼斯指数上涨

注：根据美国统计局以及证监会网站整理数据。

从图上可以直观地发现，美国道琼斯指数在 1970～2007 年间，几乎是与美国私人养老金资产规模“贴近式”上涨，二者如影随形、相依相伴、亲密无间。无养老金发展，则无美国资本市场牛市。

从 1974～1982 年，刚好有 8 年的时间差。如果说在这 8 年时间里，“养老金大坝”是在夯实基础、积蓄能量的话，那么 1982 年之后私人养老金大坝就正式“开闸泄洪”了。

美国私人退休金资产的大规模入市，最直接的效果就是整个资本市场资金供应量的充足，从而带动股指开始“狂飙之旅”，并为美国长达25年的大牛市奠定了资金基础和机构投资者基础。

从1981～2000年的20年间，美国养老基金的资产始终保持着较高的增长速度，并且大量投资于资本市场，使得养老基金成为资本市场的重要机构投资者。到2000年道琼斯指数攻破10000点的时候，美国养老基金在股票市场上持有的股票份额占到整个市场的22%（见图7-6）。

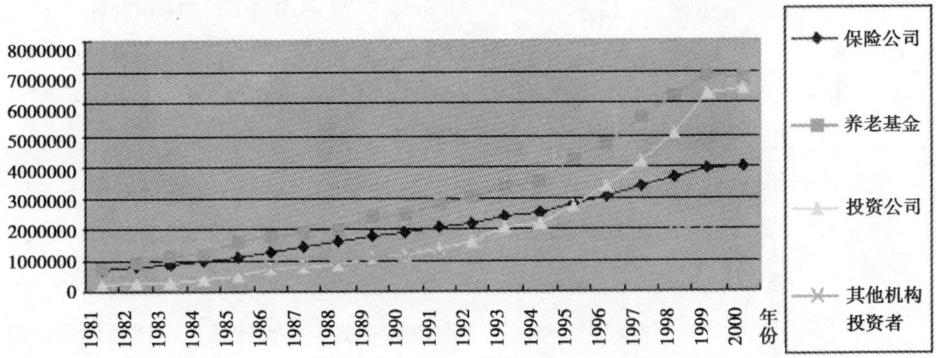

图7-6 美国机构投资者的金融资产增长图

资料来源：《OECD Yearbook of Institutional Investors》；转引自张松：《养老基金与资本市场互动的理论与实证研究——兼论中国养老基金与资本市场良性互动的政策思路》，博士学位论文，2005年。

其中最具代表性的是“双胞胎兄弟”，即IRAs和401（k）计划。他们的资产总量不断上升，到2009年年底，两者资产总和已经接近6万亿美元，而他们大部分资产都投资于股票市场。以401（k）计划为例，2009年年底，401（k）计划资产达到2.75万亿美元。其中的45%左右投资于股票基金，16%投资公司股票，9%投资平衡基金，三项合计占到其资产的70%（见图7-7）。

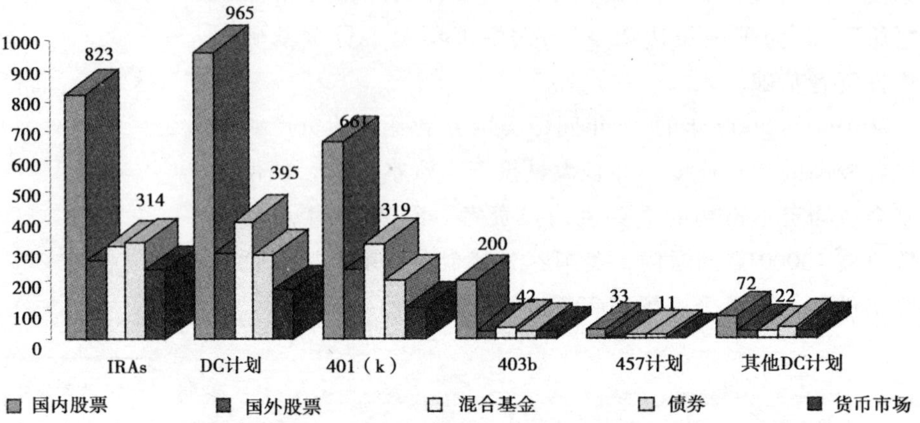

图 7-7 2009 年 IRAs 和 401（k）的投资组合图

IRAs 计划

个人退休金账户，即 IRAs 计划，是美国私人退休金体系中的重要制度安排，与 401（k）计划一起，在全球养老金制度设计中享有盛名。

1974 年 5 月 1 日国际劳动节，美国总统福特签署《雇员退休收入保障法案》，该立法确立了个人退休金账户（IRAs）作为重要储蓄工具之一的地位，确立第一个 IRAs 即传统 IRAs。

该法案规定年龄低于 70.5 岁的雇员都有资格参加缴费，每年可向IRAs缴纳 1500 美元或收入的 15% 两者中的较低额。

IRAs 适用于 EET 税制，即缴费、投资收益免税，退休领取时缴纳个人所得税。最初规定的缴费限额，后来随着《国内税收收入法案》的不断调整而变化，缴费上限被逐步提升。

1976 年《税收改革法案》提出了配偶 IRAs。

1978 年《税收收入法案》提出了简易 IRAs。

1982 年开始实施新的缴费限额，最大缴费为 2000 美元。

1997 年建立了罗斯 IRAs。允许用税后收入缴费，享受投资收益免税。

2001 年，传统 IRAs 和罗斯 IRAs 的最大缴费都是 2000 美元。

2001 年布什总统签署《经济增长与税收减免调整法》（EGTRRA），增加传统 IRAs 缴费，2002 年起开始实施。

EGTRRA 规定：2002 年到 2004 年，传统 IRA 缴费限额为 3000 美元；2005 年到 2007 年为 4000 美元，2008 年为 5000 美元。此后每年与通货膨胀相挂钩，增加 500 美元。EGTRRA 的条款期限截至 2010 年。

为了鼓励老年雇员储蓄更多养老金，EGTRRA 允许年龄超过 50 岁的个人可以追加缴费（catch – up contribution）。2002 年可追加 500 美元，2006 年 1000 美元。

截至 2009 年年底，IRAs 的资产规模已经达到 4.2 万亿美元（在 2007 年资本市场顶峰时期曾达到过 4.78 万亿美元），占据美国全部养老金资产总额的 25% 以上，覆盖美国 4600 多万人以及 39% 的家庭。

而在 2009 年 IRAs 资产投资结构中，IRAs 资产的 82% 即 2.4 万亿美元投入到了共同基金投资股权证券和经纪商账户证券。其中，共同基金份额为 46%，经纪商账户的证券为 36%。

美国股票持有者结构分布中，养老基金的份额上升是最为明显。

1950 ~ 1998 年，道琼斯指数从 235.42 点上涨到 9181 点。1974 年，美国私人养老金入市以来，养老基金持有的股票总量在机构投资者中的比重不断上升，由 1970 年的 9.1% 上升到 1998 年的 22.5%，成为股票市场上最大的机构投资者。而家庭持有的股票份额下降的幅度非常之大，表示以个人、散户为主的投资者结构得到了根本性的改变。

401（k）计划

401（k）计划也称为401（k）条款，是指根据美国1978年《国内税收收入法案》第401条第（k）项的规定。该条款适用于私人公司，为雇主和雇员的养老金缴费提供税收优惠政策的养老金计划。与IRAs计划一样，401（k）计划的参与者同样可以享受两项税收优惠，即缴费免税，投资收益免税，只在退休领取时缴纳个人所得税。

《国内税收收入法案》规定：参加401（k）计划的个人除一些特殊情况外，不得在59.5岁之前提款，不然将被征以重税和惩罚性罚款；401（k）计划允许借款和困难取款，要求用税后收入归还借款和困难取款；401（k）计划为了刺激退休者的当期消费，避免大量的养老金资产成为遗产，规定参加人员在70.5岁以后，必须开始从个人账户中取款，否则政府将对应取款额征税50%。

雇主为雇员建立401（k）计划，不是法定的责任，而是自愿选择。所以，401（k）计划已经成为美国薪酬福利制度、员工福利计划的重要内容。

由于401（k）计划的资产主要投资于股票和共同基金，一方面推动了美国资本市场的发展，同时也较好地实现了资产保值增值。同时，资本市场的风险直接传导于401（k）计划，并导致资产价值的大幅波动。

到2009年，401（k）计划已经覆盖了30万家企业，4000多万雇员，积累的资产达到2.75万亿美元。

总而言之，401（k）计划的诞生凝聚着美国人的智慧，如今它已经成为影响全球养老方式选择的重要参照和坐标。

如果我们给美国资本市场上的资金计算投资年龄的话，目前美国股票市场的“最老龄”的投资资金非 1974 年开始的 IRAs 以及 1978 年开始的 401（k）计划莫属。由于养老基金资产规模的不断攀升，养老基金在资本市场中的作用越来越大，同时由于养老基金具有长期性、累积性、稳定性等特征，使得养老基金发展对于机构投资者的培育和资本市场稳定都具有重要作用。

今天来看，在经历百年一遇的 2008 年全球金融危机和 2011 年欧债危机之后，美国道琼斯指数仍然处在 12000 点上下，距离 2007 年的最高点 14198 点也只下跌了 15%。实际上，以养老金为代表的长期资本正是美国资本市场上的“定海神针”。

2011 年 12 月 13 日，中国 A 股市场上证指数跌破 2245 点，回到 10 年前的指数水平。有人说是股民不成熟，有人说是 A 股市场扩容太快，也有人说是上市公司治理不规范。在笔者看来，一个十分重要的原因是没有养老金这样的长期资本入市。

“机构投资者觉醒”时代

随着以养老基金为代表的机构投资者实力的不断增强，养老基金开始谋求更大、更多的话语权。从 20 世纪 80 年代开始，尤其是进入 90 年代以后，美国股市进入“机构投资者觉醒”的时代。大部分机构投资者慢慢放弃了传统的“华尔街准则”：用脚投票，不积极参与公司治理。因为机构投资者日益认识到仅仅用脚投票是不够的，采用这种方法往往是自己遭受利益损失，对管理层的行为起不到有效作用。

而且，他们也发现因为对某上市公司管理行为不满而抛售股票，既不明智也不可行。因为，机构投资者的比重日益提高，往往一只股票有多家机构大量持股，如果这家公司出现问题，机构投资者相互之间会面临博弈，情况可能类似于“囚徒困境”：如果大家从自身利益出发选择抛售股票，由于操作的同向性，很容易使这支股票遭遇到流动性风险，造成股票价格直线滑落，机构投资者都无法以某一个合理或者预期的价格抛掉股票。也就是说，都采取抛售策略，造成的结果却是股票并没有如愿抛出，持有的股票市值却损失巨大，这样的结果显然是任何一个机构投资者所不愿意看到的。

很显然，这个时候机构投资者的最优策略就是联合起来，积极介入上市公司的经营管理，把“用脚投票”改为“用手投票”，直接向上市公司的管理层施压，要求他们改善公司经营，从而改善上市公司的基本面，增加公司的价值，使自己手中的股票市值上升。于是，上市公司的首席执行官们发现挑战者越来越来多地来自于机构投资者，以及一些活跃的中小股东，他们要求所持股票的公司具有长期创造价值的能力，这一转变被称为“机构投资者的觉醒”。这个时期，美国许多国际著名的大公司包括美国运通公司、通用汽车公司、IBM公司在内，都迫于机构投资者的压力而不得不更换其主要管理人员。而且在更换管理人员后，这些公司的市场绩效都有较大幅度的提升①。

以美国加州公务员退休健保基金体系（简称 CalPERS）为例。CalPERS②是根据美国加州法律于1932年建立，目的是为州政府雇员积累和提供退休养老金，它是一个以职业（州、市、县政府雇员以及学校的非教师雇员）为加入特征，区别于社会保障的第二支柱养老金计划，属于待遇确定型（即DB模式）。20世纪60年代以后，CalPERS也为成员提供健康医疗保险金。由雇主和员工分别缴纳保险费，基金采用信托模式运作，由基金的管理委员会作为唯一的受托人进行管理。基金的受益支付是根据事先规定的公式计算具体退休金数目，计算公式中的主要参数是受益人的年龄、服务年限和退休前的工薪等。

就其资产规模来讲，CalPERS是全美最大的退休基金（全球第二大退休基金）和全美第二大的保健计划，2007年10月，资产峰值时CalPERS的总资产为2600亿美元，相当于波兰、丹麦和印度尼西亚的国内生产总值（GDP）之和，参与享受其福利的人数已经超过150万。

---

① 闻洁：“从经理革命到机构投资者觉醒——评《公司治理结构：中国的实践与美国的经验》”，《经济研究》，2000年第11期。

② 李曜、袁争光：“美国加州公共雇员养老基金的运作机制及其对我国企业年金（基金）的启示”，《证券市场导报》。请参见：http：//www. trustlaws. net/hotspot/List. asp?SelectID = 4147&ClassID = 11。

CalPERS 基金①是美国公司治理运动的最主要推动者之一，是股东积极行动的创始人。近 20 多年来，CalPERS 在公司治理领域采取了广泛行动：1984 年，正式发起美国的公司治理改革运动。1996 年，发起了国际公司治理改革运动。1999 年，建立了公司治理网站。2002 年，发出金融市场改革倡议，提出了防范安然事件之类财务丑闻的原则和具体行动计划。2003 年，和其他机构投资者共同发起“回归运动”，呼吁美国的跨国企业重新回归美国本土，以获取投资者信心；抨击公司高管人员的不合理薪酬计划；起诉美国纽约证券交易所，认为交易所交易专家的丑闻行为损害了投资者利益。2004 年，发起了环境技术投资运动，倡议机构投资者投资于推动环保技术发展的企业，等等。

概括起来，目前 CalPERS 在公司治理积极行动上，主要集中在以下方面：

第一，公司管理层薪酬。2002 年 11 月以来，CalPERS 建议在全国范围内发起上市公司管理层薪酬改革，要求上市公司董事和薪酬委员会对其行为增加责任。

第二，董事提名规则。2004 年以来，CalPERS 强烈要求改革上市公司董事的提名规则，要求将董事提名过程予以自由化、透明化，赋予外部投资者和公司“内部人”（insider）一样拥有董事的提名权。

第三，企业治理绩效和财务绩效。CalPERS 从 1992 年开始每年一季度在《华尔街日报》上公布该年度的一份“关注名单”（focus list），这种做法一直延续至今。“关注名单”被称作是“对熟睡者的严重警告”，目标公司一旦被列入名单，便会受到极大压力，被迫进行公司治理改革，更加重视股东利益，努力提高企业业绩。

---

① 李曜、袁争光：“美国加州公共雇员养老基金的运作机制及其对我国企业年金（基金）的启示”，《证券市场导报》。请参见：http：//www. trustlaws. net/hotspot/List. asp?SelectID = 4147&ClassID = 11。

第八章

养老金母鸡又下了一只金蛋

技术创新、文化创新、金融创新是美国新经济的三大支柱！实际上，正是养老金母鸡为美国新经济下了一只金蛋！

美国经济自1991年3月走出衰退以来，保持了至少120个月（即10年）的持续增长势态，超过了20世纪60年代创造的8年零10个月的历史记录，成为美国历史上持续时间最长的一次经济扩张。并且创造了高增长、高出口、高盈利、低通货膨胀、低失业和低预算赤字的所谓“三高三低”的经济奇迹。

1996年，美国著名刊物《商业周刊》发表的一篇文章，该文分析了20世纪90年代以来美国经济发展的轨迹，发现了与70~80年代经济不同的特点，提出美国出现了“新经济”的观点。此论一出，引起了美国学术界的轩然大波。

由于比尔·克林顿担任第42任美国总统（1993~2001），正好处于美国经济扩张时期，因此也有“克林顿新经济政策”之说。

克林顿的新经济政策

克林顿的新经济政策是一个混合物，是凯恩斯主义、货币主义、供给学派和理性预期学派的混合物。克林顿新经济政策既反对完全自由放任的政府，又反对过度干预的政府，强调以“国家应该在经济生活中发挥出其应该承担的作用”来达到“稳定的经济增长”。用克林顿的话讲就是：“我们将走第三条道路”。

克林顿的新经济政策包括：有增有减的结构性财政政策、温和的货币政策、克服了传统的保守主义的贸易政策。其政策目标在于：推动出口增长、消费增长、投资增长、生产增长（即供给政策效果明显）。

实际上，美国经济自1991年3月走出衰退以来，保持了至少120个月（即10年）的持续增长势态，成为美国历史上持续时间最长的一次经济扩张。并且创造了高增长、高出口、高盈利、低通货膨胀、低失业和低预算赤字的所谓“三高三低”的经济奇迹。

经济学家们认为，美国新经济得益于美国经济结构的调整，得益于以信息业为核心的高科技产业得到了长足发展，传统产业也得到了有效改造，国际竞争力显著增强，再加上政策的有效实施，赢得了美国经济的繁荣。高新技术的广泛运用使劳动生产率大幅度提高并成为推动美国经济增长的一个重要因素。同时，高新技术企业的丰厚利润和高回报率造成了股市的繁荣，从而通过巨大的财富效应，刺激了美国的个人消费，并对其经济增长起到了重要的刺激作用。

经济学家们一直认为，创新是美国新经济发展最大的亮点！

创新不难，难就难在要为创新建立一整套的制度和机制，我国著名经济学家吴敬琏先生有句名言，“制度高于技术”！

实际上，技术创新、文化创新、金融创新是美国新经济的三大支柱！

实际上，是养老金母鸡为美国新经济下了一只金蛋！

凯恩斯与熊彼特谁更伟大

在大多数人看来，20 世纪最伟大的经济学家当属英国经济学家约翰·梅纳德·凯恩斯。许多人认为，经济学的三部经典著作应该是：亚当·斯密的《国富论》、马克思的《资本论》、凯恩斯的《通论》（《就业、利息和货币通论》的简称）。在经济学界，凯恩斯享有“宏观经济学之父”的美誉。

凯恩斯出生于 1883 年 6 月 5 日，是家中的长子，有一个妹妹和一个弟弟。他的家庭是英国剑桥典型的高级知识分子家庭，凯恩斯的父亲曾在牛津大学任教，在剑桥大学担任过经济学教授，他在 1891 年撰写的《政治经济学的范围与方法》一书，被著名的经济学家阿尔弗雷德·马歇尔——新古典经济学的代表人物，用做经济学方法论方面的标准教科书来指导由他所创立的“新剑桥学派”。凯恩斯的母亲是剑桥大学首批女毕业生之一，1932 年担任剑桥市市长，是一位成功的作家和社会改革先驱。凯恩斯的妹妹因从事慈善事业而获得荣誉，他的妹夫是英国知名教授，并且获得过诺贝尔生理学奖。他的弟弟是医生，是剑桥大学柏姆布洛克学院荣誉院士，因为功勋卓著而被册封为爵士。①

因为《通论》而得名的凯恩斯经济学，产生于20世纪30年代，是全球经济大萧条时代的直接产物。在凯恩斯之前，统领经济学界的主要经济思想是亚当·斯密的自由放任主义，亚当·斯密在其名著《国富论》中将市场比喻为“一只看不见的手”，并且认为市场还是一只“灵巧的手”，可以维持经济的有效运行。在坚信“市场有效性”的基础上，亚当·斯密主张“守夜人政府”模式，主张“廉价政府”，反对高价政府。

与亚当·斯密不一样，凯恩斯经济学的要点在于：市场存在失灵的时候，政府要发挥其“一只看得见的手”的作用，主张国家干预主义。凯恩斯认为，为了应对经济危机和经济周期，政府必须相机决策，主动出手进行需求管理，充分运用财政手段来刺激经济发展。

凯恩斯主义与治理美国经济危机的“罗斯福新政”遥相呼应，相映成趣。随着“罗斯福新政”取得不世之功，凯恩斯主义也如日中天，占据着经济学家和政治家的思维空间。

美国著名经济学家、1970年诺贝尔经济学奖获得者萨缪尔森先生为青年经济学子们打气时曾经说过这样的话：不要仰慕那些呼风唤雨、趾高气扬的政治家们，其实那只是表面现象，他们的脑袋里都装满了凯恩斯主义。

在20世纪80年代弗里德曼货币主义经济学兴起之前，萨缪尔森先生所言的情况是真实的，从国家元首，到财经高官，他们言必称国家干预，言必称凯恩斯主义。但是，真正说到要与凯恩斯在学术上、影响力上分庭抗礼的重要经济学家，首先要提到的还不是米尔顿·弗里德曼，而是同样伟大的经济学家约瑟夫·阿洛伊斯·熊彼特。

中国有句古语，“既生亮，何生瑜？”1883年是经济学史上令人难忘的一年，与凯恩斯一样，熊彼特也诞生在1883年，似乎注定着两人要成为一生的学术对手。卡尔·马克思也在这年离开了人世，门格尔与施穆勒之间的“方法论之争”也肇始于这一年。

熊彼特②是家族的独子，出生地在当时属于奥匈帝国，其家族是信奉天主

---

① 蔡庆悦、马光秋编著：《约翰·梅纳德·凯恩斯》，人民邮电出版社2009年版。

② 袁辉：《熊彼特——创新经济学之父》，人民邮电出版社2009年版。

教的名门望族，可惜早年丧父。1908 年，当他 25 岁的时候，出版了他的第一部专著《理论经济学的本质与内容》，对经济学研究的方法论提供了远见卓识。1911 年，当他 28 岁的时候，《经济发展理论》一书问世，提出了“经济发展源于创新”的著名观点。1942 年，他出版的《资本主义、社会主义与民主》一书是其平生最后一部著作，得出了资本主义的成功最终将导致它的灭亡，并被社会主义所取代，他最后成为马克思主义者。因为《经济发展理论》一书，熊彼特享有“创新经济学之父”的美誉。

熊彼特曾经说过，他有三个野心——成为维也纳最出众的情人、奥地利最潇洒的骑士和世界上最伟大的经济学家。前两个“野心”也许落空了，但是第三个“野心”却轻而易举地完成了！他担任过新奥地利的财政部长，后来还有过不太成功的商业经历——担任银行行长。再后来，他在美国度过余生。

如果说凯恩斯的经济思想是为政治家而诞生的，那么熊彼特的经济思想就是为企业家而诞生的。如果要统计两位经济学家的基本观点对所有人群的影响，也许熊彼特不会输给凯恩斯，倒是有可能更胜一筹。但是，可以肯定的是凯恩斯一生要比熊彼特生活得更加风光，人生更加精彩！

但是，也有许多学者为此抱不平！

1983 年，就在熊彼特和凯恩斯诞辰 100 周年之时，著名的管理学大师彼得德鲁克在《福布斯》（又翻译为《财富》）杂志上，用这样的文字描述了这两位似乎一生为对手但同样伟大的经济学家，发表了有利于熊彼特的评论，他这样说道：

> “在某种方式上，凯恩斯重演了西方传统的最著名的哲学家之间的对抗——最有光彩、最聪明、最难以击败的诡辩者巴门尼德和反应迟缓、丑陋却富有智慧的苏格拉底之间的柏拉图式的辩论。在两次世界大战期间，没有人比凯恩斯更光彩、更聪明。而熊彼特则相反，似乎平平常常——但他有智慧。”
>
> “聪明赢得一时，而智慧天长地久”①。

实际上，随着岁月和时光的流逝，熊彼特关于创新、企业家的思想、反而越来越熠熠闪光，越来越深入人心。如果真如大多数人所认为的那样，美国经济发展的最大特点是创新，那么熊彼特就是对美国最有影响力的经济学家。

---

① 袁辉：《熊彼特——创新经济学之父》，人民邮电出版社 2009 年版，第 37 页。

美国硅谷的传奇

硅谷（Silicon Valley）之所以有“硅”和“谷”两字，前者是因为当地的企业多数是与由高纯度的硅制造的半导体及电脑相关，后者是因为圣塔克拉拉谷的名称。当时的硅谷是指旧金山湾南端沿着101公路，从门罗公园、帕拉托经山景城、桑尼维尔到硅谷的中心圣克拉拉，再经坎贝尔直达圣何赛的这条狭长地带。①

硅谷

硅谷（Silicon Valley）之所以有“硅”和“谷”两字，前者是因为当地的企业多数是与由高纯度的硅制造的半导体及电脑相关，后者是因为圣塔克拉拉谷的名称。当时的硅谷是指旧金山湾南端沿着101公路，从门罗公园、帕拉托经山景城、桑尼维尔到硅谷的中心圣克拉拉，再经坎贝尔直达圣何赛的这条狭长地带。

硅谷是随着20世纪60年代中期以来，微电子技术高速发展而逐步形成的；其特点是以附近一些具有雄厚科研力量的斯坦福、加州大学伯克利分校等世界知名大学为依托，以高技术的中小公司群为基础，并拥有思科、英特尔、惠普、苹果等大公司，融科学、技术、生产为一体。

今天，硅谷已经成为美国“硬实力”的一个代表，也是美国技术领先的一种骄傲，同时硅谷已经成为世界经济快速发展的火车头。现在“硅谷”已成为世界各国高科技聚集区的代名词。

① 硅谷，百度百科。

硅谷是随着20世纪60年代中期以来，微电子技术高速发展而逐步形成的。其特点是以附近一些具有雄厚科研力量的斯坦福、加州大学伯克利分校等世界知名大学为依托，以高技术的中小公司群为基础，并拥有思科、英特尔、惠普、苹果等大公司，融科学、技术、生产为一体。

硅谷拥有大大小小电子工业公司达10000家以上，他们所生产的半导体集成电路和电子计算机约占全美1/3和1/6。20世纪80年代后，随着生物、空间、海洋、通讯、能源材料等新兴技术的研究机构在该地区纷纷出现，硅谷客观上成为美国高新技术的摇篮。现在"硅谷"已成为世界各国高科技聚集区的代名词。

硅谷是美国高科技人才的集中地，更是美国信息产业人才的集中地，目前，在硅谷集结着美国各地和世界各国的科技人员达100万以上，美国科学院院士在硅谷任职的就有近千人，获诺贝尔奖的科学家就达30多人。

2006年，硅谷总共有225300个高技术职位。以高技术从业人员的密度而论，硅谷居美国之首，高技术职位的平均年薪亦居美国之首，达到144800美元。2008年，硅谷人均GDP达到83000美元，居全美第一。硅谷的GDP占美国GDP总量的5%，而人口不到全国的1%。硅谷是美国青年心驰神往的圣地，也是世界各国留学生的竞技场和淘金场。

今天，硅谷已经成为美国"硬实力"的一个代表，也是美国技术领先的一种骄傲，同时硅谷已经成为世界经济快速发展的火车头。2001年诺贝尔经济学奖获得者斯蒂格利茨曾经说过：主导21世纪进程有两个重要因素：一是是美国的高科技；二是中国的城市化。

不少人认为，硅谷成功得益于20世纪50年代政府支持的国防工业、斯坦福大学、以半导体为主导的电子产业集群。从硅谷发展的历史来看：早期，得益于强烈的"军转民"技术发展特点①，无线电和军事技术为硅谷的发展打下了基础。当地一直是美国海军一个工作站点，并且海军的飞行研究基地也设于此，后来许多科技公司的商店都围绕着海军的研究基地而建立起来。而当海军把它大部分位于西海岸的工程项目转移到加州南部的圣迭戈时，国家航天委员会（美国航天局NASA的前身）将该基地的部分设施用于航天方面的研究，为航天服务的公司开始出现，包括后来著名的洛克希德公司（Lockheed）。中

---

① 请参见本书中的相关内容："管用50年的美国经济战略"之二。

期，得益于斯坦福工业园（Stanford Industrial Park）的加盟，产学研相结合，进一步奠定了技术发展实力。后来，得益于硅晶体管的产业化，凸显了技术发展和技术突破的方向，随之而来的软体产业的兴起，为技术发展推波助澜①。

不少人认为：20世纪50年代，如果没有IC（集成电路）就没有硅谷的起步；今天如果没有IC（Indian & Chinese，印度人和中国人），也就没有硅谷的繁荣。

不少经济学家和人类文化学家认为，硅谷的成功不能简单地归结为技术创新、技术发展的成功，应该包括美国独特的创新文化和公认的价值体系，也就是说，在美国硅谷存在或者产生了一种有利于技术创新的制度体系、创新文化。我国著名经济学家吴敬琏先生对美国硅谷发展、中国高新技术发展说了一句名言："制度高于技术"。

宏观上讲，硅谷创新文化是建立在以高度发达的技术社会为背景基础上的一种全新的价值体系，是指导创新的一种理念和文化，因为"硅谷人"深深懂得，任何一个技术创新活跃、经济发展繁荣的时代，都需要重大的人文创新来引导，需要文化的繁荣，任何哲学社会科学落后的国家，不可能有先进的自然科学，更不可能有重大的原始创新；微观上讲，硅谷创新文化表现出的是一种很具体的文化形态，是一种对待创新活动失败和成功的独特价值观。

这种创新文化的价值形态，表现在10个方面：能者在上的信仰；宽容失败的理念；容忍"自立山头"的态度；精诚合作的团队精神；喜欢冒险的行为；全新的投资理念；热衷改变自己的角色；对产品而不是对金钱痴迷；机会的慷慨分布；分享财富的强烈倾向②。

自20世纪80年代后，世界各国和地区为促进高科技发展，都试图仿效美国硅谷模式建立起自己的高新技术发展基地。

印度南部的班加罗尔被称为印度的硅谷，班加罗尔是由卡纳塔克邦政府所设立的电子城，人口超过600万，凭借工资低廉、程序设计员英语流利的优势，班加罗尔在全世界计算机软件业中已经争得一席之地，并且名满全球。高科技领域知名的国际大公司如美国的国际商用机器公司、戴尔公司和微软公司等都在班加罗尔设有分公司，吸引了印度一大批高素质且具有竞争优势的工程

① 上述文字改写自：硅谷，百度名片。

② 王志章："美国硅谷成长因素分析"，2007年。

师和其他专业人员。这里的程序设计员所开发的程序广销世界各地，程序设计员通过卫星通信，向境外客户提供服务。如今，印度 IT 产业收入占 GDP 的比重达到 5.4%，35% 的 IT 人才集中在班加罗尔。

中国台湾新竹科技园创立于 1979 年，在太平洋西岸，与美国加州硅谷隔海相望，一样璀璨夺目，享誉世界。今天，中国台湾新竹科技园在被称为“产业稻米”的集成电路研发生产领域，具有举足轻重的地位，目前全球规模最大的专业集成电路制造服务公司就是园区内的台积电公司和联电公司。

中国北京中关村也被誉为中国大陆的“硅谷”。从地理位置上看，中关村由中国科学院和毗邻的北京大学、清华大学环抱而成。1980 年，中关村办起了中国第一家 IT 公司。目前，我国还有上海浦东硅谷（位于上海浦东区的张江高科技园区）、深圳硅谷、“天堂硅谷”（位于浙江杭州市）。

日本茨城县筑波市是日本科学城，也被誉为日本的“硅谷”。韩国首都首尔的世博会纪念公园附近就有著名的“大德研究开发区”，研究机构集中于此，是其先进技术的研究中心，被称为“韩国的硅谷”。德国的慕尼黑和法莱美地区也被视为德国的“硅谷”。2004 年，法国政府也希望效仿“硅谷”走规模经营道路，实施“竞争力集群”政策，希望搭上“通往未来的列车”。俄罗斯起步较晚，目前正在打造一个以“硅谷”及其他类似中心为原型的科技研发中心，希望使俄罗斯尽快走上一条创新发展之路。

GE 要做“中国龙”

最近十年来，我国出版界的一件盛事，可以说是《杰克·韦尔奇自传》一书的出版发行，不同行业、不同年龄的人士都在传颂着杰克·韦尔奇的传奇，都在讨论杰克·韦尔奇所代表的美国通用电气公司（即 GE 公司）的辉煌。

笔者于 2008 年 11 月前后，有幸参加了由 GE 上海研发中心组织的一次为期 10 天的研讨班，有机会近距离地感受了 GE 的公司文化和企业精神。在研讨班结束的时候，笔者有幸作为代表做了一个简短的书面发言，题目就是

《GE 的杆、枝、花、根和土壤》，表达了笔者当时的所感所想。

GE 公司作为一家全球知名的跨国公司，是美国道琼斯指数自 1884 年创立以来唯一一家尚未退市的企业。如果把 GE 比作一棵苍天大树，其保持长久生命力的源泉就来自于它的杆、枝、花、根和土壤。

GE 的“杆”主要表现在技术创新和价值创新两个方面：

第一，技术创新。2007 年，美国权威科学技术杂志《研究与发展》（《Research & Development》）评选出全球十家“最佳 R&D 公司”，GE 名列前茅。同时，GE 还被入选“最成功应对人类科技挑战的公司”，即在解决能源短缺、全球变暖、环境污染以及疾病防治等影响人类未来生存的重大问题方面最有成效的公司。在过去 10 年，GE 投资了成百上千亿美元用于扩大在美国、欧洲及亚洲研发力量的建设和投入。今天，GE 在全球拥有四个研发中心，分别设在美国纽约、印度班加罗尔、中国上海和德国慕尼黑。不断的研究与发展投入、技术创新是 GE 的核心竞争力之一。GE 通过有效的研发组织，形成了一个完善的研发体系，从而有力地促进了公司的技术创新，使 GE 在行业内始终保持着技术的领先优势。

第二，价值创新。GE 的技术创新有力地推动了其价值创新。所谓“价值创新”，通俗地说，就是 GE 在同一个客户身上赚了三次钱。第一次赚钱，GE 通过卖出行业领先水平的产品与服务。由于技术创新，GE 的利润率往往高出行业平均水平 20 到 30 个百分点。第二次赚钱，GE 通过向没有足够资金的客户提供贷款或融资租赁业务迅速发展起了 GE 的金融业务，使得金融业务成为其产业链的重要一环。目前，GE 近一半的利润来自其金融业务。第三次赚钱，GE 通过为客户提供产品、服务和贷款业务，深入了解客户公司的组织管理、专业技术及财务状况。因此，GE 可以掌握到客户公司的成长周期，发现其真正价值所在。当 GE 认为某客户公司的真正价值被低估时往往会收购其股权，再向该企业输入 GE 成熟的管理能力和先进的专业技术，帮助其成长，然后再以一个更高的价格卖出其股权，以获取利润。

值得指出的是，GE 金融与投资银行有所区别，GE 的金融业务是实体经济和虚拟经济的有机结合，GE 的股权投资源于其对被投资企业的深入了解，这些企业往往是与 GE 有着上下游产业的关系，特别重要的是 GE 向目标收购企业注入的资产不单单是资本和资金，更加重要的是 GE 会注入其领先的技术、文化和管理力量，更多地扮演了一个管理者的角色，而不是简单的财务投资者角色。可以说，GE 不但拥有金融的力量、资本的力量，而且拥有 GE 管理的力量、文化的力量、创新的力量。

GE 的“枝”表现为 GE 对企业组织架构的及时调整。GE 作为一家大型的集团公司，一直在不断调整其内部的产业结构，以适应企业内外部环境的发展变化。我们都知道，大企业有大企业的好处，但是大企业也有大企业的难处。

1973 年，舒马赫出版了著名的《小即美》（《Small is beauty》）一书，批判了现代主义的产业观、技术观和商品消费观，即：规模越大越好，技术越高越好，物质的商品越多越好，消费也是越多越好。《小即美》一书提醒人们要关注小企业的活力、创新力。后来，管理学将大企业在经营管理上的难处归结为“大企业病”，它包括：决策周期长，管理效率低下；山头主义严重，局部利益难以打破；人浮于事，部门之间相互推诿扯皮；产品和服务的创新速度下降，对市场的敏感性和反应速度迟缓，等等。GE 总是对“大企业病”抱有天生的敌意和谨慎，总是不失时机地对企业内部组织架构进行修枝剪叶，实际上是为了避免“大企业病”，保持“小即美”的活力。

GE 的“花”就是 GE 的品牌。GE 十分重视企业的品牌建设，同时对 GE 的产品和服务实行严格的品质管理，确保 GE 产品和服务有口皆碑。不但如此，GE 还被称之为“企业家的摇篮”，世界 500 强的企业中有 100 多家企业的管理者来自 GE。全世界众多的企业在学习 GE、模仿 GE，GE 当然成为企业界的“无冕之王”。

GE 的“根”在于公司一直坚持的创新和变革的传统。创新精神已深入到 GE 的每个员工中，经过 GE 员工的代代相传、口口相传，创新早已成为 GE 的企业文化和企业精神，帮助 GE 不断克服大企业的通病，保持小企业旺盛的、长久的生命力。

GE 的“土壤”在美国。GE 作为一家美国公司，在美国自由市场经济的环境下，其知识产权、专利技术都得到了有力的保护，假冒伪劣无立足之地。同时，美国拥有一个全国性的统一大市场，地区性保护、区域分割比较少，产品和服务能够立刻遍地开花、覆盖全国，创新者能够获得规模经济收益。这样，在创新者“创收”的激励下，能够勇往直前。

特别值得一提的是，我们在中国所见 GE 的企业标识就是将“GE”两个大写的英文字母，虬曲盘绕成中文繁体字的“龙形”（见图8－1）。

我国唐代著名的文学家韩愈先生在《杂说》之“龙说”一文中写道：

> “龙嘘气成云，云固弗灵于龙也。然龙乘是气，茫洋穷乎玄间；薄日月，伏光景，感震电，神变化，水下土，汩陵谷，云亦灵怪矣哉！云，龙之所能使为灵也；若龙之灵，则非云之所能使为灵也。然龙弗得云，无以神其灵矣！失其所凭依，信不可欤！异哉！其所凭依，乃其所自为也。《易》曰：“云从龙。”既曰龙，云从之矣。”

中国有“神龙见首不见尾”之说，喻其多变、善变、因时因地而变。易者，变也。像龙一样变动，正是创新之意。GE要做“中国龙”，既喻其强大无敌，也喻其因变而领先。

GE梦想启动未来中国

图8－1

一鸣惊人的风险资本市场

硅谷既是技术创新、文化创新的实验场，也是金融创新的实验场。风险资本作为金融创新工具与技术创新、文化创新一起构成了美国硅谷的三大创新体系。

从1972年第一家风险资本在紧靠斯坦福大学的沙丘大街（Sand Hill）落户，风险资本就极大地促进了硅谷的成长。1980 年，苹果公司上市，美国风险资本立刻“一鸣惊人”，吸引更多的风险资本涌向硅谷，其中就有顶天立地的养老金。

风险资本投资

根据美国风险投资协会的定义，风险投资是由职业金融家投入到新兴的、迅速发展的、有巨大竞争潜力的企业中去的一种权益资本投资①。美国从 20 世纪 50 年代的半导体硅材料、70 年代的微型计算机、80 年代的生物工程，一直到 90 年代的信息技术产业的兴起，无不是借助于风险投资，风险投资已成为科技发展和经济增长的助推器。正如一位美国的投资家所说：“硅谷的故事很好听，但神话的诞生不仅归功于科学技术的进步，更在于它特殊的运作方式——风险投资。”美国风险投资培育了东方航空（Eastern Airlines）、施乐（Xerox）、国际商用机器公司（IBM）、DEC 公司，苹果电脑（Apple）、英特尔（Intel）、雅虎（Yahoo）、微软（Microsoft）等等世界性大公司。

实际上，风险投资的创造性成就远远难以用它们所培育的知名企业来代表。今天，美国经济增长的重要源泉可以由 40000 多家软件公司和 300 多家芯片公司来代表，自 1999 年以来，美国新增产值的 2/3 就是由许许多多像微软这样的高新技术企业创造的。据有关资料显示，1970 ~ 1990 年的 20 年时间里美国不同生产要素对经济增长的贡献率分别为：资本 28%，劳动力 19%，技术进步 53%，而同期亚洲若干新兴工业化国家这三项指标分别为 73%，7% 和 10%。

美国在科技研发上的高投入已经使其取得了明显的技术优势，如果说这种技术优势是美国经济发展的巨大动力，那么风险投资就是这种动力的新能源，而美国经济的发展又进一步促进了技术进步和风险投资的扩展②。

根据美国硅谷银行的调查，2008 年美国 21% 的 GDP、11% 的就业机会，都是由这些风险投资支持的公司所产生的③。

有人甚至说，通过风险投资支持高新技术的发展，推动了美国经济结构的

---

① 戴国强：“风险投资：美国经验及其对中国的启示”，《经济体制改革》，2003 年第 2 期。

② 田金英：《美国风险投资运作方式及成功经验》，河北大学硕士论文，2004 年。

③ 张舵：“硅谷银行总裁：美国 21% 的 GDP 由接受风险投资的公司创造”，《新华网》，2009 年 11 月 12 日。

根本性调整，美国已经提前进入了知识经济时代，而且将在相当长一段时间内保持这种领先优势。

风险资本市场

一般意义上讲，资本市场是政府和较为成熟的大中型企业筹集长期资本的市场，它包括了通常意义上的证券市场、私人股权融资市场和项目融资市场等。风险资本市场是处于发育成长期的新生高新技术企业进行股权融资的市场，是资本市场中一个具有较大风险的子市场。

正式的风险资本市场是一种有组织、有中介的资本形式，风险投资家是资本供给者和资本使用者之间的中介机构，它从资本供给者手中获取资本，再以股权投资的方式投到具有高成长性的新生中小企业中；它不仅负责项目的筛选、合同和监管，还直接确定投资退出的时间和方式。因此，风险资本是一种长期资本，是高新技术企业形成过程中重要的资本形式，它为高新技术企业从孵化、发育到成长的全过程提供了融资服务。

由于风险资本市场中的企业多数是处于发育成长早期的新生企业，它在投资主体、投资决策、运作方式、监管模式等方面，都与一般资本市场有很大差别，其主要特征可归纳如下①：

第一，市场主体不同。新生中小型高新技术公司的经营稳定性低、规模较小、抗风险能力弱，但是有具有较好的增长潜力。

第二，组织管理方式不向。风险资本的组织管理形式主要有两种：一是有限合伙制，即由投资者（有限合伙人）和资金管理者（一般合伙人）合伙组成独立的有限合伙企业，投资者出资并对合伙企业负有限责任，管理人在董事会的监督下负责风险投资的具体运作并对合伙企业负无限责任；二是公司制，即风险资本以股份公司或有限责任公司的形式设立。

第三，股东作用不同。在风险资本市场上，股权相对集中，风险投资家对所投资企业的管理监督是主动直接的，不仅直接参与公司重大决策的制定，而且还投入大量精力参与公司的经营管理，直接帮助企业运作发展，直到公司购并或上市、风险资本退出为止。

---

① 网络文章，“了解风险资本市场”。

第四，投资对象不同。风险资本市场的投资对象则通常是可重置度低或高度专业化的资产，往往形成了从事计算机软件、生物制药、新材料、通信技术等高新技术产业的专业风险资本。

第五，投资方式不同。风险资本是一种长期资本，其投资周期一般在 3～7 年之间，其股权的流动性较差。

第六，投资收获方式不同。风险资本一般不以企业分红为目的，而是在退出时以股权增值作为投资回报，退出时间一般选择在企业上市或出售时。

第七，上市标准和监管理念不同。风险资本市场的上市标准相对较低，监管上主要强调信息披露基础上的投资者自我保护。

一句话，美国风险资本市场的发展历史最长、规模最大、功能最完善，这与美国政府采取各种措施长期不断地培育是分不开的，但是直到养老基金进入风险资本市场才真正算是“好戏开了头”！

阴差阳错的美国劳工部

也许受前苏联发射第一颗人造地球卫星的刺激，美国政府下决心发展高新技术。为解决发展高新技术创新企业资金不足的问题，1958 年，美国国会通过了《中小企业投资法》，该法案规定由小企业管理局审查和核准的小企业投资公司，可以从联邦政府那里获得非常优惠的信贷支持，该法案极大地刺激了美国风险投资业的发展。

进入 20 世纪 60 年代，一批风险企业开始上市，到 1968 年已经超过 1000 家。但是，由于所投资企业的规模、控制权的掌握等方面受到限制，削弱了对投资者的吸引力。同时，小企业投资公司吸引的是个人投资者，承受风险的能力差，再加上缺乏高素质的风险投资家，资金供给无法满足高速增长的资金需求。

1969 年，美国国会将长期资本收益税率从 29% 增加到 49.5%，给风险投资业以致命的打击，规模立即锐减。

1974 年美国国会通过的《雇员退休收入保障法案》（即 ERISA 法案），再次重重打击了美国的风险投资业。因为当时的人们指责养老基金滥用，ERISA法案试图通过缩小养老基金的投资范围来保障雇员的退休收入安全。这样，养老基金的管理者就从所有的高风险投资方式中进行大规模的退却和收缩。此时，道琼斯指数遭遇了自1969年12月经济危机爆发以来连续7年的下跌过程，而ERISA法案对道琼斯指数下跌起到了雪上加霜的作用，同样，1971年2月8日才推出的纳斯达克指数在1975年也滑入到了历史的最低点即54点。

为了促进风险投资的发展，1974年美国国会修订了《有限合伙法》，并且从1978年到1981年，美国国会连续通过了5个重要的法案或者解释①：

1. 1978年出台的《国内税收收入法案》，为长期股权投资提供资本收益税激励，将资本收益税从49.5%降低至28%。

2. 1978年美国劳工部对《雇员退休收入保障法案（ERISA）》中的“审慎人”条款做出了新的解释，允许养老金进入更高风险的投资领域，允许不超过5%的养老金资产从事风险投资。

3. 1980年出台的《小企业投资促进法》，将风险投资公司重新定义为企业发展公司，免除其在美国证监会（SEC）的登记手续、定期汇报要求，并放宽其他限制，给予投资者更多的灵活性。

4. 1980年修改《雇员退休收入保障法案（ERISA）》中的“安全港”条款规定，声明负责风险投资的基金经理可以不作为养老基金的受托投资管理人来对待，极大地降低了风险投资家吸纳养老基金的风险。

5. 1981年出台的《税收减免与经济复兴法案》，进一步将资本收益税从28%降至20%。

五大措施的出台，可以说是“五龙治水”，对风险资本市场发展的意义十分重大。特别值得的指出的是，让养老基金重新回到风险资本市场，那是真正的“神来之笔”，效果十分神奇。

1978年美国劳工部的新解释，为养老金进入风险投资领域铺平了道路，极大地改变了风险投资的资金供给情况和风险基金的结构，导致了风险投资的机构化，并由此奠定了有限合伙制在风险投资领域的主导地位②。

---

① 蓝寿荣：“论构建完善的风险投资法律环境”，《中国风险投资》，2002年第1期。

② 蔡建春等：“美国风险投资的发展模式及启示”，《金融理论与实践》，2003年第2期。

"山穷水复疑无路，柳暗花明又一村"！

1981 年有 23% 的风险资本来源于养老基金，1996 年达到了 43%，1998 年突破了 60%，1998 年养老基金在风险资本市场上的投资总额达到 14604 亿美元①（见图 8－2）。

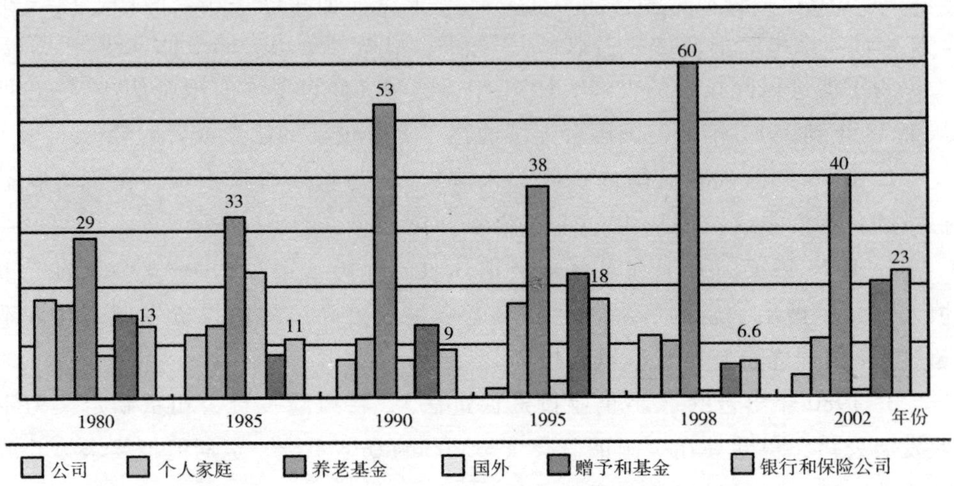

图 8－2　1980～2002 年美国风险资本来源构成（%）

资料来源：剧锦文："创业资本与美国'新经济'"，《中外企业文化：中外企业论坛》，2001 年第 6 期；Martin Hamming：《风险投资国际化》，复旦大学出版社 2005 年版。

1998 年以后，美国养老基金投资占风险资本投资的比重有所下降，仍然保持着 40% 左右的比重，仍然稳居美国第一的宝座。与养老金对股市、债市的影响一样，整个风险资本市场在以美国养老基金为首的机构投资者的大力护卫下，纳斯达克指数领先道琼斯指数 2 年，自 1980 年起开始了狂飙之旅（见图 8－3）。

① 蔡建春等："美国风险投资的发展模式及启示"，《金融理论与实践》，2003 年第 2 期。

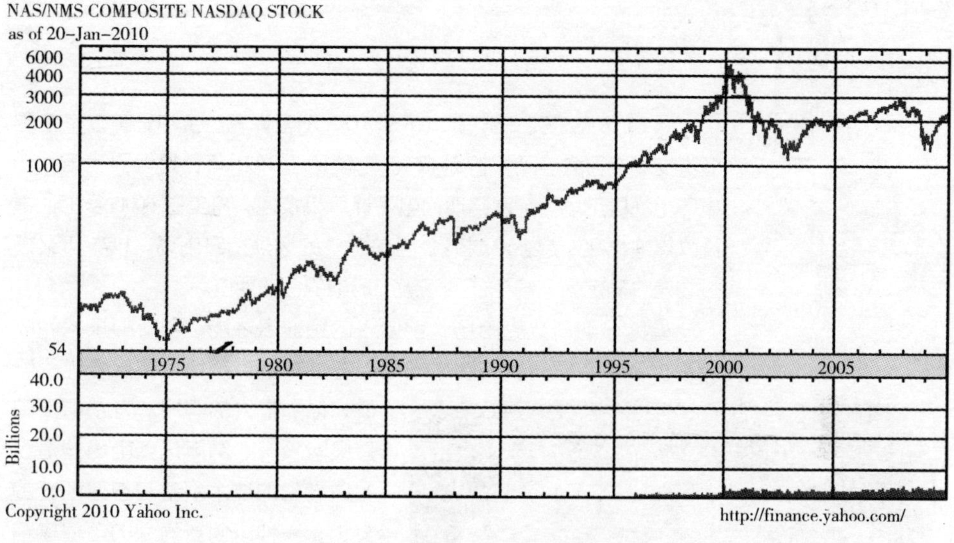

图 8-3　美国纳斯达克市场走势图

可以说，风险投资完善了美国的资本市场，提高了金融资源的配置效率，取得了丰功伟绩。但是，我们千万不要忘记的是：养老基金成为美国风险资本市场的基石和主角。

纳斯达克的资本新贵

风险投资、养老基金、纳斯达克，是美国风险资本市场上的“三剑客”！

自从养老基金可以正正式式、大大方方地进入纳斯达克市场投资，无论是纳斯达克指数、市值，还是交易量，立即天翻地覆、日新月异。

纳斯达克市场

纳斯达克是英文缩写“NASDAQ”的音译名，全称是美国“全国证券交易商协会自动报价系统”。它创建于1971年，是世界上第一个电子化证券市场。它利用现代电子计算机技术，将美国6000多个证券商网点连接在一起，形成一个全美统一的场外二级市场。1975年又通过立法，确定该系统在证券二级市场中的合法地位。

借助于纳斯达克市场，创始人的企业家才能、创新的技术、风险投资资本、原始股东资本都可以在纳斯达克市场上实现最优的价值，得到最大的回报。特别重要的是风险投资、纳斯达克市场塑造了一种崭新的技术创新和管理创新的文化，一种以创新为荣的企业家精神，一种向创新致敬的经济金融激励机制。

纳斯达克的发展与美国高技术产业的成长是相辅相成的，被奉为“美国新经济的摇篮”。纳斯达克帮助美国走进了“信息经济”、“知识经济”、“创新经济”的新时代。

是养老金让纳斯达克市场成为在美国乃至全球范围的“万人迷”！

纳斯达克（NASDAQ）① 是美国全国证券交易商协会于1971年着手创建的自动报价系统名称的英文简称。开始，纳斯达克的特点是收集和发布场外交易非上市股票的证券商报价。现在，它已成为全球最大的证券交易市场，

① 纳斯达克指数，百科名片。

上市公司有5200多家。同时，纳斯达克又是全世界第一个采用电子交易的股市，它在55个国家和地区设有26万多个计算机销售终端。

纳斯达克指数的发展变化：

1971年2月8日：纳斯达克股市建立，最初的指数为100点。

1975年纳斯达克指数跌到最低的54点。

1981年即10年后：该指数突破200点。

1991年4月12日：500点。

1995年7月17日：1000点。

1997年7月11日：1500点。

1998年7月16日：2000点。

1999年1月29日：2500点。

1999年11月3日：3000点。

1999年12月29日：4000点。

2000年3月9日：5000点。

2000年3月10日：5048.62点（最高点）。

2002年10月10日：1108.49点（阶段最低点）。

2009年9月30日：2124点。

2011年9月30日：2415点。

纳斯达克市值的发展变化：

1971年，纳斯达克市场规模只相当于纽约股市的很小部分。

1994年，纳斯达克股票市场的股票数已经超过纽约股票市场。

1998年，纳斯达克股票市场资本总额超过东京股票交易所。

2000年3月10日，纳斯达克指数达到阶段性最高点，纳斯达克市场市价总值达到6.6万亿美元，超过纽约股市市值的1/2，相当于全球股票市价总值的1/5。

2002年，纳斯达克市场处于低谷时期，市价总值一度低于2万亿美元。

2007年年底，纳斯达克市价总值为40136亿美元，再次占上4万亿美元大关。

纳斯达克交易量的发展变化：

1993年，纳斯达克市场和纽约交易所的交易量占全美股票交易总量的比重均为48%。

1994 年，纳斯达克市场交易量以 1 个百分点首次超过纽约交易所，成为全球交易量最大的证券市场。

1999 年，纳斯达克成交金额突破 10 万亿美元，首次超过纽约交易所的 8.9 万亿美元。

2000 年，纳斯达克成交金额近 20 万亿美元，而纽约交易所只有 11.1 万亿美元。2000 年，纳斯达克的交易量占全美证券市场股票交易量的 62%。此后，纳斯达克市场的成交金额有所萎缩。

2007 年成交金额为 13.8 万亿美元。

今天，在养老基金的护卫下，风险投资、养老基金、纳斯达克市场、创新的企业家、创造就业、中小企业群、美国式经济增长，成为一连串的经济金融环节，而且它们又密不可分地组合成一个闭合的良性循环机制。

由于养老基金可以投资于风险资本，风险资本立刻拥有源源不断的资金来源，并且不断地发展壮大，于是风险资本可以从容地“广泛撒网、重点捕捞”，即便是在一定时期内出现“广种薄收”的不利局面，也可以坚定不移地维持“放长线钓大鱼”的投资战略。

由于养老基金可以投资于纳斯达克市场，庞大的养老基金可以为纳斯达克市场源源不断地提供资金支持，维持了纳斯达克市场活跃的交易规模，为众多期盼上市的高科技企业提供了广阔的筹资平台，并且为众多已经上市的高科技企业进一步提供了充沛的资金支持。

借助于纳斯达克市场，创始人的企业家才能、创新的技术、风险投资资本、原始股东资本都可以在纳斯达克市场上实现最优的价值，得到最大的回报。特别重要的是风险投资，纳斯达克市场塑造一种崭新的技术创新和管理创新的文化，一种以创新为荣的企业家精神，一种向创新致敬的经济金融激励机制。于是创新成为一种生活态度，一种生活方式。于是，全社会的人力资源、经济资源、金融资源都向创新兴企业、创新性企业家聚集，创造了社会就业，创造了 GDP 增长。

可以说，是养老金推动了纳斯达克市场的突飞猛进，是纳斯达克市场推动了风险资本的方兴未艾，是风险资本市场推动了风险投资的日新月异。当他们汇聚一堂，兴高采烈之时，美国经济结构已经悄然得到改变，美国金融结构更加富有效率，美国走进了“信息经济”、“知识经济”、“创新经济”的新时代。

第九章
全球资本大鳄到齐了

借助投资银行的翻云覆雨手，“以美国华尔街为中心的全球间接融资体系”终于全面打造成功了！但是，美国投资银行“人心不足蛇吞象”！

“物极必反”、“盛极而衰”，古今中外，概莫能外！金融危机的血雨腥风，将趾高气扬的投资银行一一打翻在地。

从20世纪80年代开始，以养老基金和保险资金为代表的长期资本成为美国资本市场的基石，养老基金和保险资产管理机构成为美国资本市场上最主要的机构投资者，美国资本市场迎来了一轮轰轰烈烈、欢欢乐乐的长期牛市。

在这将近30年时间里，由于美国资本市场的天造地设、众星捧月，美国投资银行随之显山露水、行云流水。不但在美国资本市场找到了自己安身立命、安营扎寨的落脚点和根据地，而且在全球范围内呼风唤雨，四海为家。

于是，投资银行家俨然是美国作为“天下第一资本”、“天下第一坐商”的最佳形象代言人，投资银行业成为美国顶尖金融技术的摇篮和发祥地，成为美国顶尖财经精英的渊薮和大本营。

利用美国长期资本充裕的大优势，借助全球老龄化时代世界各国积累起的丰裕的长期资本，美国投资银行将国际资本大鳄、国际知名企业一网打尽，将他们统统邀请到美国华尔街来淘金：或为投资，或为融资。

经过美国投资银行的千辛万苦，千言万语，“以美国华尔街为中心的全球间接融资体系”终于全面打造成功了！

让渔夫成为上市企业的CEO

网上流传一个经典的小故事，关于美国投资银行家与渔夫的一段对话：

> 一个墨西哥小渔村的码头边，一位美国投资银行家遇到一个驾着小船刚刚打鱼回来的渔夫。
>
> 小船里有几条长着黄色长鳍的金枪鱼。美国人夸墨西哥人的鱼真是不错，并问捕这些鱼要花多长时间。
>
> 墨西哥人回答；“只需一会儿工夫。”
>
> 然后美国人问：“为什么你不在外面多呆些时候，捕更多的鱼呢？”
>
> 墨西哥人说：“这些已足够我家用了。”

美国人又问："但是剩下的时间你干什么去呢?"

这个渔夫说；"每天我会睡个懒觉，然后打点鱼，逗孩子玩会儿，陪我老婆玛丽亚睡个午觉。晚上在村子里晃荡几圈，和朋友们弹会儿吉他，再喝上几杯。我的生活充实而又忙碌。"

美国人嘲笑地说："我是哈佛大学毕业的，获得 MBA 学位，我想我或许能够帮助你。我建议你应该花更多的时间去捕鱼，然后用卖鱼挣的钱买一条更大些的船——用这条大船挣的钱你可以再买几条船，最后你就会拥有一个船队；你要直接把捕到的鱼卖给加工商，而不是中间那些二道贩子，这样你才能卖得最好的价钱；财富积累到一定程度，你要自己开家食品罐头厂，这样你就能控制整个产品的生产、加工和供应。那时候你就可以离开这个小渔村，搬到墨西哥城去，然后是洛杉矶，甚至是纽约，在那里你还可以再进一步扩大你的投资。"

墨西哥渔夫问："但是，这得需要多长时间呢?"

银行家回答："大约 15 到 20 年。"

"然后又怎么样?" 渔夫问。

美国人得意地笑着说："然后才是最精彩的篇章。当你投资企业达到一定规模，到时时机成熟，你就可以宣布你的 IPO 上市计划，向公众出售你的股票。一夜之间，你就会变得非常富有，能够赚成百上千万美元啊。"

"上千万美元? 然后呢?"

美国人说："然后，你就可以退休了，搬到一个海岸边的小渔村，早晨睡个懒觉，打几条鱼，逗逗孩子们，陪老婆睡个午觉。晚上在村里溜达几圈，和朋友们弹会儿吉他，再喝上几杯。"

墨西哥渔夫说："我现在过的不就是这样的生活吗?"

读过上述这则故事，大家一定会获得许许多多的感受，也许这个故事讲述的内容已经超出了经济学道理，而成为关于"财富和幸福"关系的一种哲学。当然，这则故事也反映了投资银行家敢想敢干的精神追求、点石成金的超人技艺。

“财政部—华尔街”共同体

如果用我国改革开放初期的眼光来看待美国的投资银行，我相信大家一定会说，“投资银行算什么，顶多就是一家皮包公司”。“皮包公司”也许是对美国投资银行形象、幽默的说法。

如果我们用同样的眼光来看待美国的投资银行家，大家同样会说，“投资银行家算什么，整个就是在忽悠”。“忽悠”也许是对美国投资银行家贴切、生动的定性。

由于投资银行家们显赫的家庭家族背景，显赫的学习经历，显赫的社会关系，令人瞠目结舌的高额薪酬，挥金如土的高端消费，再加上合纵连横的金融财技，纵横捭阖的融资渠道，艺高人胆大的自我吹嘘，以及财经媒体的铺天盖地吹捧，他们已经成为美国乃至全球金融市场上的“天之骄子”、“人中龙凤”。

20世纪80年代以来，多位美国财政部长竟然都出自美国最著名的投资银行——高盛公司，为投资银行平添了一层神秘感和优越感，“财政部—华尔街共同体”之说开始为众人熟悉，“高盛政府”而不是“高盛集团公司”的说法开始沸沸扬扬。值得注意的是，这些称呼似乎越来越不利于高盛以及华尔街的声名，似乎成为华尔街“绑架”美国政府的一种范本。

在华尔街的历史上，曾经出现过摩根士丹利、第一波士顿、库恩罗布公司、狄龙雷德公司、所罗门兄弟、贝尔斯登、雷曼兄弟、美林证券、德崇证券这些声名显赫的投资银行。在20世纪60～70年代，美国投资银行的主力承销商成员中还没有高盛。到20世纪末，库恩罗布公司、狄龙雷德公司这些华尔街上曾经的巨大身影消失了。2008年7月1日，美国《纽约时报》评论中说：“在过去的数年中，高盛已经接管了大部分美国联邦政府。在未来的数年中，他们可能接管整个美国。”“高盛说话，你可以不信，但你不能不听”①。

2008年12月，美国财政部决定向银行注资2500亿美元，向美国国际保险集团（AIG）注资400亿美元（最终救助额达到850亿美元），向美国联邦储备委员会的消费者融资计划提供200亿美元，向花旗集团提供250亿美元，另外还拨款234亿美元来救助美国汽车业。但是，当美国政府拿老百姓的钱去救助这些受到重创的金融机构之后，他们的一把手或者董事会主席全部都换成了高盛集团的员工：美国银行收购美林证券之后马上换上高盛的约翰·赛恩，AIG得到注资850亿美元后首席执行官也换成高盛的埃德·李迪，一个叫Wachovia的银行得到注资后，董事会主席也换成了高盛的罗伯特斯·蒂尔②。

为什么全是高盛员工扶摇直上？大家很自然会想到，此时的美国财政部长亨利·保尔森就出身于高盛！似乎应了中国那句老话，“一人得道，鸡犬升天”。2008年9月29日，美国《新闻周刊》在封面上称亨利·保尔森为“亨利国王”。

不管是“高盛，实在是高”的贬责之言，还是“美国财政部和高盛之间有道‘旋转门’”的讽刺之语；不管是美国投资银行飞黄腾达，还是投资银行家出人头地。不可否认的地方在于：投资银行和投资银行家是金融市场分工的需要，是经济金融全球化的需要，是资本市场创造价值的需要。

从投资银行所完成的金融功能上看，具有金融中介、构建市场、财务顾问、信息供给、风险管理、理财服务的作用，便利和加速了资本形成③和资源在不同时空、不同经济实体之间的转移和优化配置，促进了资本市场的发展和完善，也使各个金融子市场相互联系，浑然一体，进而推动了金融工具和风险管理技术的创新和应用，提高了市场效率。

当然，由高盛作为华尔街的重要代表，既不能“一手遮天”、“随心所欲”，更不能“贪婪成性”、丧失“道德底线”。必须踏踏实实做事，规规矩矩做人。

---

① 李国平：《揭秘高盛》，经济日报出版社2009年版。

② 郎咸平：“高盛如何绑架美国?”，《新世纪周刊》，2009年3月23日。

③ 本书中反复强调：由于美国国民储蓄率低，资本形成因此成为美国经济金融发展的基础和前提。事实上，里根经济学、里根总统的长期资本发展战略，其战略目标就是实现加速资本形成。

"全球间接融资体系"建筑师

实际上，投资银行并非通常意义上的商业银行，它是分离型银行制度的产物。投资银行的实质是资本市场的中介，是经营证券承销、证券交易和企业并购等资本市场业务的金融机构。投资银行和商业银行都是金融中介机构，它们的功能相似，业务有一定的交叉融合，但功能的表现形式存在差别，本源业务不同，业务范围各有侧重（见图 9－1、图 9－2）。资本市场一直是投资银行的主要活动领域。

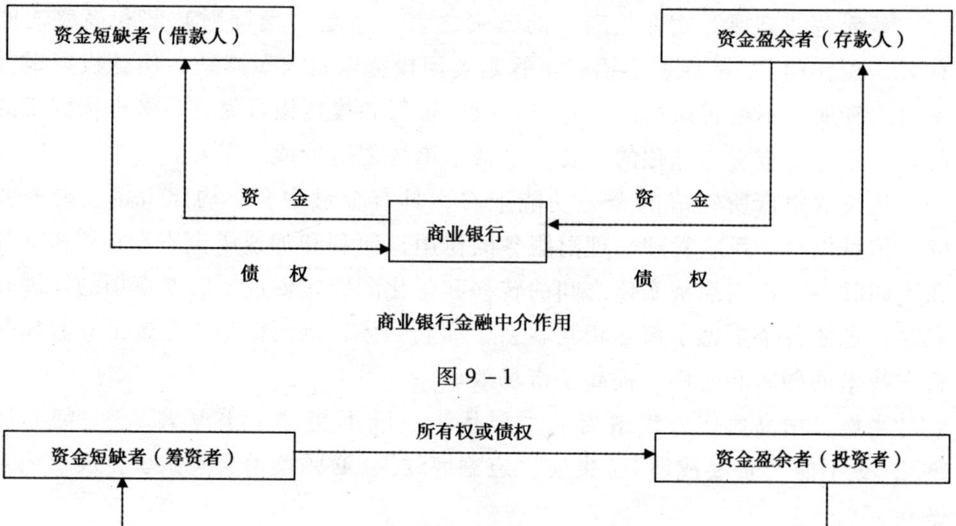

商业银行金融中介作用

图 9－1

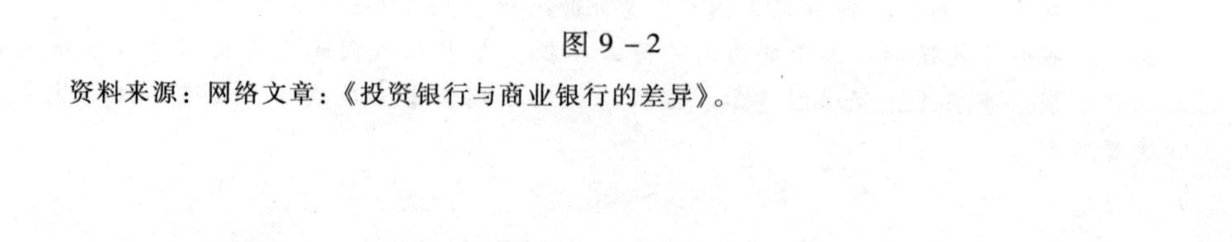

投资银行金融中介作用

图 9－2

资料来源：网络文章：《投资银行与商业银行的差异》。

这类从事证券相关业务的金融机构，在美国被称为“投资银行”，在中国、日本等亚洲地区被称为“证券公司”，在欧洲则被称为“商人银行”。相比之下，美国的投资银行和亚洲地区的证券公司是业务相对单一和专业的金融机构，而欧洲的商人银行则多是综合性银行，它们同时经营商业银行业务和投资银行业务①，如著名的德意志银行。

相对于金融行业的其他机构而言，投资银行多少显得有些“阳春白雪”的味道。有人说他是资本运营专家，有人说他是金融助产师，有人说他是企业的“私人医生”。

在2008年金融危机之前，美国五大独立的投资银行如高盛、摩根士丹利、美林、雷曼、贝尔斯登，都选择了多元化盈利模式，它们业务经营范围主要分为三大部分：投资银行业务、主要交易和证券投资、资产管理和证券服务。

投资银行业务按照地区、产品和行业分组，可以分为证券承销和金融咨询两个部分。证券承销业务包括股权和债券的公开发行或者私下募集，因此有时候又将投资银行称之为承销商。证券承销业务既为筹资者募集了资本，也为市场增加投资机会。它是投资银行的本源业务和核心业务，也是这一行业区别于其他金融行业的标志性业务。在证券交易业务中，投资银行扮演着经纪人、自营商和做市商的角色，构建了完整的证券市场，降低了交易成本，提高了市场流动性和效率。而金融咨询业务包括企业兼并、重组和分立咨询等。兼并与收购业务是投资银行的又一核心业务。投资银行为企业并购交易提供价值评估、咨询、策划并购方案、安排融资或反收购等服务，是充当企业资本交易、资本重组的财务顾问的重要价值体现。

主要交易和证券投资是指执行客户交易指令，帮助客户在固定收益债券和股权产品、货币、大宗货物、掉期和其他衍生品方面占得先机。

资产管理和证券服务包括资产管理、证券服务等。资产管理为机构和个人投资者提供投资咨询服务。证券服务包括证券的经纪、融资服务和出借证

① 王新科：“中小企业为何无缘投资银行?”，《江苏经济报》，2004年7月16日。

券①。

资产管理是投资银行作为专业投资管理人为投资者提供理财服务的活动。20 世纪 70 年代以来，资产证券化和金融衍生工具的交易与创设，为市场提供了新的融资技术，提供了管理金融资产价格风险的工具和手段，反映了投资银行的价值创造力。

这样，在美国试图建立和主导的“全球间接融资模式”下，在美国金融部队的序列里，投资银行担负的职责更像是快速反应的特种部队，类似于美国海军陆战队和“海豹突击队”。

这样，我们对投资银行在美国金融体系中、美国金融战略实现中的特殊地位就十分清晰了：

第一，在全球范围内寻找优质企业来华尔街上市。赋予华尔街投资银行的第一任务就是不但在美国本土身手敏捷地帮助美国企业上市融资，而且在全球范围内火眼金睛地寻找优质企业，通过他们的一番“乔装打扮”之后送来美国上市。

你看那些西装革履、彬彬有礼的投资银行家们，随身携带的往往就是一个皮包，难怪我们中国人会对美国投资银行产生“皮包公司”的联想。但是，投资银行真正成为了“养老金之饵”的先头部队和突击部队。外国的优质企业正是在美国投资银行的“怂恿、利诱、帮助”之下，才风尘仆仆地、前赴后继地走到了纽约证券交易所和纳斯达克交易所。于是，纽约证券交易所成为世界上最大的股票市场，其筹集的资金规模居各国股市之首，目前大约有来自 51 个国家的 470 家外国公司在纽交所上市。

以中国大陆为例，进入纽交所的企业包括：石油石化行业中的中国石油、中海油、中国石化等；通讯行业中的中国移动、中国电信、中国联通等；金融保险行业中的中国人寿；航空企业中的东方航空、南方航空等。进入纳斯达克的企业包括：百度、新浪、分众传媒、新东方等。

中国、亚洲、乃至全球最赚钱的和最具成长性的企业都拥挤到美国上市，为华尔街的资本带来了滚滚收益，满足了投资者挣钱的愿望，同时还会进一步

---

① 朱叶：“20 世纪 90 年代以来美国独立投资银行盈利模式分化和演变的逻辑”，《世界经济情况》，2009 年第 8 期。

吸引未来进入美国华尔街市场的外国资本，美国投资银行当然是华尔街的第一功臣！

第二，在华尔街市场上为全球投资者创设新的投资工具。一方面，投资银行要为华尔街的传统市场（如股票市场、债券市场）不断地扩大容量，扩大融资规模；另一方面，投资银行要为涌入美国的资本马不停蹄地开辟新渠道，创设新工具，要把这些资本大佬留下来，要让他们“乐不思蜀”，“一直玩下去”。对于后者，美国投资银行自然责无旁贷，当仁不让！

于是私募基金出现了。与公募基金（我国国内所言的证券投资基金）不同，对冲基金（Hedge Fund）、私募股权基金（Private Equity Fund，PE）都属于私募基金。

从投资对象的角度来看，对冲基金是一种衍生工具基金，投资于各种衍生金融工具，如指数期货、股票期权、远期外汇合约，乃至其他具有财务杠杆效应的金融工具，同时也可在全球各地的股市、债市、汇市、商品市场进行组合投资。20世纪90年代，以索罗斯的“量子基金”、罗伯特的“老虎基金”和长期资本管理公司（Long Term Capital Management，LTCM）为代表的欧美对冲基金，先后袭击了英国的英镑（1992年）、墨西哥比索（1994年）、东南亚各国货币（1997年）、俄罗斯卢布和港元（1998年），成为声名远播又臭名昭著且令各国政府既恨又怕的“金融大鳄”①。

① 郭恩才：《解密私募股权基金》，中国金融出版社2008年版。

量子基金

量子基金是全球著名的大规模对冲基金，由美国著名的金融家、资本大鳄乔治·索罗斯创立，并成为其旗下经营的五个对冲基金之一。

量子基金是高风险基金，主要借款在世界范围内投资于股票、债券、外汇和商品。量子基金没有在美国证券交易委员会登记注册，而是在库拉索离岸注册。它主要采取私募方式筹集资金。

索罗斯为之取名“量子”，是源于索罗斯所赞赏的德国物理学家、量子力学的创始人海森堡提出的“测不准定理”。索罗斯认为，就像微粒子的物理量子不可能具有确定数值一样，证券市场也经常处在一种不确定状态，很难去精确度量和估计。

华尔街 4 大私募股权基金是指 KKR（Kohlberg Kravis Roberts & Co.，KKR）、黑石集团（Blackstone Group）、凯雷集团（Carlyle Group）和 TPG（Texas Pacific Group，TPG 得克萨斯太平洋集团）。私募股权基金往往投资于成长性好、企业管理团队优秀的实体产业，对目标企业提供资本和管理方面的多重培育，通过一段时间（比方说 3～5 年），在所培育的目标企业进入上市前后，以股权转让或者卖出股票的方式获利退出。通俗地讲，私募股权基金的目的在于得到拟上市企业的“原始股”。因此，私募股权基金相比对冲基金，就显得“文质彬彬”、“温情脉脉”。

第三，华尔街有我们的铁哥们。实际上，横行华尔街的美国投资银行，他们实在是得益于有一个得天独厚、不可多得的“铁哥们”，他就是养老基金！

投资银行家巧舌如簧，口若悬河，精彩连连，故事为谁而讲？主要为养老基金！

投资银行日进斗金，家藏万贯，财源滚滚，财富由何处而来？主要来自养老基金！

所以又有一种说法：投资银行是一根扁担挑两头！他的扁担一头挑着“企业上市”，一头挑着“机构投资者购买股票”。

总而言之，在1983年前后里根总统召集的戴维营秘密会议上，费尔德斯坦所言的“建立以华尔街为中心的全球间接融资体系”战略①，终于在美国投资银行的帮助下悄然实现。如果说费尔德斯坦是“全球间接融资体系”的总设计师，那么投资银行就是该体系的建筑师。

向机构投资者讲故事的承销商

在协助企业上市的过程中，作为企业首次公开发行股票（Initial Public Offering，IPO）的承销商（Underwriter）或者财务顾问，投资银行负责IPO新股发行的所有上市过程中的辅导工作，并且帮助企业四处路演（Road Show），向公众和机构投资者推荐企业，最后负责将股票发售到资本市场上。

如果说前期投资银行主要是与准备上市的企业打交道，那么在将股票发售到资本市场上的这个最后环节，投资银行就不得不跟机构投资者打交道了。在美国资本市场上，最重要的投资者就是养老基金、保险资金、共同基金（很大一部分养老金直接投资于共同基金）。对上市公司而言，他们都希望持有自己股票的投资者（也就是股东）是长期的、稳定的、不会出现因为短视或者资金周转困难而在短期内抛售公司股票，从而影响上市

① 请参考本书的第五章《为美国发展立宪》的有关内容。

公司的经营。所以以养老基金为代表的机构投资者就成为投资银行和 IPO 公司的“最爱”。

这样，虽然投资银行是一根扁担挑两头，但是重头戏还是“机构投资者”。为什么这么说呢？因为 IPO 过程说到底是筹资资本，是上市企业在“找钱”，这样，“找到买家”就十分关键，特别是找到一个称心如意的买家，最好是这个买家能够与“东家”一起愉快地过好日子。因此，由投资银行牵线搭桥的交易行为看似“一锤子买卖”，但是买家和东家从此以后就要长期相处、长相厮守。

即使不考虑卖家和买家长期相处这个后话，如何在 IPO 过程中说服买家出手，这就要看投资银行的本事了。事实上，这正是投资银行的看家本领和拿手好戏。可以说，投资银行最了解以养老基金为代表的机构投资者的喜怒哀乐。机构投资者喜欢什么样的价值，我就吆喝什么样的故事。换句话说，机构投资者厌恶什么样的上市企业行为，我就回避这方面的内容。于是，来自于最终买家的偏好，就决定了投资银行如何来帮助上市企业编制“动听的故事”。实际上，投资银行的最高境界就在此！

我们可以看看中国人寿 2003 年在中国香港和美国纽约同步上市的案例。

中国人寿的主上市地是中国香港，通过美国存托凭证（American Deposit Receipts，ADR）的方式在纽约上市，创造了当年全球最大 IPO 融资。当时国内的主承销商是中国国际金融公司（简称是“中金公司”），全球联席主承销商为德意志银行、花旗集团、瑞士信贷第一波士顿，财务顾问为雷曼兄弟公司。

由于中国人寿是中国金融行业内的第一家登陆纽约华尔街的金融机构，没有先例可以参照。所以，必须按照美国投资者熟悉的方式来进行价值展现。这样就有五个方面的核心工作要完成：

第一，需要在中国会计准则（PRC GAAP）之外，按照美国会计准则（US GAAP）来进行财务描述。于是，中国人寿聘请了财务审计师——普华永道来辅导完成。

第二，需要按照美国会计准则来进行业务分类。中国会计准则强调的是总保费的概念，简单而言是把人寿保险、健康保险、年金保险等项业务等同视之，直接相加。但是，美国会计准则对这三类保费收入区别对待，按照业务价值来进行处理，区分为风险性保费和投资性保费，并且给予风险性保费以较高的溢价，而投资性保费属于保险公司代客理财性质的业务，自然只能给予较低比例的价值认可。这样，究竟哪些业务要归于风险性保费收入，哪些业务可以归于投资性保费收入，就直接涉及到 IPO 的定价。这里面不完全是技术的问题，也有利益的问题。一旦业务分类不精确，把较多的业务归为投资性业务，则对中国人寿就不利了，但是对投资银行而言相对有利。相反，则对中国人寿有利，对投行不利，推销股票时会为难得多。

第三，制定未来业务发展规划。美国会计标准下的业务分类，不但对中国人寿的存量业务定价有影响，更加重要的是对中国人寿未来业务发展的价值有影响。为了增强投资者对中国人寿未来长期发展的信心，还必须按照大力发展风险性保费的总体方向来进行业务规划。

于是，中国人寿在 IPO 之前，又聘请了全球著名的管理咨询公司——麦肯锡来开展管理咨询，帮助制定未来的业务发展战略，以期望获得投资者的充分认可，进而提升投资价值。

第四，需要制订美国投资人熟悉的上市公司高管和雇员的“薪酬激励计划”。在美国投资者看来，上市企业如果没有适当的、有竞争力的薪酬激励计划，管理层和雇员就难以有积极性，企业业绩也就难以确保和提高，美国投资者似乎特别不相信“又要马儿跑，又想马儿不吃草”的逻辑。他们反而认为上市公司的雇员和管理层在一定范围内、一定程度上获得合理收入是必不可少的。于是，中国人寿在 IPO 之前，又聘请了海氏治理咨询有限公司（Hay Group Limited）来进行人力资源和薪酬管理方面的规划和咨询。

第五，需要完成作为 IPO 定价基础的内涵价值评估。当时，在欧美市场上市的人寿保险公司很多，资本市场为人寿保险公司定价的核心指标是“内涵价值”（Embedded Value，EV），同时参考“精算评估价值”（Actuarial Appraisal Value，AV）。为了让中国人寿的内涵价值和精算评估价值数据具有权威性和说服力，承销商们向中国人寿推荐了通能太平精算咨询公司（Tilingghast - Towers Perrin）。通能太平是太平公司（Towers Perrin）的子公司，而太平公司是全球最大的独立精算咨询人之一，在全球 25 个国家和地区拥有 8000 多名雇员，提供管理、精算、理赔、风险管理等方面的精算咨询服务。

在上述五项核心工作的基础上，投资银行则主要承担《招股说明书》、《管理层陈述报告》等书面材料的撰写工作，其中最重要的就是要讲述一个“关于成长性的故事”。这个故事的背景就是拿中国和美国的经济增长、人口规模、寿险深度、寿险密度、居民收入增长等指标进行对比；同时，还强调中国人口老龄化趋势，由寿险公司管理的养老金资产规模还将快速增长。这样，在美国投资者看来，以中国人寿为代表的中国寿险行业的发展前景，几乎是前所未有、闻所未闻，股价上涨的想象空间被完全打开了。

很显然，投资银行家们不是无所不能，只是术业有专攻而已。至于专业性和基础性的工作，仍然需要其他专业机构来完成，他们的主要工作还是在为机构投资者大讲特讲后者喜闻乐见的“小故事，大道理”。

为机构投资者找洼地的交易商

帮助企业上市是投资银行的“成名之作”。通过为养老基金等主要机构投资者提供价值挖掘的投资机会，则是投资银行的“日常工作”。正是通过这些日积月累的日常性工作交往，投资银行与养老基金早就成为了亲密伙伴。借助于养老基金作为机构投资者的资金力量，投资银行培养出了自己的“金牌投资分析师”或“首席投资分析师”的研究力量，后者或指点迷津，或推荐价值洼地。这样，养老基金拥有的资金力量，投资银行拥有的研究力量，两者一唱一和，一呼一应，成为美国资本市场上一道靓丽的风景线。

回顾美国投资银行的发展历程，我们就能看到以养老基金为代表的机构投资者帮助投资银行“青云直上”的关系。在20世纪80年代之前，与养老基金相比，投资银行多少有点“低声下气，俯首帖耳”的味道。20世纪80年代之后，随着机构投资者的崛起，证券市场黄金时代的来临，资金供应和证券需求呈现几何级数式的增长，证券交易量以及证券发行承销量、客户佣金等各个方面都出现了不同程度的井喷，投资银行也迎来了自己历史上最好的发展机遇，顿时身价百倍，高高在上。

从图 9－3 中，我们可以看到投资银行的翘楚高盛集团，他们在 2008 年金融危机之前都保持快速的业务增长。特别值得指出的是，高盛集团在 2002～2007 年间，新型的主要交易和证券投资业务增长迅猛，而传统的投资银行业务、资产管理及证券服务业务增长相形见绌。主要交易和证券投资等高风险业务收入在全部收入中的占比一直保持在 60% 左右，成为名副其实的“主要业务”和主要盈利来源。正是这部分主要交易和证券投资业务，成为了 2008 年金融危机的策源地。

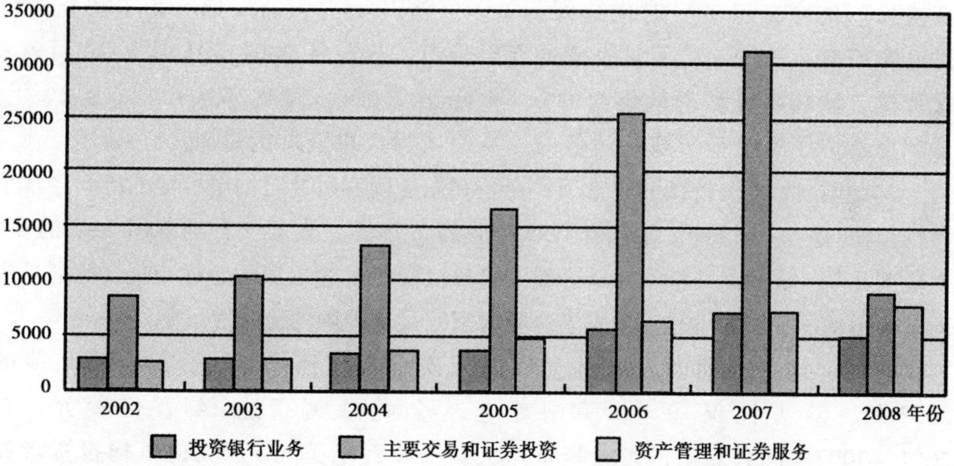

图 9－3　2002～2008 年高盛公司收入结构和变化

数据来源：根据高盛 2002～2008 年年报相关数据整理。

鱼都钓来了，锅却放不下

实际上，在2000年前后，高盛集团早就悄然地将自己的“工作重心”从传统的投资银行业务转到了高风险的“主要交易和证券投资”业务上，这其中就包含了2007年引爆全球金融危机的次级债贷款危机。

在这里，我们撇开人性的贪婪因素，不纠缠于投资银行家们内心的“道德情操”，而是从社会经济环境的外部因素着手来加以剖析，为什么美国这群最顶尖的聪明人却偏偏选择了这条饮鸩止渴的不归路？

简单而言，是美国资本市场上的钱太多了！

2001年以后，随着美国克林顿总统时期持续8年的“低失业、低通胀、高增长”的“新经济”时代结束，美国经济开始进入衰退期，为了防止经济进一步下滑，美国实行了扩张性的货币政策，仅仅从2001年1月至10月就9次降息，联邦基准利率从年初的6.5%降至2.5%，贴现率从6%降至2%①。低利率造成了资金借贷成本的低廉，从而成为投机资本的温床。

与此同时，美国持续的经常项目逆差和东亚国家以及石油出口国的持续经常项目顺差相对应。全球外汇储备由1999年底的1.78万亿美元上升到2007年底的6.4万亿美元②。顺差国又将绝大部分外汇储备投资于发达国家的金融市场，特别是投向了美国的国债和企业债，造成了这些国家尤其是美国的流动性过剩。

同样，这个时期的养老基金资产规模也在高速增长。金融危机之前的2007年，除去社保基金，美国养老基金的总额高达14万亿美元，在2001~2007年间，新增的可投资资产大约为2万亿美元③。其他机构投资者如保险资金、共同基金也都面临同样的情况。在低利率环境下，如何让养老基金资产保值增值的成为基金经理们最挠头的大难题，因为这个时候美国国债收益

---

① 李延喜：《次贷危机与房地产泡沫》，中国经济出版社2008年版，第130页。

② 张明：“美国次贷危机的根源、演进及前景”，《世界经济与政治》2008年第12期。

③ 根据美国养老基金年报估算。

率走低，股市在2001～2003年期间因为科技股的泡沫破灭也一蹶不振。

这时，以养老基金、保险资金、共同基金为代表的三大长期资金加起来，简直可以用水漫金山来形容。

于是，新的问题就出现了：鱼都钓来了，锅却放不下！

美国用养老金之饵钓取各路资本大鳄，当他们鱼贯而入、全部到齐之时，美国终于发现自己金融市场的接待能力已经到了极限，但是美国不愿意实事求是地挂出“住客已满，恕不接待”的招牌，怎么办？那就只好“在房间里加床位”、“往菜饭里兑水”！

于是，美国华尔街的这帮投行精英，终于想到了一个绝妙的投资工具，即以次级贷款为代表的金融衍生品。此时，投行精英的“天方夜谭”、“信口开河”式的斗胆建议，未料到与机构投资者的基金经理一拍即合，仿佛“天上掉馅饼”，他们大量买进这种本来“经不起推敲”的金融衍生品产品。

日后来看，就是这种金融衍生品要了投资银行的命！

次贷危机和次债危机是金融危机的两种不同表现形式，次债危机是次贷危机的延伸或延续①。

1970年，房利美首创了世界第一个按揭抵押债券（MBS）。他们将条件非常接近的若干个按揭债务集合在一起打包，制成标准的凭证，再将这些按揭债务作为抵押的凭证卖给投资人，债务利息收入与债务风险也同时“传递”给投资人。

由于美国居民住房抵押贷款的绝大部分由储蓄贷款机构发放，抵押贷款机构通常会把部分或大部抵押贷款出售给“两房”（即房利美和房贷美两家企业），“两房”将其中的部分或大部贷款做成抵押信贷担保证券（MBS），向其他金融机构和投资者出售。截至2008年第一季度，“两房”占美国抵押贷款市场的份额为42%，而其余的58%则主要由大大小小的投资银行、商业银行分享。

实际上，投资银行早就对此垂涎三尺，他们在MBS的基础上进一步开发出令人眼花缭乱的衍生金融工具：ABS（资产担保证券）、CDO（债务抵押证

---

① 大连海事大学商学院郭恩才教授对2008年美国金融危机有过深入的研究，并用精炼的语言介绍了次贷危机和次债危机发生的背景和过程。下面关于次贷危机和次债危机的有关内容转引和改写自：郭恩才：《解码金融：金融危机及“美国梦”》，中国金融出版社2009年版。

券)、CLO(担保贷款凭证)、ABCP(资产支持商业票据)、SIV(结构性投资载体)等。

从MBS到SIV,实际上是在进行"证券资产证券化"努力。

资产证券化是指将流动性较低的资产,转换为流动性较高的、可以在金融市场上自由买卖的证券的行为。具体包括:实体资产证券化,即实体资产向证券资产的转换,是以实物资产和无形资产为基础发行证券并上市交易的过程;信贷资产证券化,指把欠流动性但有未来现金流的信贷资产(如银行的贷款、企业的应收账款等,最典型的就是MBS)经过重组形成资产池,并以此为基础发行证券;证券资产证券化,即证券资产的再证券化过程,就是将证券或证券组合作为基础资产,再以其产生的现金流或与现金流相关的变量为基础发行证券(ABS和CDO均属此种类型);现金资产证券化,是指现金的持有者通过投资将现金转化成证券的过程。

根据证券行业和金融市场协会与汤姆逊金融服务公司的联合统计,2004年,CDO的发放量是1574亿美元,2005年便扩大到2718亿美元,2006年更是膨胀到5493亿美元。在2007年前两个季度,CDO的发放量已达到3136亿美元。从2004年到2007年8月,CDO的发放总数已经接近1.3万亿美元。

次贷债券属于"固定收益债券",收益水平并不高,利润率大体维持在2%~3%,但是它仍然高于联邦基金利率,被投资者视为"稳定而高回报的产品"。于是,商业银行、资产管理公司、对冲基金、保险公司、养老基金、教育基金等"稳健型机构投资者"纷纷慷慨解囊,抵押贷款机构于是有了新的源源不断的借贷资本。

市场需求旺盛,次债发行机构自然乐不可支,利润也源源不断地流进腰包。根据有关统计,美国这些次级债券主要分散在五类金融机构手中,包括商业银行(31%)、资产管理公司(22%)、对冲基金(10%)、保险公司(19%)和养老基金(18%)①。

既然次级债的收益率不高,以投资银行为代表的金融机构为什么还乐此不疲、趋之若鹜?原因是可以采用"高杠杆率"。投资银行是"轻资本型"金融机构,自有资本规模小,因此需要通过"金融杠杆"来撬动更大体量的资本。

---

① 周默鸣:"次级抵押信贷危机:谁是罪魁?",《财经》,2007年8月22日。

华尔街的平均“杠杆”比例是14.5倍，但华尔街五大投资银行的杠杆率都保持在30倍左右。

在美国房地产金融生态链条中，还有一个最重要的环节：那就是金融体系的保险机制。抵押贷款机构把钱贷给购房者，贷款合同不一定就能卖出去；债券“打包”机构把抵押贷款做成了MBS，MBS不一定就能卖出去。于是，以美林证券、雷曼兄弟公司为代表的投资银行把MBS又做成了CDO，CDO也不一定就能被投资者所接受，于是一步一步地往前走，最后发现还需要一个“收官之作”。恰恰在这个时刻，CDS（信用违约互换）就应运而生了。

CDS被译为信用违约互换、信用违约掉期或信贷违约掉期，是1995年由摩根大通首创的一种金融衍生产品，它的发明被称为是“金融衍生产品的里程碑”，可见业界对CDS评价颇高。

CDS的作用确实是相当的重要。它的本质是一种金融资产交易的违约保险机制。类似于我们日常生活中的家庭财产保险或企业财产保险，你只要向保险公司交纳一定数额的保险费，一旦合同约定的灾难发生，保险公司就要向你支付合同约定数额的赔偿金，而保险费只是赔偿金的一个零头。如果有了这种保险机制，抵押贷款机构就可以放心地发放贷款了，哪怕是向有“瑕疵”借款人发放贷款；商业银行、投资银行可以放心地“资产证券化”了，也不管原始资产的质量如何；整个房地产金融生态链条可以流畅地运转了，更不用管链条中有无薄弱环节。可见，CDS对美国房地产金融的发展与繁荣功不可没。

CDS的运作模式和销售机巧确实独具匠心①：

首先是拿到CDS合同。由于高杠杆率融资具有高风险，监管部门对商业银行的监管较严格，所以商业银行的杠杆率较低，但投资银行、对冲基金等金融机构不受美联储管辖，投资杠杆率往往较高。贷款是商业银行发放的，如何防范投资银行、对冲基金们的高杠杆率贷款风险呢？摩根大通想出一个办法，让投资银行、对冲基金们把高杠杆率贷款拿去做“保险”，这种保险就叫CDS。比如，投

---

① 关于CDS泡沫如何兴起和破灭，互联网上有一篇广为流传的题为《10分钟让你全面了解当前世界金融危机》的短文，对此进行了风趣而又幽默的解读。尽管该文的解释不完全准确甚至有错误，但基本上将CDS的流程解释清楚了，下面的内容摘自该文。该文作者不详。

资银行A为了拿到商业银行的贷款找到了保险公司B，A对B说，你帮我的贷款做违约担保怎么样，我每年付你保险费5000万元，连续10年，总共5亿元。咱哥俩合作这么多年了，你看我什么时候违约过？这不过是个手续。A心里盘算着：这笔生意我可以赚45亿元，拿出5亿元用来做保险，我还能净赚40亿元。B是一个精明的人，没有立即答应A的邀请，而是回去做了一个统计分析，发现A是个老实巴交的生意人，确实没发现他有违约记录。但是且慢，尽管A不会违约，但是A所经销的MBS的最终供款人——抵押住房的借款人会不会违约呢？B从大型电脑数据库中调出历年资料，发现住房抵押贷款的违约率不到1%，风险足够低的，B有点动心了。B又展开了想象的翅膀：CDS这玩意儿不错呀！做一家我可以赚5亿元，如果做100家呢，就可以拿到500亿元的保险金，如果其中一家违约，赔偿额最多不过50亿元，即使两家违约，还能赚400亿元。凌晨3点58分，B操起电话接通A：哥们，成交！

其次是开发CDS市场。B做了这笔保险生意之后，C在旁边眼红了。C就跑到B那边说，你把这100个CDS卖给我怎么样，每个合同给你2亿元，总共200亿元。B想，我的400亿元要10年才能拿到，现在一转手就有200亿元，而且没有风险，何乐而不为，因此B和C马上就成交了。这样一来，CDS就像股票一样流到了金融市场之上，可以交易和买卖。实际上C拿到这批CDS之后，并不想等上10年再收取200亿元，而是把它挂牌出售，标价220亿元；D看到这个产品，算了一下，400亿元减去220亿元，还有180亿元可赚，这是“原始股啦”，不算贵，立即买了下来。一转手，C赚了20亿元。从此以后，这些CDS就在市场上反复地炒。

你以为华尔街只有这四家金融机构吗？非也。还有A1、B1、C1、D1，A2、B2、C2、D2，A3、B3、C3、D3，…，n个生意序列，这就是美国红红火火的CDS市场。

最后当然是CDS泡沫破灭。次贷危机暴发了，资信评级机构首先降低了对MBS的资信评级，主要由MBS组合而成的CDO紧接着也降级了，MBS、CDO发行商惊恐万状，因为他们手中还有大量未销售出去的证券，这些证券已经大幅度贬值了；G刚从F手里花了300亿元买下了100个CDS，还没来得及转手，突然接到通知，这批CDS被降级，其中有20个违约，大大超出原先估计的1%～2%的违约率。每个违约要支付50亿元的保险金，总共支出达1000亿元。加上300亿元CDS

收购费，G 的亏损总计达 1300 亿元。虽然 G 是美国排行前 10 名的大机构，也经不起如此巨大的亏损，因此 G 濒临倒闭。在 G 的后面还跟着 G1、G2、G3……

G 要倒闭的消息震动了所有的“字母”，因为它们都是 G 承保的对象，G 如果倒闭了，它们就会一个接着一个地倒闭。他们一起来到美国财政部长保尔森面前，一把鼻涕一把眼泪地游说，G 万万不能倒闭，它一倒闭大家都完了。保尔森心一软，就把 G 给国有化了，此后“字母”们的保险金总计 1000 亿美元全部由美国纳税人支付。

次贷危机和次债危机，将华尔街的明星金融机构：美国国际保险集团（AIG）、“两房”、美林证券、雷曼兄弟公司等一一打翻在地。

美林证券

美林证券是世界领先的财务管理和顾问公司之一，世界最大的金融管理咨询公司之一，总部位于美国纽约。公司创立于 1914 年，1915 年正式更名为美林证券。

美林证券为世界各地的公司、政府、研究机构和个人提供债务股票安全保险和战略咨询，是全球最大的金融资产管理者之一，其所管理的总资产曾经达到 1.4 万亿美元，成为美国第三大投资银行。

在次级抵押贷款市场危机（“次贷危机”）加剧的形势下，2008 年 9 月 14 日美国银行与美林证券达成协议，由美国银行以大约 440 亿美元的总交易额收购了美林证券公司。

很显然，次级债满足了各方面的需要，于是在2007年之前特别宽松的货币环境里就形成了“你好我好大家好”的大喜开局，天下哪里有不散的筵席，好日子随着美国房地产市场泡沫的破灭而一起崩溃了，大悲结局如约而至。

雷曼兄弟

雷曼兄弟公司创立于1850年，在全球范围内建立起了创造新颖产品、探索最新融资方式、提供最佳优质服务的良好声誉。作为全球性多元化的著名投资银行，在美国《商业周刊》2000年评选的全球最佳投资银行中，其整体研究实力高居《机构投资者》排行榜首。

2008年9月15日，在次级抵押贷款市场危机（“次贷危机”）加剧的形势下，作为当时美国第四大投行的雷曼兄弟公司最终宣布申请破产保护。

在辉煌了75年后，2008年的这场金融危机却让美国的投资银行转型改制为银行持股公司，被重新打回原型，回到“混业经营”时代，终结了华尔街独立投资银行的历史。75年的轮回，不禁让人们感叹命运是如此的吊诡。回顾投行辉煌的发展历史，我们仿佛又回到了那个峥嵘岁月。

第十章
美元有了“新靠山”

无可奈何花落去，似曾相识燕归来！

美元的旧靠山是黄金，美元的新靠山是养老金。

养老金胜黄金！美元新靠山强过旧靠山！

美国信心、美元信心、养老金信心，成了打不烂、拆不开的铁三角！

无可奈何花落去，似曾相识燕归来！

美元成为世界货币的发展历程可以概括为：先是在第二次世界大战期间堆积黄金，通过“布雷顿森林体系”将美元与黄金挂钩，美元成为全球最重要的定价、结算、储备货币，并且享有“硬通货”之称。然后通过发行贸易美元和石油美元，堆积美元纸币；接下来鼓励持有大量美元储备的国家及地区购买美国国债，扩大对美国金融机构投资，同时利用美元贬值一再降低外国美元储备的价值，削减美国国际债务①。通过这些或明或暗的发展渠道和操作手段，美国获得了巨大的“铸币税”收益。

1971 年 8 月，“尼克松冲击”导致“布雷顿森林体系”解体，从此美元与黄金脱钩，固定汇率制度崩溃，浮动汇率制度浮出水面。按照常理而言，美元应该从此逐步走向衰落。但是事实并非如此，在美国本土美元之外，诞生了石油美元、欧洲美元、亚洲美元等境外美元，同时这些境外美元又源源不断地流回了美国本土，成为美国本土资本市场上重要的境外投资者。这确实是一件非常令人费解的事情，不少学者用美元霸权论、美元阴谋论、货币战争论来加以解释。

虽然美元与黄金脱钩于 1971 年，但是 1974 年美国《雇员退休收入法案》(ERISA 法案)、1974 年《国内税收收入法案》、1978 年《国内税收收入法案》的接连出台，为美国建立了资本市场上的养老金大坝、养老金防线。这样，美元虽然失去了“旧靠山”，但是有了“新靠山”。

旧靠山是黄金，新靠山是养老金。

养老金胜黄金！美元的新靠山强过旧靠山！

“美元信心”来源于全球投资者的“美国信心”！

“美国信心”背后是力量更为强大的“养老金信心”！

美国信心、美元信心、养老金信心形成了牢固的三支柱，它们共同构成了完整的、完美的“美国信心体系”！

---

① 清议：“美元的商业模式”，《创富志》。请参阅：http：//finance. qq. com/a/20080805/000842_2. htm。

美元优势与美元信心

当今世界至高无上的美元，起源于现今的捷克共和国。1519 年，位于 Joachimstal 镇附近的一座银矿开始制造银币，银币的名称被人们不假思索地确定为 Joachimster，这种银币广泛流通，后来名称简化为“taler”，从而更加有名。在荷兰及德国南方，taler 一词开头的辅音常常软化而变成“daler”。英语采用了这一形式，最终将其拼写为现在的“dollar”一词的形式。1785 年，美洲殖民地大会确定了美国货币，他们根据毛里求斯总督和托马斯·杰弗逊的建议把 dollar（美元）作为标准货币单位名称。因为“dollar”一词已经广为人知①。

关于美元符号“＄”的起源，有好几种民间传说。一种说法是：它是由托马斯·杰弗逊发明的，为 TS 交织字母的标记，因为杰弗逊首次将该符号与美元联系起来，这种说法未免有点荒诞；另一种说法是：原来是字母 U 加在字母 S 上，当然代表 U. S.（美国）。后来由于印刷技术差的缘故，U 的底部未印出来，结果就剩下两条竖杠在字母 S 上。

美元霸权是建立在金光闪闪的黄金之上，也是建立在英镑霸权“无可奈何花落去”的命运之上。

马克思在《资本论》中写道，“货币天然不是金银，金银天然是货币”。在人类数千年的货币史上，使用范围最广、历时最长的货币是黄金，黄金成为一种非常典型的超主权货币。随着大英帝国的崛起，由英格兰银行独家发行的代表英国国家权利的英镑替代黄金在全球通用，人类史上第一种主权性质的国际储备货币诞生了！它就是英镑！②

1694 年，英国政府以 8% 的利率发行 120 万英镑的公债，建立了英格兰银

---

① 约翰·S. 戈登著，董宜坤译：《财富的帝国》，中信出版社 2007 年版。

② 央视经济半小时：货币战争之英镑霸权，2009 年 4 月 6 日。转引自中国新闻网。

行。此前英国社会上流通的货币主要是银币和金币。

1816 年，英国通过了《金本位制度法案》，以法律的形式承认了黄金作为货币的本位来发行纸币。

1821 年，英国正式确立了金本位制，英镑成为英国的标准货币单位，每 1 英镑含 7.32238 克纯金。所谓金本位制，就是以黄金作为本位币的货币制度，在该制度下，各国政府以法律形式规定货币的含金量。这一制度的典型特点就是自由铸造、自由兑换及黄金自由输出和输入，公民可以将持有的纸币按照货币含金量兑换为金币，各国之间不同的金铸币按各自含金量形成固定比较，建立比较稳定的国际货币联系，并允许黄金在国际间自由流动。金本位制的确立，加上英国在当时经济贸易的迅猛发展，很快确立了英镑的霸主地位，世界货币进入了英镑世纪。

1844 年，英国颁布了《英格兰银行条例》，英格兰银行成为唯一能够发行英镑的银行。

1872 年，英格兰银行开始为其他银行在困难时提供资金支持，从而维护了英国经济的稳定，英格兰银行开始扮演“中央银行”的角色，有效地维护了英镑的坚挺地位。

英镑在全世界的广泛使用，加上数百年英镑同黄金汇率的稳定，让伦敦成为当时的世界金融中心和航运中心，凭借其经济、军事优势，英国让葡萄牙、德国、丹麦、瑞典、挪威、法国、比利时、意大利、瑞士、荷兰、西班牙等国也先后过渡到金本位制，促成了国际金本位体系在 19 世纪 70 年代的最终形成。英镑成为世界货币，成为国际结算中的硬通货，与黄金一起发挥着世界货币的功能。

在 1914 年的第一次世界大战前夕，英国的海外投资高达 40 亿英镑，占西方国家总投资的一半。

第一次世界大战的爆发导致了金本位制度的崩溃，也导致英镑走向衰落。

1914 年 6 月，第一次世界大战爆发。各国纷纷停止了金币铸造，纸币与黄金之间的兑换，并且禁止黄金输出和输入，这就从根本上破坏了金本位制赖以存在的基础。于是，英格兰银行停止了英镑与黄金的兑换，导致英国在 1914 年第一次退出了金本位制。

1918 年 11 月，第一次世界大战结束。作为世界金融中心及世界霸主的英国，在战争中士兵伤亡约 80 万人，军费开支近 100 亿英镑，国民财富损失了 1/3，同时英国的出口额仅为进口的 1/2。巨额的贸易逆差，迫使英国变卖海外投资的 1/4 即 10 亿英镑去补偿贸易的巨额逆差。战前美国欠英国约 30 亿美元，战后英国倒欠美国 47 亿美元，同时，英国内债因战争开支而直线上升，战前英国内债为 6.45 亿英镑，战后猛增为 66 亿英镑。在这样一个背景下，“日不落帝国”经济出现大衰退，英镑的强势地位也就遭到了质疑。

1925 年，时任英国财政大臣的丘吉尔曾把英镑恢复到金本位制，然而，世界经济危机的到来不得不让英国又一次放弃。

1931 年 9 月 21 号，英国再次脱离了金本位制，从此再也没有回来过，它标志着英镑从世界主要货币的位置上跌落了。

英国首相丘吉尔在回忆录里这样描述自己参加雅尔塔会议时的心情：“我的一边坐着巨大的北极熊，另一边坐着巨大的北美野牛。中间坐着的是一头可怜的英国小毛驴。”① 这句话形象地描述出当时英国的国际地位。

1944 年“布雷顿森林货币体系”正式确立。标志着“二战”后以美元为中心的国际货币体系正式建立，英镑作为世界结算货币完全被美元所取代，世界货币开始进入美元世纪。

被称为“欧元之父”的美国著名经济学家、诺贝尔经济学奖获得者蒙代尔先生曾经说过，“IMF（国际货币基金组织）之所以要迁就美国，是因为在 1945 年，美国已经成为超级大国。美国的工业产出占了世界的 80%，拥有世界 3/4 的黄金储备，赢得了世界大战，还制造了原子弹。那个时候，美国势力独一无二。美元成为世界记账单位、关键货币、合约货币单位、价值储藏手段、交易媒介、干预外汇市场的主导货币、贸易结算货币、延期支付的货币单位以及国际储备货币。”

很显然，与英镑成为国际货币的历史起点很相似，美元也是以美国堆积黄金为起点，拥有全球 75% 左右的黄金成就了美元的霸主地位，所以美元又有“美金”之称。

---

① 央视经济半小时：货币战争之英镑霸权，2009 年 4 月 6 日。转引自中国新闻网。

“一将成名万古枯”，曾经风光无限的英镑霸权终于“无可奈何花落去”，被美元死死地踩在脚下。

1945 年之后的十年，是“美元短缺”时代，美元比黄金还要抢手，因为欧洲、日本战后复兴所需要的关键物质和技术，都必须从美国进口，美国当然要求他们用美元结算。

1947 年开始启动的马歇尔计划，是“美元外交”的划时代创举。总额高达 130 亿美元的巨款，将西欧从战争废墟里拯救出来，西欧成为美国忠实的盟友。此外，美国还对日本和韩国进行了大量援助，同样建立了密切的关系。

1945 ~ 1971 年，美国承诺依照固定价格（35 美元兑换 1 盎司黄金）、允许各国将美元钞票兑换为黄金，它是布雷顿森林体系的支柱，也是布雷顿森林体系对美元钞票发行（或全球流动性）的基本制约。随着其他国家纷纷用美元兑换黄金，于是美国曾经拥有的黄金数量越来越少。

1971 年 8 月 15 日，尼克松总统宣布“暂时终止美元与黄金或其他储备资产之兑换”。于是，布雷顿森林体系解体，美元钞票的内在黄金价值被连根拔掉，从此美元发行不再有外部制约。该事件被称为“尼克松冲击”，有学者认为这是尼克松实施的美元战略：“先将美元推销出去，然后再让它贬值”。

尼克松冲击

“尼克松冲击”是日本人的说法，一共有两次。

第一次是尼克松政府于1971年8月15日宣布实行“新经济政策”。该政策对外采取了两项措施：放弃金本位，停止美元兑换黄金和征收10%的进口附加税，从而导致“布雷顿森林体系崩溃”，西方国家股价普遍下跌，加剧了国际经济、金融的动荡。美国政府的这一决定对日本的影响最为严重，被日本金融界称为第一次“尼克松冲击”。

第二次是1971年美国国务卿基辛格来华访问，为尼克松总统访华做铺垫。这一事件直到公布前的最后一刻才通知日本政府，日本人深感被美国所抛弃。这次事件对日本政坛和外交政策都产生了巨大冲击，被日本外交界称为第二次“尼克松冲击”。

1971年布雷顿森林体系解体后，浮动汇率制度横空出世。浮动汇率成为美国国际金融政策的基本理念和逻辑。有学者认为，浮动汇率是美国在摆脱“美元与黄金挂钩”之后的新“杀手锏”。

众星捧月与美元回流

20世纪70年代全球经济的大事，就是爆发了两次世界石油危机。第一次石油危机爆发于1973年12月。1973年

10 月第四次中东战争爆发后，石油输出国组织的阿拉伯成员国于当年 12 月宣布收回原油标价权，使得石油价格猛然上涨了两倍多，从而触发了第二次世界大战后最严重的全球经济危机。第二次石油危机爆发在 1978 年年底。当时的世界第二大石油出口国伊朗的政局发生剧烈变化，石油产量受到影响，打破了当时全球原油市场供求关系的脆弱平衡，导致石油价格进一步上涨，使其成为 20 世纪 70 年代末西方经济全面衰退的一个主要诱因。

中东战争又称为阿以战争或以阿战争，是指以色列与埃及、叙利亚等周围阿拉伯国家所进行的 5 次大规模战争（1948 年、1956 年、1967 年、1973 年、1982 年）。1973 年爆发的是第四次中东战争，并由此引发第一次世界石油危机。石油被认为是“工业的血液”，由于美国是全球石油消费的第一大国，石油价格大幅度上涨自然对美国工业生产和经济增长构成直接的冲击。美国道琼斯指数和标准普尔指数在 1973 ~1974 年下跌了 43% ~45%，可以看出其对美国经济冲击的剧烈性。在两次世界石油危机的打击下，整个 20 世纪 70 年代的美国经济发展可以称为“失去的十年”。

但是，由于全球石油交易采用美元结算，这样石油价格上涨，给生产石油的产油国带来了大量的美元外汇。这样，通过石油作为实体经济的代表，美元作为货币经济的代表，两者实现了一种崭新的结合：石油美元。

石油危机给美国带来了“失去的十年”，但是石油美元却给美国带来了“繁荣的二十年”。石油危机于美国而言，真可谓“失之东隅，收之桑榆”！

石油美元

石油美元①是指 20 世纪 70 年代中期石油输出国由于石油价格大幅提高后增加的石油收入，在扣除用于发展本国经济和国内其他支出后的盈余资金。由于石油在国际市场上是以美元计价和结算，也有人把产油国的全部石油收入统称为石油美元。目前石油美元估计在 1 万亿美元以上，已经成为国际资本市场上一支令人瞩目的巨大力量。

---

① 关于石油美元，请参阅百度百科。

石油美元

石油美元（Petro - dollar）是指 20 世纪 70 年代中期石油输出国由于石油价格大幅提高后增加的石油收入，在扣除用于发展本国经济和国内其他支出后的盈余资金。

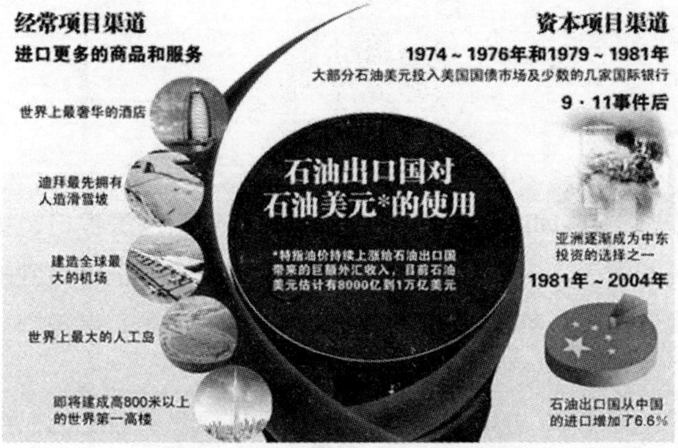

由于石油在国际市场上是以美元计价和结算的，也有人把产油国的全部石油收入统称为石油美元。

目前的石油美元估计有 8000 亿到 1 万亿美元，成为国际资本市场上一支令人瞩目的巨大资本力量。

石油美元出现后，立刻对世界经济和国际金融产生了巨大影响：第一，为产油国提供了丰富的资金，促进了国家经济发展。第二，使不同类型国家的国际收支发生了新的不平衡，国际储备力量的对比发生了结构性变化。第三，加剧了国际金融市场的动荡。石油美元投放到国际金融市场后，一方面充实了国际信贷力量，满足了许多国家对长短期信贷资金的需要；另一方面又导致股票、黄金和外汇等市场更加动荡。

石油与美元的结合，是把美元作为美国的主权货币，与一种十分重要的全球战略资源结合在一起了，而且这种战略资源为全球所有的国家所消费。石油无所不在，则美元无所不在。石油交易到哪里，则美元就出现在哪里。这样，美元就不是作为美国的主权货币那么简单了，它进一步走向超主权货币的新高度了。

可以说，石油与美元“喜结连理”，是 20 世纪 70 年代的大事。从此，“石油美元”成为“美国美元”的家族成员了。

欧洲美元

欧洲美元[1]是指存放在美国以外银行的不受美国政府法令限制的美元存款或是从这些银行借到的美元贷款。欧洲美元的清算中心设在英国伦敦。

欧洲美元

欧洲美元（Eurodollar）是指存放在美国境外的各国银行、主要是欧洲和美国银行欧洲分行的美元存款，或是从这些银行借到的美元贷款。欧洲美元与美国国内流通的美元是同一货币，具有同等价值，区别只在于财务处理方式不同。

欧洲美元出现于20世纪50年代初，曾因其具有供应充裕、运用灵活、存放及借贷不受任何国家管汇法令的干预和限制等特点，为各国政府或大企业提供了巨额资金，对战后西欧各国的经济恢复和发展起了积极的推动作用。

但是由于欧洲美元流动性强，不受约束，易对金融危机的激化起刺激作用。20世纪60年代中期以后，欧洲美元的地位有所削弱。

20世纪50年代，以伦敦为中心的欧洲美元市场初步形成。其形成缘于布雷顿森林体系使美元成为国际性通货，导致欧洲银行大量吸收美元存款，特别是英国和法国。

目前，“欧洲美元市场”已经成为“国际资本市场”的象征，它已经不局限于“欧洲”这一地理概念，也不局限于“美元”这一货币观念。在中国香港、新加坡等国际金融市场上，可以看到“欧洲美元”、“欧洲日元 ”、“欧洲马克”等市场。“欧洲货币”市场又进一步演变成“欧洲债

① 关于欧洲美元，请参阅百度百科。

券”和“欧洲股票”市场。

欧洲美元由于不受美国政府法令限制，因此它与国际政治、经贸关系紧紧联系在一起，不少主权国家为了避免美国政府的干预，将美元外汇存放到欧洲银行。同时，欧洲美元也与石油美元相关。一些石油输出国组织（欧佩克）的成员国担心美国制裁，于是将石油美元存入欧洲美元市场，然后又经过美国和欧洲的银行流入拉美和世界其他地区。第一次石油危机的前后两年间（1972 年底到 1974 年底），欧洲美元市场就增长了 79%，从 2847 亿美元扩张到 5095 亿美元。第二次石油危机之后，一年内（1978 年年底到 1979 年年底）欧洲美元市场就扩张了 30%，从 15375 亿美元增长到 18567 亿美元①。

亚洲美元

目前，经济学界还没有对亚洲美元②进行过统一的定义。第二次世界大战后，亚洲先后出现了“东亚奇迹”、“日本奇迹”、“中国奇迹”。“东亚奇迹”以“亚洲四小龙”为代表，包括韩国、新加坡、中国台湾地区、中国香港地区，这些国家和地区推行出口导向型发展战略，重点发展劳动密集型的加工产业，从 20 世纪 60 年代开始实现了经济的腾飞，到 20 世纪 80 年代功成名就，又有“东亚模式”之称。同时，还有“亚洲四小虎”的说法，是指泰国、马来西亚、菲律宾和印度尼西亚四个国家，在 20 世纪 90 年代也取得了让世人瞩目的经济发展成就。

---

① 向松祚：《美元霸权史》，资料来源于：向松祚网易博客，请参阅：http://xiangsongzuo.blog.163.com/blog/static/20738888200772195342768/。

② 亚洲美元：百度百科。

亚洲美元

亚洲美元是指长期以来在重商主义经济政策影响下形成的，由东亚国家在第二次世界大战后所积累的巨额外汇储备以及由此而产生的财富，因此它又被称为“重商主义美元”。

亚洲美元与石油美元相比较，长期处于相对弱势的地位。但是2000年以后，东亚经常项目盈余累积规模日益增长，亚洲美元的力量越来越凸显。

石油美元与亚洲美元是构成全球美元稳定并维持美国国际收支与现行消费的决定力量，美国借助全球原油价格主要以美元计价的优势，通过在石油美元与亚洲美元间斡旋并借助彼此的力量来削弱对方，从而获得最大的收益。

“东亚奇迹”、“中国奇迹”的一个共同特点是利用低廉的劳动力优势，通过出口商品换回美元外汇。日本由于经济发展阶段的差异，与中国不完全相同，但是通过持续的日美贸易顺差，同样积累了庞大的美元外汇储备。

可以说，亚洲美元的数量是世界上最大规模的海外美元，中国（包括中国大陆、中国台湾和中国香港）、日本、韩国成为亚洲美元最主要持有国。目前，亚洲美元最大的投资流向就是美国国债，亚洲美元持有的美国国债估计占到美国国债海外投资者总规模的50%左右。

由于全球经济体对美元的众星捧月①，美元给美国带来的收益十分明显：

第一，美国是个储蓄率很低的国家，依靠美国国民储蓄转化为资本积累来发展美国经济显然只是杯水车薪。但是，通过石油美元、欧洲美元、亚洲美元回流美国，这个问题不

① 请参见本书第六章《养老金撑起国债蓝天》的内容。

但迎刃而解了，而且使得美国成为“天下第一资本大国”、“天下第一坐商”。

第二，美国通过增加美元发行、推动美元贬值就可以获得巨额的“铸币税”收入。

第三，美国利用浮动汇率制，在强大的美国压力下，推动其他国家的货币升值，削弱本币升值国家的出口竞争力。

美元霸权给美国带来巨大的货币收益，早就引起了全球政治家、经济学家的关注，如法国总统戴高乐、美国经济学家蒙代尔等有识之士。当然，今天关注美元霸权现象的有识之士更加广泛。最近几年来，货币战争论、货币阴谋论、美元霸权论，也为我国越来越多的人所熟知。

国家之间的货币竞争、货币政策博弈就如同国家之间的经济竞争、经济政策博弈一样，无时无刻不在发生，特别是经济金融全球化之后，这种竞争和博弈的程度更加敏感和微妙。作为国家政策的制定者、财经官员们，当然需要对此保持高度警惕。同样，作为经济生活中的个人，也需要了解国家的货币政策以及国际间的货币政策博弈。

笔者认为，在关注美元霸权的同时，还必须认识到支撑美元霸权的经济发展基础，支撑美元霸权的制度设计，支持美元霸权的综合实力。

养老金优势与养老金信心

2008 年 9 月 24 日，面对深不可测的美国金融危机，温家宝总理在美国对美国财经界的人士讲过这样一句话，“信心比黄金和货币还要重要”。

借用温总理的“信心说”，在笔者看来，世界各国政府和投资者将苦苦挣来的美元外汇源源不断地、乐此不疲地送往美国的国债市场、股票市场、风险资本市场，同样是基于全球投资者对美国经济发展的信心，简称“美国信心”。

在笔者看来：美国拥有广土众民的先天优势，拥有制度创新和技术创新的传统优势，拥有人口结构相对年轻化的未来优势。这三大优势构成了“美国信心”的主要方面，它是支撑美元优势、美元霸权、“美元信心”的根本所在。

可以说，“美国信心”是“美元信心”的基础和根本！

“美元信心”来源于全球投资者的“美国信心”！

“美国信心”背后还有一股力量更为强大的“养老金信心”！

“养老金信心”是由美国自第二次世界大战后至今的政治家、财经专家创造出来的，是美国政治智慧和经济智慧的结晶。但是说到底，“养老金信心”是美国老百姓创造出来的，是美国老百姓用自己的“养命钱”堆集而成的。

在国际经济金融舞台上，作为全球经济金融大国，美国有能力、有动力与其他国家“玩心眼”、斗智斗勇。只要利用浮动汇率、美元贬值等一系列损人利己的措施，就可以“运筹于帷幄之中，决胜于千里之外”。所以，不少国家对于美国经济金融外交提心吊胆，担心“被算计”、“中埋伏”。

但是，美国作为一个民主国家，多党制国家，在制定国内政治经济金融政策时，并不能肆无忌惮、无所顾忌，必须尊重、敬畏国内老百姓的“民心、民意”。对当今美国政府而言，国内最大的经济政治就是“养老金政治”（Pension Politics）。虽然美国政治家通过民主政治程序可以动态地调整养老金制度，但是对于已经积累起来的养老金资本，美国政府既不敢、也不能“玩心眼”、“玩猫腻”。已经积累起来的养老金资本，代表的是千千万万的美国家庭、美国老百姓的切身利益、养老利益，任何谋求“打养老金主意”、“挖养老金墙脚”的国内经济政策既不可能蒙混过关、也不可能持之以恒。

可见，美国“养老金信心”是与美国“养老金政治”联系在一起，两者难分难解。可以说，在所有的美国金融资本中，美国养老金资本具有独一无二、无与伦比的感召力和影响力，它往哪个市场上一站，就立即能“振臂一呼，应者云集”，其他国内资本都唯养老金资本马首是瞻。

国外投资者正是看准了美国“养老金政治”、“养老金信心”，才前赴后继地跟随者美国养老金资本转战美国各大金融市场。

至此，美国信心、美元信心、养老金信心构成了美国完整的“信心体系”！

这是一个由美国经济、美元、养老金构筑的信心体系，也是一个由老百姓的民心、政治家的公心、投资者的私心构筑的信心体系，是一个三足鼎立的信心体系（见图10－1）。

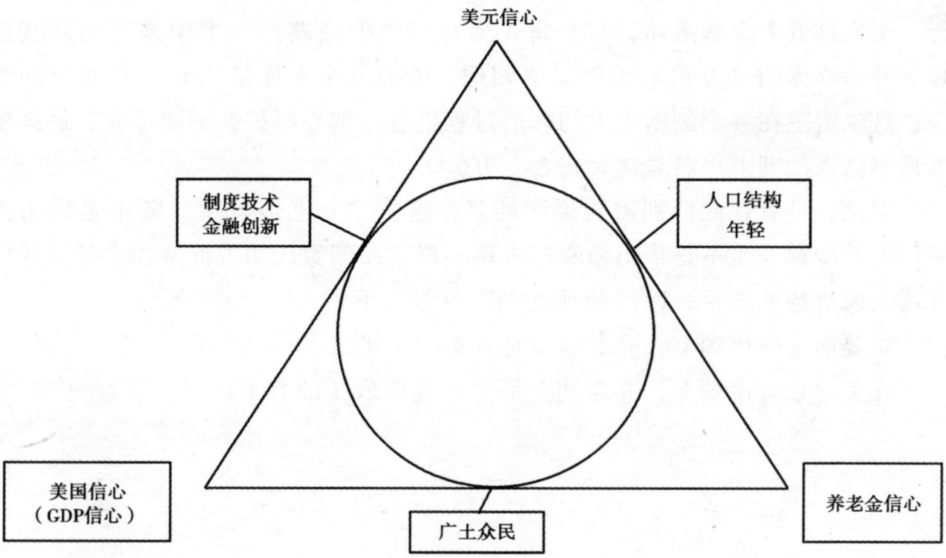

图10－1　美国信心体系图

确实，不管是石油美元、欧洲美元，还是亚洲美元，它们不远万里来到美国，一个猛子就扎进了美国国债市场、股票市场、风险资本市场的汪洋大海里。这样，从地域上看，远在天边的美元回流了，又回到了美国的怀抱，回到了近在咫尺的华尔街上。

此时，一个非常奇妙的事情发生了：这些在美国金融市场上潜水的外国投资者，碰到了比他们来得更早、更加财大气粗的美国养老基金！

“莫道君行早，更有早行人”。这些外国投资者碰到的养老基金作为“五岳剑派”的盟主，早就成为美国国债市场、股票市场、风险资本市场这“三大门派”的“座上客”，而且是“VIP客户”。这样，这些外国投资者心里就踏实多了，他们信心十足地给其他投资者大讲特讲："我们是在和美国养老基金共泳"、"我们是在和美国养老基金共舞"！

实际上，美国金融市场上的国债市场、股票市场、风险资本市场、投资银行、美元这五大金融主体，与金庸先生在《笑傲江湖》一书中描写的同气连枝、开宗立派的"五岳剑派"颇为相像。养老基金更像是"五岳剑派"的盟主，这位盟主在各个剑派光大门楣的过程里总是细心呵护，不离不弃，最终使五岳剑派在江湖上声名显赫、扬名立万。

但是，笔者在此特别需要说明的是，这位"养老金盟主"既不是嵩山派掌门人左冷禅，也不是华山派掌门人岳不群，反倒像武功盖世、剑术超神的世外高人风清扬老先生，以"独孤九剑"享誉天下。

在美国金融市场上，养老基金是真正的无冕之王！

在美国金融市场上，养老基金是"先忧后乐"的君子！

第三部分

养老金成为“财迷日本”的烫手山芋

日本养老金先是“好兄弟”，后是“坏小子”，成败皆有养老金！

日本战后经历过人口红利大国、贸易大国、制造业大国的辉煌，经历过货币大国、流动性大国、债权大国的鼎盛，但是从来没有经历过金融大国、金融强国的繁荣。

日本战后金融发展史，前半部分是喜剧，后半部分是悲剧。

战后日本从一片废墟上重建经济，最难之处莫过于资本形成。一部以日本平民为主角的电影《望乡》，写尽了日本普通民众为国家资本形成而在屈辱中挣扎生存、回报社会的“匹夫有责”精神。

1953 年，吉田茂首相在深思熟虑之后，创造性地建立了“财投计划”，它很快就成为日本政府的“第二财政”。资本形成的奇迹就此诞生！

由于养老保险基金在财投计划中一直占据支配地位。实际上，养老金成了日本政府的“第二财政”。养老金真是好兄弟！

1985 年《广场协议》过后，日元大幅升值，股市泡沫、房地产泡沫、海外资产泡沫几乎同时泛滥成灾，几乎同时破灭成灰。日本政府、国民、企业、日本机构无一逃脱泡沫破灭带来的灭顶之灾。养老金为泡沫经济发展推波助澜，结果成了坏小子！

今天，日本养老金不但绑架了日本利率、市盈率和债务比率，而且绑架了日本经济和日本政治。

实际上，日本虽然经历了人口红利大国、贸易大国、制造业大国、债权大国的辉煌，但是从来没有享受到金融大国的收益。即使是在泡沫经济最鼎盛的时候，日本也只能算是货币大国、流动性大国。

第十一章
超越美国的日本梦

用二十年的时间，日本“大国崛起梦”、“超越美国梦”终于成真！
“日本奇迹”的最好注脚，就是日本成了全球GDP大国、技术大国、贸易大国、债权大国、对外经济援助大国。

1946～1955 年是日本战后经济复兴期，在美国麦克阿瑟将军和日本首相吉田茂的共同治理下，奠定了战后日本政治经济的基本格局。

1955～1973 年是日本经济高速增长时期，也是日本重化工业发展的关键时期，“大量生产”与“大量消费”相互辉映。1964 年，在日本东京举办了奥运会，1970 年在日本大阪举行了世界博览会。

1973～1986 年是日本经济稳定增长时期。1986～1991 年是日本经济缓慢增长时期。此后进入了泡沫经济的膨胀与破灭时期，出现了“逝去的十年”、“逝去的二十年”之景象。

从 1970 年到 1990 年，在将近 20 年的时间里，日本经济发展取得了令人惊奇的成绩，有“日本奇迹”之说。在此期间，日本实现了大国崛起的梦想：日本成为世界 GDP 大国、技术大国、贸易大国、债权大国、对外经援大国。

在这 20 年里，日本超越美国的梦想终于成真！

东西方的相会

从尼克松的政治家身份来看，他成为美国第 37 位总统（1969～1974 年）给世界至少带来了两大冲击：一是解体布雷顿森林体系；二是开启中美外交大门。实际上，尼克松还是一位卓越的政治评论家，他的影响同样十分深远。

我国出版过尼克松的多部重要著作，其中两部最为著名：一部是《领导者》，一部是《角斗场上》（也翻译为《竞技场上》）。前者讲国际政治，后者讲国内政治。前者还是一部非常有影响力的政治励志读物。

《领导者》一书的开篇文字这样写道：

> “在伟大领袖们的脚步声中，我们可以听到历史的滚滚雷声。有史以来——从古希腊人，经过莎士比亚，直到现代——很少有什么主题能像伟大的领袖人物那样经久不衰地吸引着戏剧家和历史学家。是什么使这些领袖人物与众不同？领袖和被领导者之间那种特别的、难以形容的激越感情又是什么引起的呢？”

《领导者》一书也许是为了避免落入“厚此薄彼”的陷阱，没有对美国重要的政治家进行着笔，却将美国“二战”名将道格拉斯·麦克阿瑟写进了该书。即便这样，尼克松仍然写得很曲折，标题为“道格拉斯·麦克阿瑟和吉田茂——东西方的会合”。

在尼克松的笔下，是日本的吉田茂首相从另外一个角度准确地评价了麦克阿瑟：“正是他，把我们国家（指日本）从投降后的混乱和疲惫中拯救出来；正是他，在我们社会的各个角落撒下了民主的种子。”

尼克松在《领导者》一书中感慨道：“事实上，是麦克阿瑟和吉田茂——胜利者和被征服者，西方人和东方人，将军和政治家——一起使日本迅速地、戏剧性地转变成为当代世界史上一个举足轻重的国家。”

1945 年，麦克阿瑟控制了从肉体上到精神上都被打败了的日本。在这次世界大战中，这个国家死了 200 万人，其中有 1/3 是平民。工厂被夷为平地。在 20 世纪 20 年代和 30 年代奠定了日本势力基础的对外贸易业荡然无存。食品十分奇缺。更糟糕的是，日本人把他们的全部信仰和能力，投入到一场他们认为上苍不会让他们失败的战争中去。结果，他们的天皇却让他们放下武器。在日本的历史上，这是第一次蒙受投降的耻辱。不久，裕仁天皇又公开地宣布他放弃历代天皇的神威，这可是日本民众宗教信仰的基础。军事上的失败，留下了物质上和精神上的两个真空。

麦克阿瑟是法典制定者，吉田茂则是执行者。麦克阿瑟抛出提纲挈领的法令，吉田茂再把它们塑造成为适合日本需要的东西。结果，在短短的 9 年之后，当吉田茂首相 1954 年年底之前离开首相府时，日本就从一个极权主义国家变成一个民主政治国家，并且从濒临崩溃的经济体一跃而跻身世界最强大的经济体之列。

吉田茂第一次担任首相的时间是从 1946 年 5 月 22 日到 1947 年 5 月 24 日，第 2 次到第 5 次的时间是从 1948 年 10 月 15 日到 1954 年 12 月 10 日。由于朝鲜战争爆发，麦克阿瑟将军离开日本。麦克阿瑟和吉田茂相会的时间是指 1946 ~ 1950 年这段时间。

1946 ~ 1955 年是日本战后经济复兴期①。

---

① 作者不详，《日本经济》，上海财经出版社。转引自 elong 3618. blog. hexun. com。

日本在美国占领当局的“间接统治”下，实行了战后改革，包括改革初期实施非军事化，制定“和平宪法”，同时实施解散财阀、农地改革、劳动立法等三大民主改革。1946 年选准煤炭与钢铁作为恢复经济的突破口，采取了著名的“倾斜生产方式”。1947 年初设立了“复兴金融金库”，给重点产业部门提供低息贷款。

由于大量的价格补贴和巨额的低息贷款加剧了通货膨胀，1948 年日本出现了所谓“狂乱物价时期”。为了稳定日本经济，克服通货膨胀，美国政府于 1948 年底提出了稳定日本经济的 9 条方针，并委派底特律银行董事长道奇担任占领军司令部的财政金融顾问。1949 年根据道奇的指示（道奇路线），对日本经济进行整顿，废除了价格补贴和低息贷款，并编制了平衡预算，使通货膨胀得到了控制，物资供应的紧张局面得到缓和，对经济的统制也逐步撤销，为市场机制进一步发挥作用创造了条件。

朝鲜战争爆发后，大量的战争“特需”犹如及时雨润泽了日趋干枯的日本经济，带来了空前的“特需景气”，出现了“投资、消费景气”。从 1946～1955 年的 10 年间，日本国民生产总值（GNP）年均增长率达到 9.2%。

激荡的百年史

1955～1973 年是日本经济高速增长时期①。

1956 年发表的《经济白皮书》宣称：“现在已不是战后了”。这句话一时成为流行语，甚至被后人认为是日本进入经济高速增长时代的“宣言”。

1955～1973 年将近 20 年期间，日本 GNP 平均年增长率持续保持在 10% 以上。1973 年日本的实际 GNP 达到 1946 年的 11 倍，达到战前水平（1934～1936 年）的 7.7 倍。日本的人均 GNP 从 20 世纪 50 年代不及美国

① 作者不详，《日本经济》，上海财经出版社。转引自 elong 3618. blog. hexun. com。

的1/10,增长到相当于美国的60%。这样的增长速度在日本的历史上是空前的，在世界的历史上也是少有的。

这段时期是日本重化工业发展的关键时期，出现了“投资呼唤投资”的热潮。通过设备投资热潮，在战争期间由发达国家开发的新技术、新产品大量流进日本，使原有的产业设备一举更新，崛起了钢铁、合成纤维、石油化学、电子工业等一大批新兴产业。

1960年，由池田内阁提出的“国民收入倍增计划”成为日本经济高速增长的一个象征，使广大的民间企业受到鼓舞，其低利率政策则有力地刺激了民间投资的增长，出现了“大量生产”现象。

与“大量生产”相互促进的是“大量消费”，特别是“家庭电器热”成为高速增长时代日本国民消费的一大特征。到了20世纪60年代，彩电、空调、小轿车（由于这三大件的英文词的第一个字母都是“C”，故又称“3C”）成为国民消费需求的新的中心。

随着经济实力的增强，日本于1964年加入“经济与合作发展组织”（OECD），进入了发达国家行列。1964年，日本东京举办了奥运会，1970年，大阪举办了世界博览会。同时，通过建设日本新干线，有力地促进了经济高速发展。

以美元换算的日本国民生产总值于1967年超过了英国和法国，1968年超过了西德（前联邦德国），从而在经济规模上成为西方国家中仅次于美国的第二大经济体。日本的人均国民收入也从1960年的378美元上升到1970年的1515美元，接近了西欧的水平（占世界第20位）。

1967年，日本前首相吉田茂根据《大英百科全书》中关于日本的卷首论文润色而成的《激荡的百年史》① 出版，旋即成为世界性的畅销书。

如果就世界历史的大起大落、跌宕起伏的戏剧性而言，日本堪称第一。

从1868年明治维新开始，日本在一个世纪的时间里集中了悲喜剧的全部要素，扮演了跨越两个极端的所有角色：

从偏安一隅、向学大陆的小心翼翼的学生，到蔑视群小、唯我独尊的亚洲

① 吉田茂：《激荡的百年史——我们的果断措施和奇迹般的转变》，孔凡、张文译，世界知识出版社，1980年版。

"优等生"；从签署城下之盟、被迫开国的封闭岛国，到穷兵黩武的屠夫、侵略霸道的列强；从一片瓦砾、民生凋敝，到经济腾飞、国富民强。①

能从废墟中迅速崛起，并一跃成为世界经济强国，日本人用了短短一代人、30 年左右的时间。

对此，吉田茂强调"机智"的重要性：

"的确，日本人做了非常顽强的努力。与此同时，也令人感到日本人生逢其时，凭借了其幸运的一面。"

"太平洋战争中，日本遭到惨败，可是整体看来，日本还是在国际政治的变幻莫测中巧妙地把握了自己的方向，这是日本人聪明的地方，尤其是明治时期的政治领导者都具有卓越的机智。它应该一直受到提倡，日本民族永远不可以放弃这种机智。"

幸运、机智、勤奋，确乎是现代日本实现成功转型的秘诀。当然，日本人也不能忘记吉田茂的"机智"：轻军备、重经济、低姿态的"吉田路线"及其后来者长久的贯彻执行。

日本奇迹与崛起

1973 ~ 1986 年是日本经济稳定增长时期②。

1971 年 8 月的"尼克松冲击"后，日元对美元汇率从 1 美元兑换 360 日元调整到 1 美元兑换 308 日元，但行情仍不稳定，又于 1973 年 2 月由固定汇率制转变为浮动汇率制。

1973 年年底爆发的第一次石油危机，对石油消费国的经济造成了很大影响，引发了通货膨胀、经常收支项目恶化等严重问题，对依靠进口中东石油、号称"油上楼阁"的日本经济冲击更大。

① 刘柠："吉田茂：激荡历史中的掌舵者"，《新京报》2006 年 4 月 7 日。

② 作者不详，《日本经济》，上海财经出版社，转引自 elong 3618. blog. hexun. com。

为了克服石油危机，努力推行生产与经营合理化的民间企业功不可没。在发生“尼克松冲击”与石油危机之后，人们曾经预计日本经济承受不了这样的双重打击：采取浮动汇率制以后，日元升值会导致民间企业国际竞争力的下降。但是，到了20世纪70年代后半期，人们逐渐发现：尽管油价上涨，在西方国家中遭受冲击最大的日本经济却最快恢复；尽管汇率浮动，民间企业却能在困境中顽强地恢复其活力。

由于产业结构的调整，企业竞争力增强，日本经济成功地抵御了第一次石油危机带来的外部冲击。因此，尽管在1978～1979年爆发了第二次石油危机，1981～1983年再次出现世界性经济危机，日本经济所受影响甚小。总之，日本经济走上了稳定增长道路后，经济增长在发达国家中有上乘表现。

随着日本的经济、科技水平日益赶上欧美，日本政府越来越感到必须加强自主的技术研发，必须“从模仿外国技术的时代走向独创的时代”。为此，日本政府于1980年正式提出了“技术立国”方针，制定了“创造科学技术推进制度”（科技厅）、“下一代产业基础技术研究开发制度”（通产省）等重要的研究开发计划，采取各种政策措施来推动“产官学”（“产”指民间企业，“官”指政府研究机构，“学”指大学）的科技合作与交流。

相比其他西方国家，日本良好的经济表现与迅速的技术进步，带来了日本对外经济关系的重大变化。由于国际竞争力的增强，日本工业品出口持续扩大，特别是加剧了日美之间的贸易不平衡，日美贸易摩擦接连不断，日趋激化。

1985年五国财长会议（签署《广场协议》）之后，日元大幅度升值。从1985年9月至1988年11月的3年多时间里，从1美元兑换230日元上升到1美元兑换121日元，升值幅度之大令人瞠目结舌。

广场协议

20 世纪 80 年代初期，美国财政赤字剧增，对外贸易逆差大幅增长。美国希望通过美元贬值来增加产品的出口竞争力，以改善美国国际收支不平衡状况。

1985 年 9 月，美国、日本、前联邦德国、法国、英国等五个发达工业国家财政部长及五国中央银行行长在纽约广场饭店（Plaza Hotel）举行会议，达成五国政府联合干预外汇市场的协议，使美元对主要货币有秩序地下调汇率水平，以解决美国巨额的贸易赤字。该协议又被称之为《广场协议》（Plaza Accord），协议中规定日元与马克应大幅升值以挽回被过分高估的美元价格。

《广场协议》签订后，五国政府立即联合干预外汇市场，各国开始抛售美元，继而形成市场投资者的抛售狂潮，导致美元持续大幅度贬值。日元的急剧升值使得日本经济面临前所未有的挑战，加上日本政府经济对策不“对方”，最终导致日本经济在出现严重泡沫之后掉入了衰退的深渊，从此一蹶不振数十年。

1986～1997 年是日本泡沫经济时期。1998 年至今是日本经济缓慢复苏时期。

总而言之，从 1970～1990 年的 20 年间，日本经济发展取得了令人惊奇的成绩，获得了“日本奇迹”的盛誉，实现了大国崛起的梦想。

日本作为全球经济大国，其经济实力强大表现为：[①]

第一，成为世界 GNP 大国。日本国民生产总值 1956 年为 250 亿美元，1966 年上升到 1000 亿美元，1970 年为 2042 亿美元，1979 年达到 10085 亿美元，首次突破 1 万亿美元大关，约为美国国民生产总值的 1/2。1990 年，日本国民生

① 作者不详：《日本的经济政治和对外关系》，网络文章。请参见：http://bm.gduf.edu.cn。

产总值达到2.52万亿美元，相当于美国国民生产总值的近60%。

第二，成为世界“技术大国”。日本于20世纪80年代提出了“科技立国”战略，迅速跻身于世界科技强国之列。在微电子技术、新材料技术、生物技术、高性能半导体技术、核聚变的炉心技术、航天器制造和发射技术等领域，走在世界前列。

第三，成为世界“贸易大国”。从1956年的25.01亿美元，增加到1988年的2468.56亿美元，32年间增长了104倍。在1983年以后，成为世界上最大的贸易顺差国。

第四，成为世界“债权大国”。1985年年底，其海外的净资产额达1298亿美元，超过了英国的1118亿美元，从而成为世界上最大的债权国。1991年年底，其海外净资产额达3830亿美元，比1981年增长了30多倍。1994年，日本仍是世界上最大的债权国，债权额达6889亿美元。

第五，成为世界“对外经援大国”。1989年，日本的对外经援额达104亿美元，超过了美国的91亿美元，从而成为世界上最大的对外经援国。

总之，到20世纪80年代末期，日本已经成为全球国民生产总值大国、技术大国、贸易大国、债权大国、对外经援大国，在全球经济中占有举足轻重的地位。

天下谁人不识君

在日本经济稳定增长时期，日本首相中曾根康弘叱咤风云，举世瞩目，可谓是“天下谁人不识君”。他在日本政坛乃至国际社会上空前活跃，自民党特意为他修改了自民党总裁不得连任三届首相的有关规定，从而为他三次连任日本首相铺平了道路，而他本人也因此获得了日本皇室的菊花勋章。

中曾根康弘于1982年起就任并蝉联日本第71届、第72届、第73届首相，从1982年11月27日到1987年11月6日，共计执政1806天，是日本战后历史上屈指可数的长寿政权之一。有学者认为，在战后日本政坛，无论是外在形象与内在气质，还是任内政绩与任后影响，鲜有出其右者。其高大俊朗、侃侃而谈的个人魅力不仅在日本政界显得卓尔不群，而且声名溢出了国界①。

中国有句古语，叫做“成也萧何，败也萧何”。从一定意义上讲，中曾根首相对于日本的经济影响莫过于此语！

他享有“日本原子能产业之父”的美誉，因为早在20世纪50年代，当时初次当选议员的中曾根就主张和平使用原子能、建立核电站。

他被公认为日本最国际化的政治领导人，积极推行民主政治理念。在20世纪80年代，他与美国总统里根、英国首相撒切尔、德国总理科尔一起，共同构筑了“保守主义”战线，并承担了其在东亚的一翼。奉行对前苏联强硬政策的里根政府，实施“星球大战计划”，要求日本成为其在远东遏制前苏联和在亚洲安全保障上起更大作用的同盟国②。

1984年2月，中曾根连任首相时确立日本发展的重要目标：以改革和挑战为主题，以自主、合作、创造为旗帜，创建日本的宏伟文化和福利国家。

在国内经济方面：他推行了行政体制改革、财政体制改革、教育体制改革，他解决了日本“国铁”（国营铁路）的民营化问题，他成立了日本电信电话公司并推动日本信息化产业发展。

在国际经济方面：利用美国20世纪80年代初期实施强势美元、高利率政策的时机，推动日本资金进入美国市场，大量购买美国国债。一方面，日本海外投资获得较好收益，推动了日本经济发展；另一方面，日本资金推动了美国的资本形成，帮助里根总统解围了当时美国的财政金融困境。这样，在中曾根和里根两位领导人的携手下，为日美经济共同发展谱写了和谐之曲。

---

① 请参见：“岩松看日本：专访前首相中曾根康弘”，央视网，2009年8月21日。

② 请参见：中曾根康弘，百科名片。

雁行模式

“雁行模式”的提法起源于日本经济学家赤松要的“雁行产业发展形态论”。赤松要认为，日本的产业发展实际上经历了进口、进口替代、出口、重新进口四个阶段，因为这四个阶段呈倒“V”型，在图表上酷似依次展飞的大雁故得此名。

从20世纪60年代开始，特别是70～80年代以来，作为在东亚地区唯一的经济发达国家，日本开始逐步向东亚地区进行直接投资，在东亚地区建立了以自己为核心的“东亚雁行国际分工体系”，并在此基础上形成了“东亚雁行发展模式”。

20世纪80年代以来，一些日本学者引用赤松要“雁行产业发展形态论”，将战后东亚地区国际分工体系和经济发展过程也喻为一种“雁行形态”或“雁行模式”。其基本内涵是：率先实现工业化的日本依次把成熟了的或者具有潜在比较劣势的产业转移到“亚洲四小龙”，后者又将其成熟的产业依次转移到东盟诸国（泰国、马来西亚、菲律宾、印度尼西亚等），20世纪80年代初，中国东部沿海地区也开始参与东亚国际分工体系，勾勒出一幅以日本为“领头雁”的东亚经济发展的雁行图景，在他们之间形成了技术密集与高附加值产业—资本技术密集产业—劳动密集型产业的阶梯式产业分工体系。

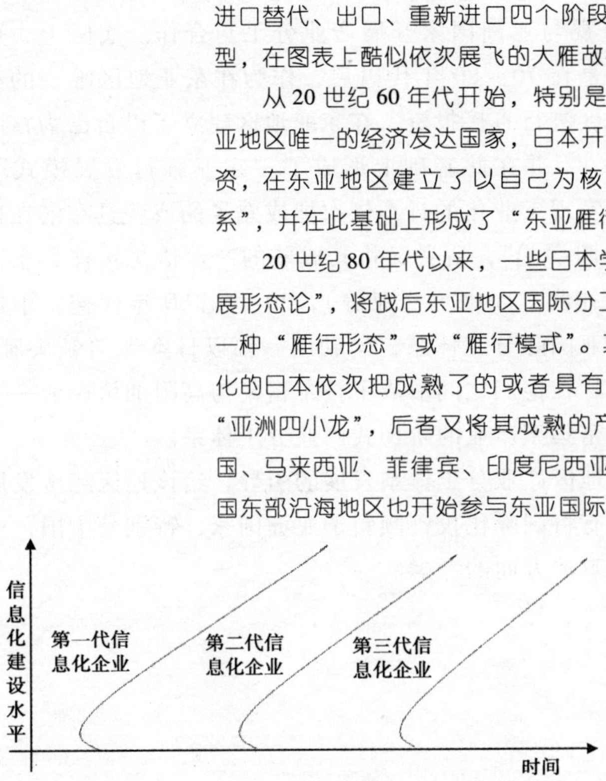

但是，中曾根政府实行的财经政策，至少有三大致命的失误：

第一，对人口红利的收益过于乐观，对人口负债的冲击估计不足。没有利用好人口红利的大好时机进行养老金制度改革，错失了历史机遇。

第二，没有及时推进金融制度改革，没有推进金融结构变迁，导致资本红利获取的通道没有建立起来，把大好的长期资本作为银行短期存款来使用，采用“守财奴”的方式在日本国内过度投资基础设施，推高资产价格，制造经济泡沫。

第三，日本国际化投资过于集中在美国，造成越来越严重的日美贸易摩擦，最后在美国的强大压力下，匆忙进行日元升值，可以说是一错再错。

当然，日本不是没有重视与亚洲国家开展产业分工与合作。实际上，从20世纪60年代开始，特别是在70～80年代以后，作为在东亚地区唯一的经济发达国家，日本向东亚地区进行直接投资，在东亚地区建立了以自己为核心的“东亚雁行国际分工体系”，并在此基础上形成了“东亚雁行发展模式”。该模式的基本特点是：率先实现工业化的日本依次把成熟了的或者具有潜在比较劣势的产业转移到“亚洲四小龙”，后者又将其成熟的产业依次转移到东盟诸国（泰国、马来西亚、菲律宾、印度尼西亚等），20世纪80年代初，中国东部沿海地区也开始参与东亚国际分工体系，勾勒出一幅以日本为“领头雁”的东亚经济发展的雁行图景，在他们之间形成了技术密集与高附加值产业——资本技术密集产业——劳动密集型产业的阶梯式产业分工体系。

虽然日本重视了对亚洲地区产业分工体系发展的引导，给该地区经济发展创造了机会。但是，日本没有将国际化投资倾斜于亚洲国家，特别是中国，反而舍近求远，可能有历史、政治方面的考虑。

第十二章
养老金是个“好兄弟”

“谁敢横刀立马，唯我养老基金！”

从“新干线养老金造”到“汽车养老金造”，从“内需不足养老金来推”到“股市不涨养老金来推”，战后日本高速奔驰的经济列车正是数以兆计的养老金提供了原动力。养老金真是个好兄弟！

20世纪50～60年代的日本，铁轨不断地在大地上蜿蜒延伸，一幢幢高楼平地升起，一条条高速路四通八达，从战后的萧瑟一片变成了举世瞩目的沸腾工地。庞大的养老保险基金正是其背后默默无闻的英雄和功臣。

20世纪70年代，日本重化工业逆风飞扬，汽车产业乘势而起。今天，我们仍然可见“汽车，日本造！”的大幅广告宣传。实际上，从日本汽车产业发展的历史起点来看，应该是：汽车，日本造！养老金造！

20世纪80年代中后期的日本，由于日元大幅度升值，国内产业和资本纷纷外流，内需不足成为日本经济的大问题，日本养老保险基金再次披挂上阵、浴血奋战，纵横驰骋。

“谁敢横刀立马，唯我养老基金！”

养老金真是个好兄弟！

养老金成为“第二财政”

第二次世界大战结束时，日本经济面临着两个突出的问题：一是如何尽快实现国民经济的独立；二是如何尽快解决严重的失业问题。显然，要解决这两个问题必须首先募集到大量的资金，必须有资本形成。特别是对那些在国民经济发展中具有重要作用的基础设施投资来说，由于投资周期长、风险大，当时分散的、弱小的民间资本根本无力顾及。同时，日本政府的财政预算能够用于投资的资金规模也非常有限。

在这种情况下，为了从数量和结构上解决资金供给与资金需求之间的巨额缺口，迫切需要开辟新的资金渠道。正是在这样的历史大背景下，1953年日本财投计划正式应运而生①。

财投计划的诞生，凝聚了吉田茂首相的远见卓识和深思熟虑。

① 陆建新：“日本财政投融资体制及其对我国的借鉴”，《江淮论坛》，1996年第3期。

财投计划的伟大，在于为战后日本经济复兴加速了资本形成！

资本形成对于战后的日本而言，可以说是救命之水！

在政府财力不足和民间融资缺少的情况下，通过财投计划筹措到大量资金用来进行公共基础设施建设，真是找到了一条捷径，打开了一个通道。

同时，它也成为日本政府推进经济战略、贯彻产业政策的有力手段。日本政府通过财投计划向各个时期的重点产业和薄弱部门提供大量资金，并以此诱导民间资本的投资方向。

日本财投计划的原始资金来源包括：邮政储蓄、养老保险基金、简易生命保险、产业特别会计以及资金运营后增值的部分。其中，养老保险基金主要包括国民年金保险和厚生年金保险两大部分。前者是养老金体系第一支柱的主体，后者是养老金体系第二支柱的主体，如果把简易生命保险算作是第三支柱的主体，那么养老金体系三支柱里的“三巨头”就被财投计划全部网罗旗下了！

虽然随着战后日本经济的不断发展，财投计划的资金结构也发生了一些变化，但是养老保险基金在财投计划中的支柱地位一直没有动摇过。财投计划因为资金具有长期性，规模十分巨大，并且长期投向基础设施等公共领域，在日本享有“第二财政”的美誉。

第二次世界大战后，日本政府将养老保险基金重点用于基础设施建设，同时也是基于两方面的考虑：

第一，符合“资产负债匹配原则”。基础设施建设的显著特点就是所需建设资金规模大，投资周期长，往往需要一二十年才能将本金收回，此后才能取得缓慢的长期的投资收益。因此，要进行大规模的基础设施建设，就必须首先为筑路架桥找到巨额的长期资金。养老保险基金的资金特点，几乎就是为基础设施投资量身定做的，不仅是长期资金，而且规模庞大，并且希望获得长期稳定的投资收益。实际上，养老保险基金与基础设施建设，二者的关系犹如火车与铁轨，当二者结合在一起的时候，它们立即创造出风驰电掣的“新干线”速度！

第二，符合日本公共金融体系建设的逻辑。与欧美国家不同，日本金融体制中存在着庞大的公共金融体系，政府通过公共金融机构直接参与资金汇聚、分配和投资活动，资金运用具有很强的政策导向性，投资一般与国计民生项目密切相关。很显然，如果养老保险基金是私人资本的话，那么它就会与原有的公共金融机构和公共金融体系格格不入、形同陌路，可喜的是养老保险基金既不是私人资本，也不是纯粹的财政资金，是将财政与金融相结合的一种特殊投融资方式。

这样，从养老保险基金的骨子眼里来讲，它与日本早先形成的公共金融体系拥有太多的共同点，于是它们一拍即合、水乳交融。

这样，养老保险基金、财投计划制度、基础设施建设项目，三者之间形成了一条完整的资金循环链条。大量的养老保险基金流向基础设施建设领域，为战后日本的经济腾飞打下了坚实的资金和物质基础。

养老金投资“四步曲”①

在 2001 年 3 月 31 日前，养老保险基金主要通过财投计划来进行投资。从 1961 年到 2001 年 3 月 31 日，积累的资产规模约有 142 万亿日元，占 2000 年国内生产总值（即 GDP）的比重为 28% ，是世界上最大的社保基金之一。从 2001 年 4 月开始，日本政府为社保基金建立了年金积立金投资制度（见表 12－1、表 12－2）。

表 12－1　　年金积立金历年积累情况　　单位：万亿日元

年份	厚生年金余额储备	国民年金余额储备	年金积立金累计余额	GDP（10 亿日元）	GPIF/GDP（%）
1961	0.6	0	0.6	8370	7.17
1965	1.4	0.2	1.6	32866	4.87
1970	4.4	0.7	5.1	73345	6.95
1975	12.3	1.9	14.2	148327	9.57

① 本部分内容转引及改写自：郑秉文、房连泉、王新梅：“日本社保基金‘东亚化’投资的惨痛教训”，《国际经济评论》，2005 年 5～6 月。

续表

年份	厚生年金余额储备	国民年金余额储备	年金积立金累计余额	GDP（10亿日元）	GPIF/GDP（%）
1980	28.0	2.6	30.6	240176	12.74
1985	50.8	2.6	53.4	325402	16.41
1990	76.9	3.6	80.5	442781	18.18
1995	111.8	7.0	118.8	495166	23.99
1996	118.5	7.8	126.3	505012	25.01
1997	125.8	8.5	134.3	515644	26.05
1998	130.8	9.0	139.8	504905	27.69
1999	134.4	9.5	143.9	497629	28.92
2000	131.5	11.0	142.5	502990	28.33

注：关于年金积立金的资料来源：日本社会保险研究所，《日本1999年年金白皮书 年金储备运用》，表1-3。转引自：郑秉文、房连泉、王新梅：“日本社保基金‘东亚化’投资的惨痛教训”，《国际经济评论》，2005年5~6月。

资料来源：日本历年国内生产总值（名义GDP）一览（1955~2008年），百度文库。

表12-2　　年金积立金占GDP的比重（%）

年份	1965	1970	1975	1980	1985	1990	1995	2000
比重	4.8	6.8	9.2	12.4	16.4	21.9	24.8	28.0

资料来源：Eiji Tajika，“The Public Pension System in Japan The Consequences of Rapid Expansion”，World Bank Institute，Paper No. 37203，2002。转引自：郑秉文、房连泉、王新梅：“日本社保基金‘东亚化’投资的惨痛教训”，《国际经济评论》，2005年5~6月。

按照资金运用流程，可以将“财投计划”划分为入口、中介、出口三大系统。“入口系统”是邮政储蓄、养老保险基金、简易生命保险等“财投计划”的资金来源，这些资金属于有偿使用，需要定期偿还。“中介系统”是原大藏省的资金运用部，它像一个巨大的过滤器，将不同渠道、不同性质和不同风险的资金来源集中起来，并过滤到财投体系的出口。资金运用部负责制定每年的财投资金运用计划，其资金运用的基本出发点在于为实现社会经济发展的公共目标领域融资，以弥补市场的缺陷和社会资本的不足。作为连接“入口”和“出口”的中介，资金运用部需要定期支付从“入口”处的借款本金和利息，并收取“出口”处各个财投机构的贷款本息作为补偿。“出口系统”则是运用财投资金的各个对象机构即财投机构。

从 1953 年日本政府制定的第一个财投计划至今，财投计划的演变大体经历了四个阶段：

第一阶段是战后复兴时期（1946～1955 年）。在此阶段，财投计划把大量资金投向钢铁、煤炭、电力、海运等方面的骨干企业，积极扶植基础产业的发展，其筹资额占这一阶段民间产业固定资本筹资额的 30%，为重建日本经济作出了重大贡献。

第二阶段为日本经济高速成长时期（1955～1973 年）。在此阶段，财投计划适应重化工业发展的需要，在重点提供产业资本的同时，还与民间金融机构一起组成“协调融资团”共同行动，引导民间资金投向与国家政策目标保持一致，出现了“投资呼唤投资”的热潮。

第三阶段为稳定增长时期（1973～1986 年）和泡沫经济时期（1986～1997 年）。在此阶段，财投计划适应日本经济发展需要，逐渐将投资重点转向扩大内需方面。

第四阶段为 1998 年至今。市场化运作、养老金出海成为两大主题。

养老金“新干线”

20 世纪 50～60 年代，正是日本经济大干快上的时期，日本政府控制了整个社会资金的再分配，将有限的公共资金集中起来投入到工业、道路、港口、教育、卫生等基础设施建设方面。

20 世纪 50～60 年代，正是日本公共养老制度建立和快速成长的时期，是公共养老金发展的“黄金时代”，由于人口年轻化，现收现付制下的养老金结余成为可用资金。于是，养老保险基金为国家经济建设提供了一个廉价、便利的资金汇聚渠道。有了资金保障，日本迅速在全国范围内建成了先进的高速铁路系统，即日本人所说的“新干线”。

1964年，工程总投资额高达3800亿日元[①]的第一条新干线高速铁路——东海道新干线开通，大大缓解了交通压力，对东京奥运会和大阪世博会的成功举办作出了贡献。日本在战后几十年的国土开发过程中，形成了以新干线高速铁路、高速公路为标志的陆海空相结合的高速交通体系，构筑了国土的基本骨骼和交通主轴，为日本经济发展创造了基础条件。可以说，战后日本经济发展取得辉煌成就，养老保险基金居功甚伟，堪当第一功臣。

同时，以养老保险基金为主力的财投计划，不断融入日本固有的公共金融体系，形成了资金流动的闭环结构，唯日本政府马首是瞻，说一不二，指东打东，指西打西，招之即来，挥之即去，全力以赴地保障日本经济发展。

可以说，战后日本这辆高速奔驰的经济列车，正是数以兆计的养老保险基金为其提供了最初的原动力。

汽车，日本造！养老金造！

到了20世纪70年代，经过战后20多年的经济恢复与重建，日本的基础产业得到快速发展，为经济高速发展与现代化提供了必要的经济技术基础。但是，与西方发达国家相比，日本的整体经济实力与产业技术基础仍然相对落后，特别是含有新兴产业和新技术特征的重化工业体系尚未创立。因为产业技术基础落后，工业设备陈旧，生产效率低下，导致日本在日益激烈的国际竞争中处于十分不利地位，为此，日本政府提出推进产业结构的重化工业的产业政策目标，以此来强化整个产业技术基础，提高国际竞争力，推动整个国民经济的高速发展和现代化进程，赶超欧美工业发达国家。

面对日本政府制定的“赶超战略”，资金不足的重大考验再次摆上桌面。“巧妇难为无米之炊”，没有充足而长期的资金投入，重化工业根本不可能建立。

---

① 新干线，百度百科。请参见：http：//baike. baidu. com/view/ 325182. htm。

重化工业的一个重要特点就在于它是资金密集型产业。通俗地讲，重化工业在发展初期需要“用钱来堆”，无钱则寸步难行。但是一旦重化工业建成后，其规模经济效应、边际成本递减效应也十分显著，投资者就“只管用簸箕来装钱”。很显然，面对伟大的发展战略，面对美好的产业前景，唯一欠缺的就是资金。如果找不到长期资金来支持此项事业，一切皆为空谈。

此时的日本政府，再一次将目光锁定在财投计划身上。

于是，财投计划再一次披挂上阵，转战重化工业。

在日本政府的号召下，养老保险基金开始源源不断地向重化工业进军。

有了强大的金融支持，日本汽车产业在这一阶段迅猛发展，成绩可圈可点，涌现出一大批具有全球竞争力的汽车品牌，奠定了日本汽车产业在全球汽车制造业当中的霸主地位。

日本起初只有三家汽车生产企业，分别是：丰田汽车工业、日产汽车工业、五十铃汽车工业。在国家政策倾斜以及大量资金输入的支持下，诸如三菱重工业、高速内燃机工业、东日本重工（川崎）、中日本重工（京都）等汽车制造厂家陆续出现，并迅速得到发展壮大。

1973 年 12 月爆发了全球第一次石油危机，并由此引发了全球性经济危机。由于原油价格上涨，美国对小型轿车的需求立刻攀升，而一贯以生产大型车见长的美国汽车产业却拿不出来像样的产品来，于是日本汽车乘虚而入。

1974 年，日本成为全球最大汽车出口国。1979 年，汽车成为日本第一大出口商品，1980 年，日本汽车产量达到 1100 万辆，成为世界第一大汽车生产国，在美国汽车市场的占有率达到 23%。

2003 年，日本 11 家汽车企业的销售额总计达到 44.6 万亿日元，实现主营业务利润 3.25 万亿日元，连续 3 年刷新了历史最高纪录，特别是丰田汽车公司，净利润连续多年突破了 1 万亿日元。

“车到山前必有路，有路就有丰田车！”这就是丰田汽车的风采。

凭借日本人独特的经营管理模式、技术发展战略、市场营销策略，再加上石油价格上涨的天时，劳动力丰富的优势，日本车就这样一步一步走向全球，日本也因此成为全球汽车产业大国、全球汽车产业帝国①！

---

① 关洪涛：《战后日本汽车产业的发展及政策研究》，吉林大学博士学位论文。

今天，我们仍然可见“汽车，日本造!”的大幅广告宣传。实际上，从日本汽车业发展的历史起点来看，应该是：汽车，日本造！养老金造！

扩大内需的急先锋

受到第一次世界石油危机的影响，日本从1973年12月到1975年2月，陷入了一场战后空前严重的经济危机，企业倒闭，经济萧条，通货膨胀率居高不下，日本经济大伤元气。从1975年3月起，日本经济开始走出谷底。但是，直到80年代中期以前，基本处于一种停滞不前和低速增长的状态。

1961～1970年，日本经济的实际增长率年平均高达11.1%，而1974～1984年却下降为3.8%。面对恶劣的宏观经济环境，自1975年开始，日本政府积极地采取反萧条的凯恩斯主义经济政策，核心是实行扩张性的财政政策，辅之以宽松的货币政策，以达到扩大社会有效需求、刺激经济增长的目的。

财投计划由于具有见效快、易掌控的特点，再次充当了扩大内需的急先锋，一系列豪华的财投计划不断推出，大量的养老保险基金流向了改善生活环境、防止公害、重新开发大城市、保证资源和能源供应稳定等扩大内需的方面。

20世纪80年代以后，日本对以美国为首的西方诸国的贸易顺差越来越大，欧美国家强烈要求日元升值。1985年《广场协议》签订后，导致日元汇率扶摇直上，到1987年4月已突破1美元兑换130日元的大关。日元的急剧升值，使得日本出口竞争能力大为降低，出口总规模猛然缩减，同时也造成企业收益大幅下滑，生产明显萎缩，失业人数增加。于是，由于外需减少，国内生产萎缩，导致了日本经济发展面临新的停滞。

在日元大幅升值的背景下，1986年4月日本银行前总裁前川春雄提出《促进国际协调和调整经济结构研究会报告书》（简称《前川报告》），《前川报告》提出的政策主张是：进行以扩大内需为主的经济结构调整。它得到了当时的中曾根政府和紧接着的竹下登政府高度重视，也影响了后来的日本政府。

于是，财投计划再次转向扩大公共事业投资①。

20 世纪 90 年代泡沫经济破灭之后，日本政府不得不推出一系列经济刺激政策，同样是由财投计划来担当急先锋。从 1992 年至 2000 年，日本先后推出 10 个经济刺激方案，其中基础设施都是重头戏，财投计划自然要先行。不包括 2000 年方案，此前数年日本通过经济刺激方案投向基础设施建设项目的资金额就达到 30.4 万亿日元，约合 2540 亿美元②。

值得指出的是，养老保险基金大量投向住宅建设、房地产开发、国土整治、环境整治等民生领域和公共事业项目，前期确实起到了拉动内需的积极作用，但是后期也推高了以房地产为代表的资产价格泡沫，为经济泡沫化发展起到了推波助澜的负面作用。当泡沫经济破灭后，此类投资出现了巨额的不良资产。

---

① 戴天柱："日本财政投融资：不同时期的运作重点"，《财经论丛（浙江财经学院学报）》，1997 年第 6 期。

② 《日本经验的借镜——基建开支不能刺激经济?》。请参见：http：//blog.ifeng.com/article/1991873.html。

第十三章
养老金成了“坏小子”

始作俑者，其无后乎。

养老金可能算不上是日本泡沫经济的始作俑者，但是肯定可以算是推波助澜者。三大泡沫同时破灭留下的“一地鸡毛”和血流成河的不良资产，注定要让养老金来承担。

1985年《广场协议》之后，日元在短期内迅速升值，加上低利率政策的刺激，吹起了日本经济的三大泡沫：海外资产收购泡沫、房地产市场泡沫、股票市场泡沫。三大泡沫在内外因的共同作用下越吹越大，其中任何一个泡沫的破裂，都会使得日本经济一蹶不振。不幸的是，这三个泡沫全部破灭，而且几乎同时破灭，结果只留下“一地鸡毛”，只留下血流成河的不良信贷和不良资产。于是，灾难性后果笼罩了日本。

20世纪80年代初期，日本股市和房地产市场刚刚风生水起，一方面是由于日本政府设定的投资限制，使得日本养老保险基金只能望洋兴叹；另一方面，当时养老保险基金还在扩大内需的前沿阵地上浴血奋战、保家卫国，无暇顾及和参与大后方“纸醉金迷”的活动。

1986年，当日本政府撤除对养老保险基金投资的部分限制，允许投资股票市场的时候，日本股市、房市已经上涨到了一个相对的高位。姗姗来迟的养老保险基金，当然不情愿、不甘心错过这场资本盛宴（事后被证明这是一场让后来者埋单的“剩宴”，而非“盛宴”）。

从1986年到2000年的15年期间，累积的投资资金占到年金积立金（财投计划的继任者，2000年前后其资产规模为142万亿日元左右）的1/5，差不多有24万亿日元，这可是一笔巨大的资金①。

随着泡沫经济的破灭，股票价格大幅下跌，年金积立金投资于股市的资产大幅度缩水。日本养老保险基金在资本市场上的命运，只能用粉身碎骨来形容。

当年对日本经济腾飞居功至伟的养老保险基金，现在却成为日本饮鸩止渴的毒药。过去的“好兄弟”，现在却成了“坏小子”。

笔者在本章主要将当时日本的社会经济环境做一个展示，意在表明当时恶劣的泡沫经济时代是将“禀性敦厚”的养老金拖下水的社会力量。

---

① 郑秉文、房连泉、王新梅：“日本社保基金‘东亚化’投资的惨痛教训”，《国际经济评论》，2005年5~6月。

“用自己的锅烹煮自己”

《广场协议》之困

一国经济的发展，往往意味着该国生产效率的提高，该国货币购买力的增强。本国货币购买力的增强，即本币升值，对普通老百姓而言，自然是好事，花同样多的钱可以买到更多的外国商品。但是，对那些依靠出口的生产者而言，本币升值就意味着出口商品的国际市场竞争力减弱了。

1985 年，日本取代美国成为世界上最大的债权国，根据日本银行公布的国际收支统计数据，1985 年日本对外净资产为 1298 亿美元，名列世界第一。与此相对应的是，1985 年，美国的对外净债务已达 1000 亿美元，成为世界上最大的债务国，正式结束了美国长达 70 年的债权国的辉煌历史①。

1985 年 9 月，美国财长詹姆斯·贝克②、日本财长竹下登、联邦德国财长杰哈特·斯托登伯（Gerhard Stoltenberg）、法国财长皮埃尔·贝格伯（Pierre Beregovoy）、英国财长尼格尔·劳森（Nigel Lawson）③ 等五个发达工业国家财长及五国中央银行行长在纽约广场饭店（Plaza Hotel）举行会议，达成五国政府联合干预外汇市场的协议，使美元对主要货币有秩序地下调汇率水平，以解决美国巨额的贸易赤字。该协议又被称之为《广场协议》（Plaza Accord），协议中规定日元与马克应大幅升值以挽回被过分高估的美元价格。

《广场协议》签订后，五国政府立即联合干预外汇市场，各国开始抛售美元，继而形成市场投资者的抛售狂潮，导致美元持续大幅度贬值。据说在广场

---

① 王伟旭、曾秋根：《警惕美国的第二次阴谋》，人民日报出版社 2003 年版，第 140 页。

② 此时，由他接替了唐纳德·里甘的财政部长职位。

③ 这位劳森先生正是撒切尔夫人第二届任期内的左膀右臂之一，时任财政部长，为英国金融大爆炸和养老金革命立下过汗马功劳。本书在第二章中已经有过介绍。

会议上，当时的日本财长竹下登表示日本愿意协助美国采取入市干预的手段压低美元汇价，甚至说“贬值 20%，OK”①。

竹下登②当时不知道自己的决定给日本脖子上勒上了一根绳子，并且打了个死结，这根绳子解了 20 年都没有完全解开。《广场协议》揭开了日元急速升值的序幕。《广场协议》签订以后的几年，日元币值差不多上升了 3 倍（见图 13－1）。

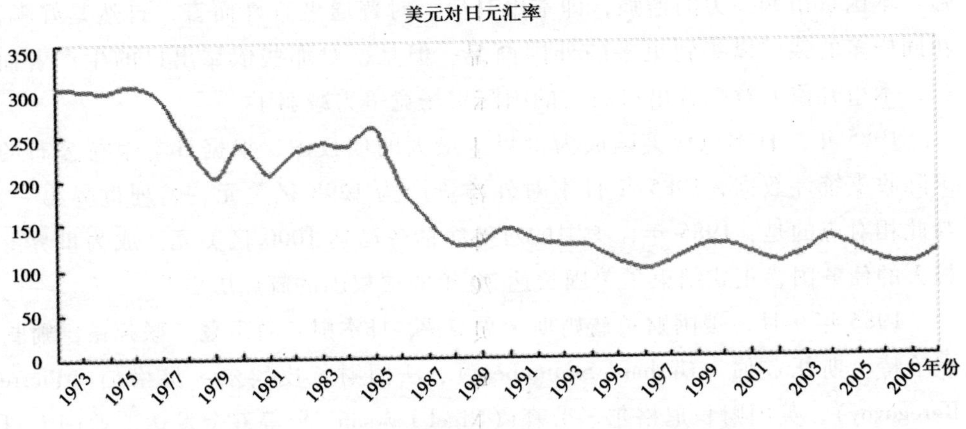

图 13－1　1973～2006 年美元对日元汇率变动图

数据来源：日本银行数据库。

注：从图中我们可以看到 1985 年之后美元对日元汇率的直线下降，急速升值的日元是日本经济陷入深渊的导火索，但不少经济学家认为这不是根本原因。

通过 1985 年签署的《广场协议》，迫使日元步入持续 10 年的漫长升值期，日本经济从此一蹶不振。

① ［日］吉川元忠：《金融战败——发自经济大国受挫后的诤言》，中国青年出版社 2000 年版，第 135 页。

② 竹下登就读于日本著名的早稻田大学，1979 年 11 月开始担任大藏大臣，1982 年在中曾根康弘内阁中继续担任大藏大臣。1987 年中曾根首相任期届满，指定竹下登为自民党第 12 任总裁。1987 年 11 月，竹下登成为日本第 74 任首相。

“风乍起，吹皱一池春水。”

这一次着凉，整整让日本经济重重地感冒了 25 年，至今还没有见到痊愈的希望。

“《广场协议》综合症”发作

《广场协议》的签订，给日本经济带来了三大直接影响：出口“边缘化”、产业“空壳化”、利率“超低化”。

《广场协议》签订后，日元大幅升值，外贸产业竞争力弱化，出口贸易规模开始下滑，外向型经济逐渐边缘化。

随着日本海外投资的不断上涨，国内生产大量转移，日本开始产业“空壳化”运行。实体经济规模大幅下降，虚拟经济份额急剧扩张，为日后的泡沫经济埋下了一颗定时炸弹。

为了减轻日元升值的不利影响，日本实行了宽松的货币政策，出现了利率“超低化”趋势。日本银行 1987 年 2 月将法定贴现率降低至当时国际上的最低水平 2.5%。正所谓“请神容易送神难”，当时谁也没有想到，作为权宜之计的低利率政策在日本一实行就是 20 多年。日本法定利率长期处于超低水平，促进了金融机构贷款的大量增加。日本金融机构的贷款与 GDP 的比例由 20 世纪 80 年代初的 50% 上升到 20 世纪 80 年代末的 100%。日本银行系统开始出现流动性泛滥，大量廉价资本涌向股市和房地产，一个巨大的金融泡沫开始成型。

日元大幅度升值之后，曾经作为日本经济支柱产业的出口贸易行业再也难以保持以往的高收益率，贸易部门的资金也开始大量流向了股票市场和房地产市场①。

日元在短期内的迅速升值吹起了日本经济的三大泡沫：海外资产收购泡沫、房地产市场泡沫、股票市场的泡沫。这三个泡沫在内外因的共同作用下越吹越大，其中任何一个泡沫的破裂，都会使得日本经济一蹶不振。不幸的是，这三个泡沫全部破灭，而且几乎同时破灭，结果只留下了“一地鸡毛”，只留下血流成河的不良信贷和不良资产。

---

① ［日］野口悠纪雄著，贾成中、黄金峰译：《日本的反省：依赖美国的罪与罚》，东方出版社 2010 年版，第 90 页。

整个美国尽在彀中

“日本可以说不”

在《广场协议》签署、日元升值以后，美国资产在日本人看来一下子便宜很多了。过去那些在日本人看来根本买不起的东西，现在似乎唾手可得。

这些挥舞着支票本的日本人好像对资产价格根本不屑一顾。他们似乎可以买下整个美国，“美国正在变成日本的第四十一个县”①。在这个疯狂的过程中，出现了不少让人瞠目结舌、匪夷所思的事情。

一栋美国大楼打算卖给日本人，美国人报价 4 亿多美元，双方谈妥，就等日本人付钱交割了。日本人忽然拿来了新的合同书，上面写的价格是 6.1 亿美元。美国人莫名其妙。日方人员解释说，他们的老板前一天在吉尼斯世界纪录里看到，历史上单座大楼出售的最高价是 6.0 亿美元，他们想要打破这个纪录，于是就有了 6.1 亿美元的成交价②。

到了 1989 年，日本人购买美国资产达到了顶峰。这一年的 6 月，索尼公司宣布，他们以 34 亿美元的价格成功购买了美国娱乐业巨头、美国文化象征之一的哥伦比亚影片公司。此举是索尼公司由制造业转向娱乐业的战略行动之一。

其实，这里面还有一段小插曲。日本人收购哥伦比亚影片公司还有一个重要的商业考虑，那就是为了高清彩色电视在美国的推广。20 世纪 80 年代中后期以后，日本的彩色电视机技术已经独步天下，这个时候他们研制成功了世界上最尖端的彩色电视机，想通过购买哥伦比亚影片公司这样的“美国之魂”，然后在哥伦比亚歌剧院装上高清的彩色电视机，给美国观众以视觉上的冲击。

---

① 李子：“80 年代日本曾买下美国 10% 的不动产?”，《新世纪周刊（北京）》，2008 年 7 月 29 日。

② 《教训惨痛：80 年代日本人财气冲天“买下美国”的结局》，人民网 2008 年 7 月 24 日。

按照索尼公司的设想，这种高清彩电只要美国人看了一眼，保准他们一辈子都忘不了。果然，按照索尼公司“以软件带动硬件”的发展战略和销售策略，在美国乃至世界各地引发了更换电视机的一波浪潮。

此前，三菱公司已经以14亿美元购买了更具影响力的美国象征——洛克菲勒中心。这个代表着美国资本主义进入全盛时期的伟大建筑现在属于日本人了①。洛克菲勒中心被日本三菱财团买走，这似乎成为日本兴起、美国衰落的象征。

洛克菲勒中心②是美国财富的象征，由美国20世纪初期最大的财团——洛克菲勒财团建造，其中主楼高260米，共有70层，楼顶上是著名的观景平台，由大块石灰石建成，站在观景台上，脚下就是巨石垒起的“山”，因此观景台又被叫做“巨石之顶”。观景台的四周是2米多高的玻璃安全围墙，在天气晴朗时视野可及130公里，曼哈顿全城风光尽收眼底，它号称是20世纪最伟大的都市计划之一，占地22英亩，由19栋建筑围塑出来的活动区域，完整的商场与办公大楼让中城继华尔街之后，成为纽约的第二个市中心。这座迷你的小都市每天可容纳25万人次上班、观光、消费。

日本人在美国大量购买资产，尤其是购买那些如洛克菲勒中心、哥伦比亚歌剧院这样影响巨大的企业资产，引起了美国社会的极大反响。

在日本人这一边，则是自尊心得到了极大的满足。很多日本人为自己在世界范围内的疯狂购买沾沾自喜。多年来只能对美国唯唯诺诺的日本似乎看到了自己有望超过美国，成为世界头号强国。这种新奇的体验非常令人刺激，日本人一时风光无限。东京都知事石原慎太郎、索尼总裁盛田昭夫、新力公司社长稻盛和夫携手共写了一本《日本可以说不》的书，一时间“洛阳纸贵”，该书创下了日本图书的销售记录，人人竞相抢购。

日本在这一时期购买的海外资产绝大部分集中在美国，在东京股市达到顶峰的1989年，投资购买海外资产的最大金额为120.16万亿日元。此后，随着日本泡沫经济的破裂，海外资产开始大幅度缩水（见图13－2）。

---

① 后来美国人趁日本泡沫经济破裂，原主又以半价再次买了回来。“9·11”以后，世贸大楼的倒塌使人们失去了一个鸟瞰曼哈顿的地方。于是洛克菲勒中心观景台不失时机地得到修复，并重新开放。

② 洛克菲勒中心，百库文库。

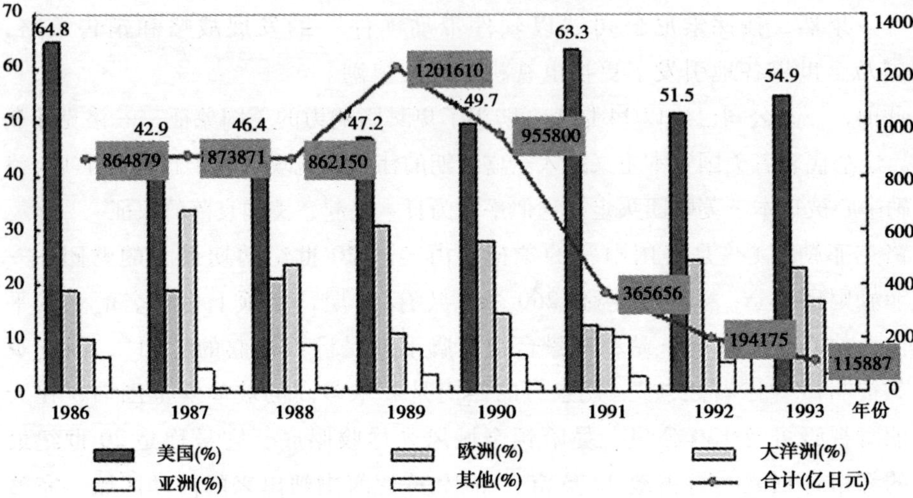

图 13－2 1986～1993 年日本购买海外资产国家分布（左轴）以及总量（右轴）

数据来源：日本银行网站。

海外收购泡沫破灭与经济规律的教训①

不过，没过多长时间，日本人就感到了情况不妙。三菱财团购买洛克菲勒中心后不久，就因为经营不善而难以承受巨额亏损，不得不以半价再次卖给原主。索尼公司购买哥伦比亚影片公司的行为，后来也被证明是日本亏损最大的企业并购案。虽然索尼公司最终实现了向娱乐公司转型的战略，但花费了多得多的成本和时间，轻率的购买行为不是加速而是延迟了索尼公司转型战略的实现。

进入 20 世纪 90 年代以后，日本逐渐失去了大量收购美国资产的势头。以前收购的那些资产许多变成了经济包袱，不但不能带来收入，还要想办法摆脱。以信息技术为代表的

① 李子旸：《市场的力量》，华夏出版社 2010 年版，第 94 页。

新兴技术的迅速发展，更加降低了日本所收购的那些传统产业的盈利能力。最终，人们不得不承认，当初那些被认为目光短浅、唯利是图的美国资产出售商其实是对的。他们不但在出售资产时没有吃亏，把那些资产日后可能带来的盈利都提前变现了，而且出售这些过时的企业资产所得到的大量资金，为美国“新技术革命”奠定了经济基础。始终只考虑经济指标的美国商人，不但赢得了经济效益，并没有因此失去美国，而且还在未来的发展中再次抢占先机。

新技术革命

从20世纪40年代末起，开始了以电子计算机、原子能、航天空间技术为标志的第三次科学技术革命。这场新技术革命发源于美国，然后迅速扩展到西欧、日本、大洋洲和世界其他地区，涉及科学技术各个重要领域和国民经济的重要部门。

从20世纪70年代初开始，又出现了以微电子技术、生物工程技术、新型材料技术为标志的新技术革命。

国内泡沫浮现

从股市吹起的第一个泡沫

在日元升值、低利率等多种因素的作用下，东京股市的日经指数不断攀升，从1983年的8800点升至1986年的

16400点，增长近1倍。从1987年开始，日本股市更是进入了疯狂状态。1987年1月份，日经指数突破20000点。1987年3月，日本股票市场的市价总额已经达到26880亿美元，占全世界股票市值的36%，超过了美国，位居世界第一。

1987年10月的“黑色星期一”之后，西方各主要国家纷纷提高利率进行应对。日本继续保持超低利率水平，使其股票价格总额在两个月后上升到全世界股票市值总额的42%。

1989年12月29日，日经指数已经达到38915.87点，开创了历史记录。此时，日本股票总市值已经为GDP的1.6倍。1985年到1989年，日经指数在这4年内平均年增长率达到了49%，而同期的GDP增长只有4%。前者是后者的12倍（见图13－3）。

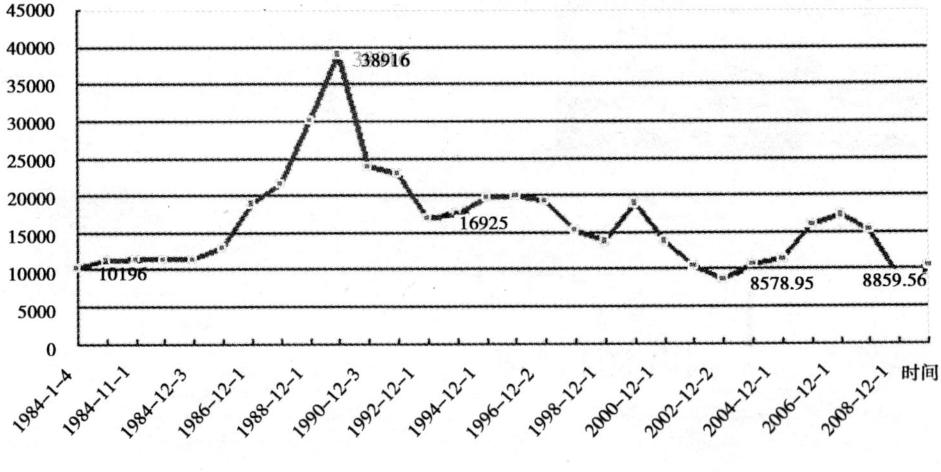

图13－3 NIKKEI（日经指数）1984～2010年走势图

那是一个迷乱的年代。在日本的街头巷尾充斥着“炼金术”之类的大众读物，“理财技巧”成为全民流行语，一半以上的日本人都持有股票，一向以高储蓄率和节俭出名的日本人在银座排着队买 LV① 的包。随着股票价格的疯狂上涨，日本企业家开始全球购地、四面出击。②

在日本发迹的台湾股神邱永汉在日本又被称为“赚钱之神”，是一个历经日本几十年的经济风云而不倒的投资家。他讲述的这段话原原本本地描述了当时日本人炒作股票和房产的狂热。

> “日本人把炒股的人称为‘株屋’，就是‘炒家’，一直没有什么好印象。老百姓的钱财主要是存在银行、保险公司和邮局。在‘股市不败’和‘地价不倒’的泡沫经济时期，老百姓纷纷把存在银行里的钱拿到了股市，你不买股票，你就是笨蛋，一年的投资回报就有 100%。银行拿着大把的钱来劝你买地，地价在不断上涨，而利息又接近于零。如果从银行借入资金来购买土地的话，肯定会因土地升值而大赚一笔。买了土地，银行又会以这块土地为担保，去买别的土地，如此循环反复。”③

在这个狭小的岛国上，一亿人都沉浸在全球经济迄今为止最大的一个泡沫之中。这种现象在日本是前所未有的，因为从明治维新后的“殖产兴业”时代开始，日本一直有一种基本倾向：重视实业、轻视虚业。所谓“虚业”主要是指投机，尤其是股票市场上的投机。

“只涨不跌”的房地产泡沫

说到日本房地产泡沫，必然要提到田中首相的“日本列岛改造论”。“日本列岛改造论”是前日本内阁总理田中角荣在竞选自民党总裁时，作为候选人政治主张而提出的《改造日本列岛方案》。后来，日刊工业新闻社以田中角荣的政论专著形式于 1972 年 6 月出版了《日本列岛改造论》一书。

---

① 高档奢侈品，中文简称为“路易·威登”，英文简写为 LV。

② 邱敏、曾向荣：“审视日本失去的十年：一个泡沫的膨胀与破裂”，《广州日报》，2007 年 11 月 13 日。

③ 邱敏、曾向荣：“审视日本失去的十年：一个泡沫的膨胀与破裂”，《广州日报》，2007 年 11 月 13 日。请参见：http://news.dayoo.com/world/news/2007-11/13/content_3134961.htm。

田中角荣设想改造的具体办法主要包括：以高速交通网将日本列岛结成一个以东京为中心的整体，为此扩大和兴建高速公路和新干线；主张工厂远离大城市，鼓励和支持在地方上兴办工业；整顿地方生活环境，培养“中坚城市”即人口规模在25万人左右的新型城市，以稳定地方人口。

这是一个新的国土开发计划，旨在同时解决大城市人口过剩与地方乡村人口稀疏的所谓“过密”、“过疏”问题。当时作为田中首相“决断与实施”的政治目标，曾被日本国民寄予很大期望，得到广泛支持。但是，由于土地政策的前期准备不完备，结果引起全国地价暴涨，一度受到舆论界的严厉谴责。不过，当日本经济进入“低成长时期”后，曾再次出现实施这一构想的呼声①。

到了20世纪80年代初，日本政府期待推动东京成为国际金融大都市。1985年国土厅发表《首都改造计划》，政府的过热期待和大力诱导，使外国金融机构和国内外企业纷纷进驻东京，办公场所顿时严重不足，于是东京的商业用地价格急剧上涨。

1987年制定的《综合保养地域整备法》，又把土地开发的狂潮推向全国，于是全国各地大兴土木，掀起了大建休养地的热潮。人们购买土地大搞房地产开发的热情被大大激发，普通的民众也纷纷购房买地，并渴望土地的再度升值。1986年日本《观光白皮书》测算的国内度假市场规模约为2.5万亿日元，而1989年野村综合研究所的测算表明，日本的国内度假市场将扩大到9.6万亿日元②。

此时，日本出现了“无房地产不富”的神话。拥有土地者与不拥有土地者的贫富差别迅速扩大，刺激了全国各地开发休养地的行动，出现了全民炒房热潮。对土地的庞大需求迅速刺激了地价的大幅上升，不动产业、建设业以及与之相关联的非银行融资机构，相互支持，互相利用。由于地价上涨，以不动产作抵押的融资规模成为“杠杆化”工具，又进一步推动地价上涨，如此“恶性循环”，致使1990年全国商业用地的平均价格上涨到1985年的4倍③。

---

① “日本列岛改造论”，百度知道。

② 高宇：“导致日本股市泡沫的主要因素分析”，《日本学刊》，2007年第6期。

③ 乌兰图雅：“‘日本列岛改造计划’的意义与积极的影响”，《东北亚学刊》，2000年第4期。

1989年，泡沫经济的最高峰时期，石狮子眼前的银座四丁目的地价是每坪（3.3平方米）1.2亿日元。东京的另一个地标——东京帝国广场，广场下面一平方英里土地的价格，居然比美国整个加利福尼亚州的土地价值还高，一个东京都的地价就相当于美国全国的土地价格。此时，日本正沉浸在一个“地价不倒”的神话中。

“把东京的地皮全部卖掉就可以买下美国，然后再把美国土地出租给美国人住。”①

1989年，国土面积仅相当于美国加利福尼亚州的日本，其地价市值总额竟相当于整个美国地价总额的4倍。1989年日本的GDP为3万亿美元左右，而当年的全国住宅价值为6.47万美元，也就是说此时日本住宅价值已经超过GDP的200%②。

本币升值，股票价格和房地产价格上涨，增加了国民财富，产生了巨大的财富效应，扩大了整个社会的消费需求，从这个角度来看它是好事，有利于推动日本经济增长。但是，资产价格泡沫化形成的“虚假繁荣”、“财富神话”，反而扭曲了全社会的资源配置，实体经济遭受了巨大的冲击，使得长期经济增长不可能持续。而且，泡沫终究有破灭的时候。日本当然也不例外，泡沫的破灭如期而至，而且海外资产收购泡沫、股市泡沫、房地产泡沫几乎同时破裂，灭顶之灾终于降临日本。

美国资本打响了刺破日本泡沫的第一枪！

---

① 邱敏、曾向荣：“审视日本失去的十年：一个泡沫的膨胀与破裂”，《广州日报》，2007年11月13日。

② 作者不详，“从美国、日本房地产泡沫危机看中国的房产走势”，网络文章。请参见：http：//sc.bbs.house.sina.com.cn。

第十四章
美国资本“围点打援”

没有永远的朋友，只有永远的利益。

围点打援、金融火攻、国际标准，成为美国资本做空“泡沫日本”的连环计。可以说，美国资本的出招“招招要命”，日本资本无处藏身，粉身碎骨。

日本泡沫经济的破灭，仿佛是一场金融市场之战，甚至被不少日本人认为是国际资本对日本金融体系的围剿和绞杀。在这场金融战争中，我们看到了神秘的高盛集团、所罗门、摩根斯坦利等投资银行，看到了当时还羽翼未丰的索罗斯对冲基金（Hedge Fund）。

这次对日本的成功做空，让索罗斯第一次真正走出了美国国门，并且尝到了“刀口上舔血”的刺激，为它以后大规模做空英镑、煽起亚洲金融危机风暴、攻击港币（我国香港地区）、台币（我国台湾地区）、卢布（俄罗斯）、比索（墨西哥）赚取了充足的资本和必胜的信心。

简单而言，在对日发动这场金融攻击战争中，美国资本在战略上使用了我国《孙子兵法》中的高招：围点打援；在战术上使用了“股指期货”这一金融杀手锏、金融核武器。

笔者在本章讲述日本长期资本遭遇美国投机资本的故事，不是要大讲特讲“阴谋论”、“战争论”，而是希望籍此及省本土长期资本的重要性。在笔者看来，不是日本养老金无能，而是日本政策失误；不是日本养老金没有奋不顾身，而是养老金也深陷其中，爱莫能助。

美国资本“围点打援”

逼迫日本开放国内资本市场①

在当时美国企业家看来，日本企业国际竞争力强大的重要原因之一就是资金成本低。在20世纪80年代后半期，由于股票市场特别繁荣，日本企业通过发行股票可以筹集到大量的低成本资金。在80年代前半期，日本制造行业通过发行股票平均每年的筹资额为8000亿日元，到80年代后半期，股票筹资额逐年上升，1989年达到50000亿日元。

---

① 该书对日本经济金融发展背景做了很好的梳理，讲述了许多生动有趣的事例。本章对有关内容多有摘引，特致谢意。

同时，公司债券的发行量也不断增加，这些债券大都以“可转换债券”方式发行，或者通过附带认股权证使得债券的融资成本非常低廉。在股票市场牛市的时期，发行可转换债券或附带认股权证的债券可以大大地降低融资成本。由于证券融资成本低，导致日本制造企业在20世纪80年代明显偏好通过资本市场融资。

从这个角度来说，日本股票市场的牛市对美国企业不利，只有日本股票市场的长期熊市对提高美国企业的竞争力才大有好处。美国企业对日本股票市场在20世纪80年代后半期的非理性上涨感到十分不满，因为日本股票连续四年持续上涨使日本企业的国内和国际证券融资的成本非常低廉①。

在20世纪80年代，日本企业的平均筹资成本约为2%，而美国企业在5%~8%之间。可见，超低水平的资金成本成就了日本产品的国际竞争能力。②

于是，美国企业家纷纷向美国国会和美国政府申诉：我们根本就无法与日本企业进行公平竞争，因为美日两国的资金成本差距太大，严重影响了我们美国企业的竞争力。为了增强美国制造业的竞争力，避免美国产业被日本彻底击毁，美国政府应该想办法提高日本企业的资金成本。

也就是说，美国应该想办法让日本的股票市场泡沫和房地产泡沫破灭，因为正是不断上涨的股票市场使日本企业的融资成本极低。最后，美国资本达成共识：日本股票市场下跌，可以提高日本企业的融资成本，可以降低日本企业的国际竞争力，对美国企业有利！

1989年秋天，美国和日本为解决两国贸易长期发展不平衡的问题，在老布什总统的提议下，美日两国就美日经济结构问题进行磋商。面对扶摇直上的日本股票市场，美国在1990年强烈批评日本股市由来已久的封闭交易和企业集团内部或同一行业内各企业相互持股的做法，要求日本企业改变相互持股的做法。

---

① 王伟旭、曾秋根：《警惕美国的第二次阴谋》，人民日报出版社2003年版，第165页。

② 王伟旭、曾秋根：《警惕美国的第二次阴谋》，人民日报出版社2003年版。

此时，美国向日本提出的具体要求包括①：

第一，将日本的银行持股标准由5%降低到2%。

第二，取消综合商社不得持有制造业企业股份的限制。

第三，强化子公司不得持有母公司股份的限制。

美国的这三招看似合理、平淡，实际上隐藏无限杀机，可以说“招招要命”，因为它直指日本股票市场长期上涨的动力之源。

《巴塞尔协议》

《巴塞尔协议》是国际清算银行（BIS）的巴塞尔银行业条例和监督委员会的常设委员会（简称“巴塞尔委员会”）于1988年7月在瑞士的巴塞尔通过的《关于统一国际银行的资本计算和资本标准的协议》的简称。该协议第一次建立了一套完整的国际通用的、以加权方式衡量表内与表外风险的资本充足率标准，目的在于扼制与债务危机有关的国际风险。

2000年之后，对《巴塞尔协议》进行了修订，称为新《巴塞尔协议》。新《巴塞尔协议》的三大支柱是：最低资本要求，即最低资本充足率达到8%，银行的核心资本充足率应为4%；监察审理程序，即监管者通过监测决定银行是否需要采取整改方案；市场制约机能，即市场自律。

《巴塞尔协议》导致日本金融紧缩

公司间相互持股、交叉持股是日本股票市场的主要特点，也是维持日本股票长期上涨的重要原因之一。如果日本采纳美国的要求放弃企业间相互持股的传统做法，将立即使得进入市场流通的股票供应规模急剧增加，股价会因此大幅

① 王伟旭、曾秋根：《警惕美国的第二次阴谋》，人民日报出版社2003年版。

度下跌。当时，日本商业银行持有大量上市企业的股票，并且采取“一旦持有，长期持有”的投资策略，一般不会轻易抛售，经过涨幅巨大的牛市之后，商业银行持有的股票盈利已经非常丰厚和庞大，一旦商业银行抛售股票，那么日本股票市场必然遭遇崩盘的结局。

在国际社会的压力下，日本于 1989 年采用《巴塞尔协议》。考虑到当时日本商业银行的账外资产非常多①，在加入《巴塞尔协议》时，日本强烈要求把银行账外资产的 45% 认定为自有资本，国际清算银行同意了日本的要求。当时日本大藏省和日本银行认为日本商业银行拥有如此庞大的账外资产，满足《巴塞尔协议》对资本充足率不低于 8% 的标准是件很容易的事情。

但是，悲剧开始发生了。随着 1989 年底股票市场泡沫破灭和 1990 年房地产泡沫破灭，股票价格和房地产价格持续大幅度下跌，日本的银行账外资产快速缩水，自有资本比例急剧下降。由于冲销不断增加的房地产不良资产，银行自有资本进一步减少，不少大银行的资本充足率有可能降到 8% 以下。

这时，美国的信用评级机构出现了，它们以日本银行资本充足率不足为主要依据，不断降低日本商业银行的信用等级，使得日本商业银行在国际资本市场上的融资成本一而再、再而三地提高②。

为提高资本充足率，日本商业银行只好大规模压缩贷款，银行的惜贷之风越来越盛行，企业从银行的贷款立刻变得越来越困难。许多企业因为得不到银行贷款的支持，固定资产投资增长缓慢，资金周转困难，经营陷入困境。企业经营业绩的下降，进一步导致公司股票价格的持续下跌，股票价格的下跌使得商业银行的账外资产不断减少，商业银行的资本充足率同时同步下降，迫使商业银行进一步压缩贷款。这样，银行与企业的运行陷入恶性循环中，银行的惜贷严重地扼杀了日本经济的恢复动力，严重的、长期的通货紧缩局面就出现了。

从战略层面进行妥当的安排之后，以美国资本为首的国际资本开始向东京

---

① 许多日本商业银行持有的股票，大都是从 1955 年左右陆续买进的，然后长期持有，这些股票的账面价值非常低，经过 1985 年以来的股票市场大牛市，银行持有股票的市场价值非常高，从而形成了银行庞大的账外资产。例如，日本长期信用银行在股市泡沫期间累积了高达 2 万亿日元的账外资产。

② 王伟旭、曾秋根：《警惕美国的第二次阴谋》，人民日报出版社 2003 年版，第 170 页。

股市发起了总攻，更确切地说是对日本金融的围剿和绞杀。从战术层面上看，国际资本使用了一种新型的“金融核弹”：股指期货。

奔袭东京的金融核弹

第二次世界大战时期，美国为了动摇日本本土的反抗力量，美国空军的C-29轰炸机在东京等大城市上空投下了难以计数的燃烧弹。之所以投下的是燃烧弹，是因为日本居民的住宅大部分是木质结构，一处着火就会“火烧连营”，遍地成灾，而且日本有限的消防设施对付大规模火灾无能为力，只能任其蔓延。当时美军的指挥官是李梅将军，因此又被称为“李梅火攻”，它对瓦解日本本土的战争意志、削弱日本本土的军事补给起到了积极作用，它成为第二次世界大战中著名的军事谋略。后来，为了让日本人彻底屈服，美国接下来在广岛和长崎投下了刚刚研制和试验成功的两颗原子弹。

时间到了20世纪80年代末期，为了对付“甚嚣尘上”的日本人，美国再一次祭出了刚刚研制的金融大杀器——股票指数期货，这个时期日本的股票和房地产市场，由于过度泡沫化，与“二战”时期的木质房屋一样脆弱不堪，一戳就破。

到1988年，东京股票市场已经在3年之内涨了300%，股市泡沫化程度已经十分严重，再加上房地产泡沫、海外资产泡沫，日本金融系统已经到了岌岌可危的地步。但是要对日本金融系统进行致命的一击，还是必须动用美国刚研制出来的金融核弹：股票指数期货（Stock Index Futures）。

1982年，美国芝加哥商业交易所（Chicago Mercantile Exchange）最早“研制”成功股票指数期货这一威力空前的金融武器，在股票市场大规模做空股指期货必然导致股票市场崩盘，这一威力已经在1987年10月的纽约股市暴跌即“黑色星期一”中得到了有效验证，只不过当时是在美国国内市场进行“核试验”。

以摩根斯坦利和所罗门兄弟公司为代表的美国投资银行，作为主要突击力量深入日本的时候，它们的公文包里塞满了“股指认沽期权”（Stock Index Put Option）这种当时在日本金融界闻所未闻的金融新产品。日本保险公司成为对此颇有兴趣的第一帮人，在盲目自信的日本人看来，用大量现金去买根本不可能发生的日本股市暴跌的可能性而且可以赚大钱，何乐而不为呢？结果日本保险公司爽快地承诺下来。双方对赌的就是日经指数的走向：如果指数下跌，美国人赚钱，日本人赔钱；如果指数上升，情况正好反过来，日本人赚钱，美国人赔钱。这种无人察觉的“金融病毒”，在一个几乎没有监管的、秘密的、类似柜台交易的地下市场上，在一片梦幻般的繁荣中蓬蓬勃勃地迅速蔓延开来。

与此同时，美国交易所也突然出现“日经指数认沽权证”（Nikkei Put Warrants）这一新的金融产品，该权证立刻在美国热卖，大多数的美国投资银行纷纷效仿摩根斯坦利和所罗门兄弟公司，大量买入“日经指数认沽权证”。此时，日本股市再也绷不住了，就在“日经指数认沽权证”上市热销不到一个月的时间里，东京股市就开始全面土崩瓦解了！

1989 年 12 月 29 日，日本股市达到了历史巅峰，日经指数冲到了 38916 点，大批股指沽空期权终于开始发威，日经指数顿挫，像高山流水一样倾泻①。

股票市场的崩溃率先波及日本的银行业和保险业，最后是制造业。日本的制造业从前可以在股票市场上以比美国竞争对手至少便宜一半的成本筹集到资金，这一切都随着东京股票市场的低迷而成为昨日黄花。

日本的恐慌开始了

股市崩盘

面对房地产价格和股票价格的异常高涨，日本国内希望抑制资产价格泡沫的声音开始出现了。日本政府终于在 1989 年 5 月，开始对房市和股市采取抑制措施。抑制房价的政策包括：规范土地买卖，建立监视区域制度，强化土地关联税制。1989 年年底，主张不惜一切代价抑制资产泡沫的强硬派代表三重

① 宋鸿兵：《货币战争》，中信出版社 2006 年版，第 104 页。

野康出任日本央行行长，货币政策方向随之改变，开始紧缩金融。

从1989年5月至1990年8月，日本银行五次上调中央银行贴现率，从2.5%提高到6.0%，结束了日本的超低利率时代，持续加息则成了泡沫经济破灭的导火线。再加上美国的一系列动作，使得日本投资者了解到原来美国不希望日本股市长期居高不下，投资者持股信心开始动摇，有些对日美政策敏锐的投资者开始抛出股票，成为成功逃离日本股灾的“先知先觉”者们。

1989年年末和1990年年初只是日本股票市场噩梦的开始，自那时候开始，日本股票市场陷入长达十多年的大熊市。

到了2003年3月12日，日经指数跌破8000点大关，收于7862.3点，这是1983年1月以来的最低点，即跌破20年来的最低点①。与1989年的最高点相比，日本股市已经跌掉了80%的市值。

股市的长期下跌，成了拖累日本经济增长的致命病。由于日本银行、保险公司、养老基金等金融机构持有大量的日本股票，股市大跌对银行、保险业、养老基金产生了巨大的损失，引发了日本的金融危机②。

楼市崩盘

1990年，日本房地产泡沫破灭。导致房地产价格下跌的主要原因：一是银行利率的连续大幅度提高；二是政府紧缩对房地产企业的贷款。从1990年4月开始，日本大藏省开始就日本金融机构的房地产贷款进行总量控制。

从此，日本房地产进入长达10多年的衰退寒冬。

图14－1综合了日本6个最大的城市（东京、横滨、名古屋、京都、大阪和神户）自1982年3月～2002年3月的土地价格变化情况，该土地价格指数图以1990年为计算基准（即1990＝100）。

图14－1显示，自1990年4月开始，日本土地价格开始了漫长的跌势。到2002年，与1990年的最高点相比，日本六大城市的土地价格下跌了约80%，与日

---

① 由于2008年全球金融危机的影响，2009年2月日经股指跌破过7568点。

② 曾秋根：“日本股票大流通的经验对A股全流通的借鉴意义”，《国际金融研究》，2008年第7期。

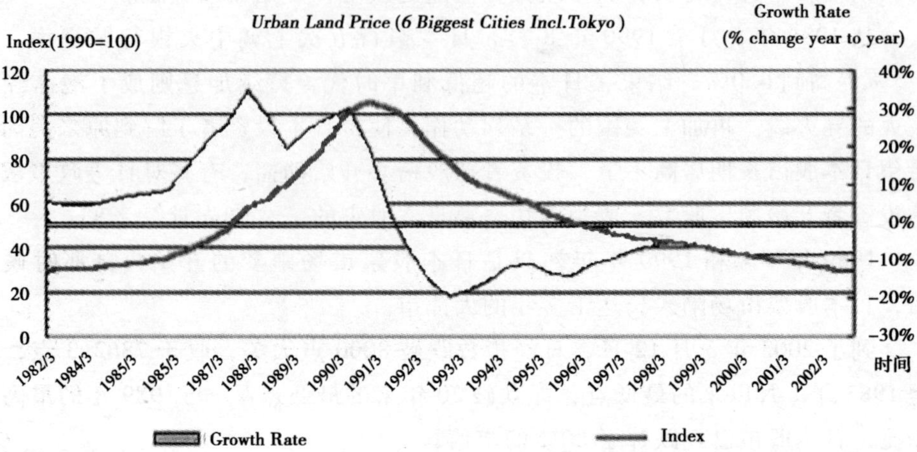

图 14－1　日本六个最大城市土地价格指数图（1982 年 3 月～2002 年 3 月）

资料来源：日本不动产研究所①。

本股票市场的跌幅相近，基本回到 20 年前的价格水平。其中尤以 1991～1992 年的跌幅最大，1992 年 3 月与 1991 年 3 月相比，跌幅高达 20% 以上。1995 年以后，每年的跌幅维持在 10% 上下②。

一条绳子上的蚂蚱

日本房地产价格和股票价格的上涨推动了金融体系的快速扩张，同时也加快了贷款资金向房地产市场和股市的集中，加大了日本银行等金融机构对房地产市场和股市的风险

① 转引自：王伟旭、曾秋根：《警惕美国的第二次阴谋》，人民日报出版社 2003 年版。

② ［日］野口悠纪雄著，贾成中、黄金峰译：《日本的反省：依赖美国的罪与罚》，东方出版社 2010 年版，第 100 页。

暴露。1986～1991 年日本银行系统对不动产业贷款比重为 10.9%，比泡沫前的 1981～1985 年增长近 50%，同时对非银行金融机构的贷款上升更快，从 1981～1985 年的 5.3% 激增到 1986～1991 年的 9%，这里面有很大一部分贷款流入了股市①。

股市、楼市、银行资金，成了“一条绳子上的蚂蚱”，命运当然一致，应验了我国名著《红楼梦》中的那句名言：“一荣俱荣，一损俱损。”

在牛市时由于企业通过发行股票和债券的融资成本很低，所以许多企业的融资方式从银行融资转向证券市场融资。为了抢夺资源，银行资金开始大量低息投向房地产企业和建筑公司。但是当 1989 年股票泡沫破灭、1990 年房地产泡沫破灭之后，股票和房地产价格进入快速下跌过程中，许多房地产企业和建筑企业陷入财务危机，银行的巨额贷款也就这样成了不良贷款。

同时，由于房价快速下跌，导致市场房价大大低于在银行的房屋抵押价值，许多日本人选择拒绝还款的做法，把房屋所有权让给银行了事。如果需要居住，自己再从市场上低价买房。这样，使得银行大量的房屋抵押贷款变成了价值不断缩水的房屋资产。

根据 1998 年的银行统计数据，日本全国银行的不良资产已经超过 100 万亿日元，估计需要做销账处理的不良资产大致为 60 万亿日元。而美国高盛公司则认为，日本银行业的坏账已经达到 237 万亿日元的水平，约占日本年度国内生产总值（即 GDP）的一半②。

---

① ［日］野口悠纪雄著，贾成中、黄金峰译：《日本的反省：依赖美国的罪与罚》，东方出版社 2010 年版，第 101 页。

② 童适平：《战后日本金融体制及其改革》，上海财经大学出版社 1998 年版，第 108 页。

第十五章
养老金中了“十面埋伏”

日本养老金投资一败于基础设施的“过剩”；二败于股市的“剩宴”；三败于债市的“流动性陷阱”，真可谓中了“十面埋伏”。

日本版“金融大爆炸”没有带来命运转折，养老金不得不“离家出走，流落他乡”。

由于1974年《雇员退休收入保障法案》（即ERISA法案）、1974年版《国内税收收入法案》、1978年版《国内税收收入法案》的接连实施，20世纪80年代的美国养老基金已经在美国股市的底部完成了第一批建仓，正在向养老基金新时代高歌猛进。同时，美国以养老金为基石重新打造的资本市场，正在吸引着全球的优质企业来美国上市，养老金同时也分享着这些上市企业所创造的价值。

英国在1986年金融“大爆炸”之后正在向金融英国转型，同时第二支柱养老金茁壮成长，不但成为本国资本市场上的基石，而且还漂洋过海，在全球范围内行走，赚得盆满钵满。

在笔者看来，撒切尔夫人用养老金做垫脚石、奠基石，推动英国经济由“贸易英国”、“工业英国”转型到“金融英国”，确实高瞻远瞩、远见卓识。而且，笔者还认为，英国最最高明的地方在于：英国把自1930年以来的人口老龄化压力，转化成为养老金资产，然后通过养老金资产在全球范围内投资，投资于人口红利丰富、年龄中位数小的新兴经济体，这样英国本土的人口老龄化危机在国际化、全球化的过程中就悄然化解了。英国养老金资产的全球行走，是伟大的跨境、跨时套利之创举，是在全球范围内释放人口老龄化危机的伟大尝试！

相对于英美两国的养老基金而言，以财投计划为代表的养老保险基金，在20世纪80年代之后彻底陷入了“一步走错，步步走错”的境地。先是在80年代中期的基础设施建设上投资过度，吃了大亏；后来在80年代末期的资本市场上吃了个“剩宴”，结果被牢牢套住；最后在国债市场上掉进了“流动性陷阱”，与整个日本经济捆绑在一起动弹不得，真可谓中了“十面埋伏”。

过度投资基础设施[①]

在日本战后经济恢复时期（1946～1955年）以及日本经济高速成长时期

---

① 本部分的内容主要引用自：郑秉文、房连泉、王新梅：“日本社保基金‘东亚化’投资的惨痛教训”，《国际经济评论》，2005年5～6月。本章中对郑秉文老师的文字多有摘取，特致谢意。

(1955 ~ 1973 年)，财投计划在促进基础设施建设、重化工业发展、社会资本形成等方面发挥了巨大作用。进入 20 世纪 80 年代后，财投计划开始转向内需扩张领域，对于日本经济走出因为两次世界石油危机导致的经济衰退十分重要。由于 90 年代初期日本泡沫经济的破灭，以及财投计划的体制弊病，新仇旧恨一并爆发出来。

来自年金积立金的财投计划资金绝大部分与邮政储蓄等资金一起，由资金运用部直接借给了各个财投机构，还有一部分资金用于购买政府债券。从 1996 ~ 2000 年间资金运用部的资产构成情况可以看出：用于购买政府债券的资金比重在 20% ~ 25% 之间，而直接借给各个财投机构的贷款在 75% ~ 80% 之间，始终占据着资金运用总额的绝大部分。

按照日本学者土居丈郎和星岳雄的分析，到 2000 年财投机构的坏账损失已非常严重，贷给这些机构的财投计划资金 75% 是不良贷款，已发生的财务损失加上预计清理债务的支出估算至少为 78.3 万亿日元。

日本学者森宏一郎对与年金积立金使用有关的 27 个财投机构（包括政府公库和特殊公团）的经营状况进行了分析。统计 27 个特殊法人机构信用等级的情况，信用等级为 CC 以下的机构意味着必须通过再贷款才能支付利息和需要偿还的费用，即处于“以贷还息”状态。在 27 个机构中，有 24 个信用等级在 CC 以下。到 2000 年这些“以贷还息”状态的机构从资金运用部的借款总额是 184 万亿日元，可以说都已变成了不良贷款。对于约 142 万亿日元的年金积立金来说，上述 27 家机构的呆坏账约有 184 万亿日元。因此，有理由判断投向这 24 家机构全部的年金积立金都已变成了呆坏账。此外，年金积立金不仅借给了上述的特殊法人机构，还借给了地方政府和国家特别会计。这两部分资金也存在大量的不良贷款，因此年金积立金的坏账损失情况已经非常严重。

按照财投计划造成的财政损失为 78.3 万亿日元的保守数据来计算，其占 GDP 的比重为 16%，也超过了整个银行业的损失（保守估计为 40 万亿日元，占 GDP 的 8%）。这样，财投计划对经济发展的负面影响也就显而易见了①。

① 郑秉文、房连泉、王新梅：“日本社保基金‘东亚化’投资的惨痛教训”，《国际经济评论》，2005 年 5 ~ 6 月。

日本养老保险基金取道财投计划进入具体的行业领域，到最后出现巨额的投资损失，主要与以下两个因素密切相关：

第一，东亚国家普遍存在的“国家中心主义”。可以说，有些是政策性亏损，是为了贯彻国家发展经济的意图，不得不进行投资；有些是经营性亏损，“方向不明决心大”，结果由于决策失误导致亏损；有些纯粹是管理性亏损，“家大业大，浪费点没啥”，养老金成为“唐僧肉”，管理者里应外合，上下其手。

第二，从人口红利期到人口负债期的转变。根据人口经济学的理论，人口结构与经济活力、投资收益密切相关。人口红利的释放，有利于推动投资增长、经济增长、资产价格上涨；人口红利的消失，情况则刚好相反。日本从第二次世界大战后到20世纪80年代中期，经历了将近40年的人口红利期。而从80年代中后期开始日本进入了显著的人口负债期，但是养老金还是继续投向住宅和环境整治等公共事业，基础设施和医疗卫生等社会福利项目，结果呆坏账急速上升。

赴汤蹈火资本市场

巨额亏损

从1986年开始，日本政府开始允许将部分年金积立金资产投资于资本市场。此前，日本政府对此一直十分谨慎。从一定意义上讲，日本政府也是不得已而为之。因为，传统投资渠道的收益率水平持续降低，呆坏账却在不断增加，由于人口老龄化加速，导致公共养老金支出反而越来越大，所以允许部分年金积立金投资于资本市场，目的在于提高投资收益，改善公共养老金的收支状况。

从1986年到2000年的15年期间，累积的资金投入占到年金积立金的1/5（2000年前后年金积立金资产规模为142万亿日元左右），大约24万亿日元，这可是一笔庞大的资产。由于承担资金运作的年金福祉事业团是厚生省内部的养老金经办机构，不是真正独立的市场主体，尽管在投资管理上采用市场化的投资策略，并聘请外部的专家制定投资组合方案，但其投资管理摆脱不了政府干预。

刚一开始，年金积立金投资于资本市场，分享到了日本经济发展带来的实惠，投资收益明显改善。于是，年金积立金投资于资本市场的比重逐步提高。20 世纪 90 年代以后，随着泡沫经济的破灭，股票价格大幅下跌，债券收益率也很低，年金积立金投资于资本市场遭遇重大损失。

在 1986～2001 年的 16 年期间，年金福祉事业团投资回报率平均每年为 4.12%，平均每年投资数量为 16.3 万亿日元。由于同期从资金运用部借款的平均利率为 4.87%，投资收益扣除借款利率后出现亏损，到 2001 年 3 月止，累积亏损为 2.3 万亿日元。截至 2000 年年末，年金积立金的财政损失预计约为 19.2 万亿日元，占到当年 GDP 的 3.7%①。

三次跌倒

日本养老保险基金在资本市场上的命运，只能用粉身碎骨来形容。

1986 年，日本养老保险基金开始投资日本股市，当年的日经指数为 12000～13000点，属于股市的相对低位，但是由于养老保险基金初次涉水，只是试探性建仓，仓位很轻；1987 年，日经指数在 18000～19000 点，养老保险基金在该年度加大仓位；1988 年，日经指数在 21000～22000 点，养老保险基金再次加大仓位；1989 年，日经指数达到 30000 点，1990 年 12 月 3 日，日经指数达到历史最高的 38916 点，此时日本养老保险基金的仓位已经很重了。这样，初步估算可知，截至 1990 年年底，日本养老保险基金的仓位成本应该在 22000～25000点区间。

很显然，股市低位时候，养老保险基金轻仓投资；股市出现泡沫时，反而重仓投资。这样，仓位的总成本越来越高。在股市泡沫破灭前，应该讲养老保险基金是主动投资的，起到了“哄抬股价”的作用，这是日本养老保险基金

① 郑秉文、房连泉、王新梅：“日本社保基金‘东亚化’投资的惨痛教训”，《国际经济评论》，2005 年 5～6 月。

的“第一次跌倒”：在错误的时间重仓入市。

等到1990年股市泡沫破灭、股指狂泻的时候，本来是各路人马纷纷争先恐后逃离股市的时候，大家拼速度、拼力度，奋不顾身地实施“胜利大逃亡”。只见日本养老保险基金还在磨磨蹭蹭、恋恋不舍，结果是“一步没赶上，步步赶不上”，只好不断地“严防死守”，结果当然是深度套牢、再度套牢、越套越牢。高位入市、股指狂泻，投资于股市的养老保险基金存量资产只好默默地忍受着资产大幅缩水的煎熬，真是欲哭无泪。这是养老金的“第二次跌倒”：错失了逃跑求生、断臂求生的机会。

由于股指继续狂泻，“半山腰抄底”，投资于股市的增量养老保险基金继续缩水，这就是日本养老保险基金的“第三次跌倒”。这次跌倒，有日本政府推动“火线救市”的原因，也有养老保险基金自身判断失误的原因。

当日经指数跌至25000点一线的时候，养老保险基金出手进行了第一次阻击，面对排山倒海的抛压，不得不放弃阻击，结果损失惨重。当日经指数跌至20000点一线时，养老保险基金再次组织阻击，依然无力回天，结果同样是放弃，损失更为惨重。当日经指数跌至15000~10000点时候，日本养老保险基金几乎是毕其功于一役，大跌大买，小跌小买，不断买进股票直至倾巢而出，完全没有料到，日经指数竟然直下9000点，最低跌至8578.95点，结果落得个倾家荡产。更加没有想到的是，日经指数竟然在10000点下方，一呆就是多年。于是，养老保险基金跌入了绝望无边、万劫不复的深渊。

日本养老保险基金投资于股市，应了中国的一句俗语，“羊肉没吃上，沾了一身骚。”最终的结果是，养老保险基金投资于股市造成了巨额的亏损。亏损源于养老保险基金在股市上的三次跌倒，三次“栽跟斗”。

可见，日本养老保险基金投资，一败于基础设施投资过度，陷入财投计划造就的呆坏账泥塘；二败于在资本市场冲锋陷阵、赴汤蹈火，结果兵败如山倒，出现了“三次跌倒”；三败于债券投资，投资收益长期低迷。

无力的拯救[①]

由于养老金投资上出现的一系列失败，日本政府不得不着手养老金投资制度改革。日本政府于1999年12月制定并公布了《财政投融资制度根本性改革方案》，取消了养老保险基金必须存放在大藏省资金运营部的规定，改由厚生省统一管理并建立新的运营机制，即养老金资金运作基金（GPIF，旧的年金积立金）负责运营，并于2001年4月起实施。由此，日本公共养老金开始市场化投资运作，希望通过安全有效的基金运作，实现养老保险基金的保值增值，保证养老保险制度的平稳运行，确保投保人的利益。

由于日本经济的长期低迷以及股票和债券市场的持续走弱，2001年的养老金改革未能有效挽救养老金投资亏损的势头。2001年和2002年由养老金资金运作基金负责运营的养老基金投资亏损屡创新高，分别达到了1.13万亿日元和3.06万亿日元。

2003年4月，政府养老基金投资基金（GPIF，新的年金积立金）取代养老投资运作基金（旧的年金积立金），后者被迫解散，将公共养老金转交给GPIF运作。此后，厚生省加强了GPIF对养老保险基金的责任化管理，对直接入市的资本进行严格的审核。随着经济的转暖和股票市场的回升，公共养老金投资的财务状况出现好转。

根据GPIF公布的年报，从实施改革的2003年开始，年金积立金投资连续取得正的收益。2003年为12.48%，2004年为4.60%，2005年一度达到14.37%。但是好景不长，2007财政年度出现了高达5.84万亿日元的亏损，这是迄今为止日本养老金出现的最大年度亏损。其中，主要的亏损来自股票市场，亏损达5.33万亿日元，收益率为-27.97%。日本养老金投资亏损的主要

① 郑秉文、房连泉、王新梅："日本社保基金'东亚化'投资的惨痛教训"，《国际经济评论》，2005年5~6月。

原因是：一方面各国政府为了刺激经济，纷纷采用低利率政策，导致利息收入减少；另一方面，全球股市下跌，导致股票投资亏损。

养老金绑架利率①

“流动性陷阱”是由经济学大师凯恩斯提出的一种假说，是指在某一时期当利率水平降低到“流动性陷阱”而不能再低时，人们就会产生利率上升而债券价格下降的预期，货币需求弹性就会变得无限大，即无论增加多少货币，都会被人们储存起来。发生“流动性陷阱”时，再宽松的货币政策也无法改变市场利率预期，使得货币政策失效；同时会导致过低的利率水平停留很长一段时间，这样即使通过低利率政策也不能够起到刺激经济增长的作用，同时还会使得宏观经济在较长的时间里缺乏弹性，反而牺牲经济效率。

日本在三大泡沫破灭之后，结结实实地掉进了“流动性陷阱”而动弹不得，更让日本苦不堪言的是养老保险基金像巨石一样重重地压在身上，使得低利率政策由“不得已为之”变成了“不得不为之”。每一次国际国内经济和金融市场的任何风吹草动，都会让日本政府如临大敌、草木皆兵，都会拿起“低利率”作为挡箭牌。

20 世纪 90 年代初，日本泡沫经济破灭后，大量借款不能偿还，给银行等金融机构造成大量不良资产，在《巴塞尔协议》对自有资本的约束下，导致银行惜贷之风盛行。于是，中小企业不得不因为资金周转不开而大量倒闭，这样又进一步导致银行进一步紧缩贷款，甚至殃及中小银行等金融机构跟着破产。为了刺激经济复苏，日本政府只好扩大公共事业投资，年年增发国债，这样的结果是导致中央政府和地方政府负债累累，财政濒临崩溃的边缘，国家几乎无法运用财政杠杆来有效调节经济。日本 GDP 在 1997 年和 1998 年分别出现 0.1% 和 1.3% 的负增长。

---

① 本部分内容转引和改写自：肖耿：“日本经济的通货紧缩：对中国的启示”，《国际经济评论》，2003 年 2 月。

流动性陷阱

流动性陷阱是凯恩斯提出的一种假说，指当一定时期的利率水平降低到不能再低时，人们就会产生利率上升而债券价格下降的预期，货币需求弹性就会变得无限大，即无论增加多少货币，都会被人们储存起来。

当“流动性陷阱”出现时，再宽松的货币政策也无法改变市场利率，使得货币政策失效。20世纪90年代之后，日本政府一直实施零利率政策，被认为是“流动性陷阱”的典型。

为了防止经济进一步恶化，刺激经济需求，日本银行于1999年2月开始实施零利率政策，也是金融史上前所未有的“超宽松”货币政策。在第二次世界大战以来屡试不爽的财政政策失效的情况下，日本把目光瞄准了货币政策，这一“险招”再次成为自日元升值以来的又一大败笔，它让日本经济在巨大的泥沼中又深陷进去一大截。2000年8月，日本经济出现了暂短的复苏，日本银行一度解除了零利率政策。2001年，日本经济又重新跌入低谷。2001年3月，日本银行开始将金融调节的主要目标从调节短期利率转向“融资量目标”，同时再次恢复实际上的零利率政策。2006年7月14日，日本央行解除实施了5年零4个月的零利率政策，将短期利率从0.10%调高至0.25%。零利率的解除，标志着日本经济开始复苏（见表15-1）。

表 15-1　　1990~2001年日本法定利率

实施时间	商业票据贴现率以及以国债等特别指定债券或商业票据作抵押的贷款利率（%）	以其他物品作抵押的利率（%）
1990年3月20日	5.25	5.50
8月30日	6.00	6.25
1991年7月1日	5.50	5.75
11月14日	5.00	5.25
12月30日	4.50	4.75
1992年4月1日	3.75	4.00
7月27日	3.25	3.50
1992年2月4日	2.50	2.75
9月21日	1.75	2.00
1995年4月14日	1.00	1.25
9月8日	0.50	0.75
1998年4月1日	0.50	0.75
2001年1月4日	0.50	0.50
2月13日	0.35	0.35
3月1日	0.25	0.25
9月19日	0.10	0.10

资料来源：经济学阶梯教室，“低利率下的日本利率结构”。

从1990年年初到2001年，日本法定利率的变化基本上是一条向下倾斜的直线。再贴现率从1990年3月的5.25%降到2001年9月的0.10%，对金融机构贷款的利率从1990年3月的5.50%降到2001年9月的0.10%，降幅分别为5.15个百分点和5.40个百分点。这么大的利率降幅，这样低的利率水平，都是日本战后第一次出现的现象。从2001年开始，日本央行把商业银行在央行存款账户中的活期存款余额作为货币政策的操作目标，很少提高法定利率①。

在经济跌入低谷时，低利率利率政策的实施减轻了企业的债务负担，为市

① 经济学阶梯教室，“低利率下的日本利率结构”。请参见：http://www.gjmy.com/Item/15615.aspx。

场提供了充足的资金，这是积极的一面。但是，实施低利率政策还带来负面影响。例如，由于市场利率的下降引起存款利率的下降，使储蓄者蒙受损失，直接影响到个人消费水平的提高；另外，由于短期资金唾手可得，助长了某些金融机构的惰性，没有必要去实行证券化金融产品、衍生性金融产品的开发，苦苦守在传统的存贷业务这一根“救命稻草”上，当然金融机构的盈利水平也上不去。

因此，过低的利率使金融机构丧失了扩展业务与进取开拓的内在动力。更为严重的是，低利率甚至零利率政策意味着日本利用金融手段刺激经济增长的余地越来越小。零利率政策虽然有利于维持企业的生存，减少了劳动力和资本的失业，但是代价很大，牺牲了经济效率。

为了维持零利率政策，日本央行不得不通过政府的财政赤字及贸易盈余来注入大量的货币供应，这就导致日本的外汇储备及国债数量大升。到 2003 年，日本的外汇储备接近 9000 亿美元，主要投资于美国国债。日本国债总量接近日本 GDP 的两倍，处于世界领先地位（见表 15－2）。

从表 15－2 中可以看出，2002 年，日本 30 年期债券的年利率是 2. 317%，不但低于同期限的中国债券的收益率水平，而且大幅度低于同期限的欧美债券的收益率水平，总而言之，日本 30 年期债券的利率水平明显偏低。

表 15－2　　2002 年主要收益率曲线比较（%）

	1 年	2 年	5 年	10 年	20 年	30 年
欧洲债券 6 月 7 日	3. 86	4. 22	4. 8	5. 27	5. 58	5. 58
美国债券 6 月 10 日		3. 16	4. 34	5. 07		5. 64
日本债券 6 月 7 日	0. 021	0. 079	0. 489	2. 008	1. 369	2. 317
中国债券 6 月 10 日		1. 90	2. 03	2. 80	2. 37	2. 90

资料来源：潘思中：“透视长期国债市场”，《上海证券报》，2002 年 6 月 17 日。

如果在日本 2. 317% 的利率水平上，只上升 2 个百分点，即达到 4. 317% 的水平，那么平均而言日本 30 年期的债券的价格将由 100 元跌到 61 元，即下降39%①。

如果把日本30年期债券的利率提高一倍，达到4.6%左右，即接近于同期限欧美债券的利率水平，那么平均而言日本债券的价格就要下降近半，即下降50%左右。换言之，那些大量持有债券产品的养老金及保险基金等投资者，就要蒙受高达国内生产总值68%的经济损失。而站立在养老金和保险基金的背后，正是千千万万的日本家庭和日本民众。

也就是说，如果日本长期利率水平提高到接近欧美国家的水平，大量持有长期债券的养老金和保险基金需要再次承担巨大的资产缩水，结果只能是日本养老金和保险基金再次跌入万丈深渊。这就是日本政府和货币当局为什么迟迟不敢调整低利率政策的重要原因。

养老金绑架市盈率

实际上，养老金不但绑架了日本利率，绑架了日本货币政策。而且绑架了日本股票市场，绑架了市盈率。

投资者通常利用市盈率指标来估量某只股票的投资价值，或者用该指标在不同上市企业的股票之间进行比较。市盈率（Price to Earning Ratio，简称PE或P/E）是指在一个考察期内（通常为12个月的时间，即1年的时间周期），股票的价格和每股收益的比例。如果把股票市场所有股票的市盈率水平进行一个平均，那么通过这个股票市场的平均市盈率水平就可以衡量该市场的发展是否健康。

通过研究美国股市的平均市盈率，我们可以发现一个非常有意思的现象：美国股市历史上熊市平均市盈率为7倍左右，平稳市约为14倍左右，牛市为21~25倍之间（见图15-1）②。

① 潘思中：“透视长期国债市场”，《上海证券报》，2002年6月17日。

② 李文军：“美国股市近50年主流投资理念演变”，《新财经》，2002年第3期。

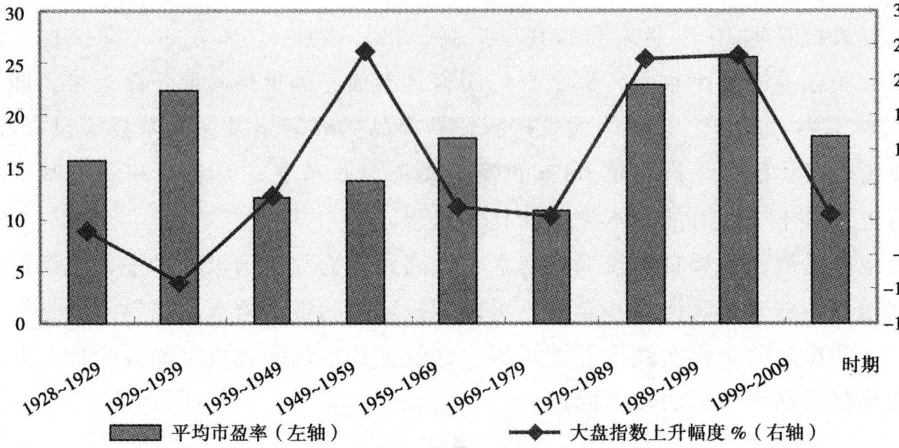

图 15－1　1928～2009 年美国股市大盘涨幅与平均市盈率水平

从 1981 年到 2006 年的 26 年间，美国标准普尔 500 的平均市盈率为 20.1 倍，最高为 40.3 倍，最低为 8 倍。所以，大家讲美国股市的市盈率比较合理，或者判断美国股市是否有泡沫，一个重要的标准就是 20 倍左右的市盈率水平。

但是，从 1981 年到 2006 年，东京股市（主板）的平均市盈率为 87.5 倍，最高为 614.1 倍（2003 年），最低为 21.1 倍（1981 年）。如果以 2007 年 6 月 26 日日经 225 指数 18000 点左右来计算，其对应的平均市盈率水平大致是 38 倍左右。

值得注意的是，在 1981～2006 年的 26 年间，美国的 GDP 增速为年平均 3.1%，而日本仅为 2.3%（1981～2005 年），远低于美国。尤其是进入 20 世纪 90 年代以后，GDP 增速的差距更大：美国年均 GDP 增速 3.0%，日本仅为 1.3%。同时，日本上市企业的盈利能力也远远比不上美国企业。

很显然，股票和其他商品一样，有其内在价值和外在价格。其内在价值由上市企业的盈利状况所决定，其外在价格则由市场供求关系所决定。日本股市的高市盈率难以从经济增速和上市公司盈利能力方面来得到合理的解释。

于是，有学者通过寻找美日两国制度性差异来对此进行补充性解释：日本的储蓄率远远高于美国；日本国际收支经常项目长期保持盈余，美国则保持长期赤字；日本企业间相互持股的做法仍然较为普遍，虽然名义上全流通，实际上部分持股基本处于锁定状态；美国大企业的管理层持股比例一般都比较低。可见，日本股票市场对股票的需求（可用于股票投资的资金）远远大于美国，而股票供给（实际流通的股票）却远远小于美国。这样，当日本股票市场供求关系长期失衡而又无法改变这种供求关系时，就会出现股票价格长期背离股票价值的现象①。

笔者认为，相比于美国股票市场而言，日本股市平均市盈率长期维持在一个高位，既不正常，也不合理；既让本国投资者提心吊胆，又让外国投资者望而却步。造成日本股票市场今天这种“残局”、“败笔”，起源于日本“守财奴”的经济思想，关起门来发展国内股票市场，导致供求关系被人为地搞得“紧张兮兮”、“神秘兮兮”。

“财迷”日本的一个重要特点就是将国内经济与国际经济严格分割开来，只是通过国内的贸易部门、贸易产业来与外部经济进行交往，于是大量的产业和领域就被排除在开放经济之外，这种“画地为牢”的做法导致日本经济具有严重的封闭化特点。但是，经济生活中有许许多多的重要资源、重要资产、重要产业，是“非贸易品”或者称之为“不易贸易品”，比方说房地产市场。实际上，由于长期以来日本实行严格的金融管制做法，日本的股票市场就成为严格金融管制的牺牲品，本来有望成为全球资本市场中心的东京股市，被活生生地“阉割”成一个开放程度非常低的本土市场：来自外国的上市企业非常少，来自外国的机构投资者非常少。于是，由本土上市企业“一统江湖”，由本国机构投资者“一锤定音”。可以说，日本股票市场的过高市盈率特点，是封闭经济思想所致，是“画地为牢”思想所致，是金融管制做法所致。

真正让日本股票市场维持一个长期的高市盈率，还是与股票市场的主要参

① 寒冬：“中日股市市盈率更有可比性”，《中国证券报》，2007 年 7 月 2 日。

与者密不可分。以养老金和保险基金为代表的本土机构投资者，在遭遇基础设施投资过度、长期债券市场收益低迷之后，庞大的养老金和保险基金只好在股票市场上被动地进行投资。由于养老金和保险基金资产规模过于庞大，它往股票市场上一站，股票市场的市盈率水平就难以下去了。

也许我们会想，既然由养老金和保险基金支撑日本股票市场的高市盈率水平，那么就没有什么问题了，只要这两大机构投资者不撤离股票市场，这个泡沫就不会破灭，这个游戏就可以永久性地玩下去。

当然，游戏可以玩下去，但是股市的效率上不去。从存量股票上看，高市盈率意味着上市企业占用了过多的金融资源；从股票增量上看，高市盈率意味着上市企业获得了过高的溢价收益，扭曲了要素价格。特别是高高在上的市盈率，成为悬挂在投资者头上的一把“利剑”、一颗“地雷”，从长期来看必然会削弱股票市场的融资功能和融资能力。因此，它是不合理的，也是不正常的。它存在的时间越久，反而表明日本经济和日本金融没有前途和出路，反而是日本“逝去时光”的见证和遗产。

尽管普通投资者都知道这是一个非常危险的游戏，也是一个非常低效的游戏。但是养老金和保险基金必须“讲政治，顾大局”，必须继续玩下去！不得不玩下去！

如果日本股票市场的平均市盈率由80倍下降到美国的20倍水平，日本股票市场的价值将会是现值的1/4。按照2003年日本股票市场的市值占GDP的66%来计算，市盈率从80倍下降到20倍，将使金融体系与居民储蓄的潜在损失高达GDP的50%。

按照2003年的数据，如果把日本30年期债券的利率提高一倍，达到4.6%左右，大量持有债券产品的养老金及保险基金就要蒙受高达GDP 68%的经济损失。平均市盈率由80倍下降到美国的20倍水平，将使金融体系与居民储蓄的潜在损失高达GDP的50%。如果日本利率与市盈率同时调整到了国际市场的水平，潜在损失将高达日本GDP的118%，这还不包括房地产价值的损失。如果这样，日本家庭和日本国民需要面对的情况就是：养老金资产贬值、房地产资产贬值、失业压力①。

---

① 肖耿：“日本经济的通货紧缩：对中国的启示”，《国际经济评论》，2003年2月。

至此，我们就可以清晰地看到：养老金已经绑架了日本利率，绑架了市盈率，绑架了日本经济。

养老金“离家出走”

英国养老金资产管理的最大特点是全球投资，继承了大英帝国持剑“行商”、全球淘金的本色。美国养老金资产管理的最大特点是把养老金作为资本市场的奠基石，吸引全球资本来美国淘金，并且分享全球优质企业在美国资本市场上创造的价值，做一本万利的“坐商”。

相比较之下，日本养老金在很长时间里一直是“财迷土鳖”，国际化程度非常低，把“老本钱”都紧紧地掖着藏着，生怕被别人看见，老是在本土“打转”。在人口红利期，日本养老金主要投资国内，倒是可以分享高增长、高投资的收益。但是，日本进入了人口负债期，经济增长放缓，投资增长乏力，消费需求不足，如果养老金投资继续局限在国内，那么就会陷入“双缺口”、“双绑架”的境地。既要遭受人口老龄化带来的养老金支付缺口，又要遭受因为人口老龄化带来的投资收益缺口；既要绑架国内利率，又要绑架国内股票市场的市盈率。

很显然，日本养老金投资，问题出现在经济上，根子却在“人口”上。但是，人口发展显然不是一朝一夕、一蹴而就的事情。

怎么办？

日本政府终于认识到，必须通过养老金的全球化投资行为，在全球范围内来分散人口老龄化危机和风险，才能真正解决养老金的投资问题。于是，养老金投资的国际化征程就在这个时候起程了。

日本养老金投资国际化，虽然比英国和美国晚了数十年，但毕竟还是启程了，这次启程伴随着日本“金融大爆炸”、“贸易投资立国”战略一起送来的阵阵微风。

“金融大爆炸”带来的福音

20 世纪 90 年代泡沫经济破灭后，日本金融部门遭受不良贷款的沉重打击。与此同时，世界各地都在加速解除金融管制，日本政府认识到保护金融体系的做法已经过时，日本需要像伦敦和纽约那样更加透明、自由的金融市场。于是，继欧洲宣布发行欧元后，日本从 1998 年 4 月 1 日起，启动一项名为“东京版金融大爆炸”（Tokyo Big Bang）的金融自由化改革方案。“金融大爆炸”包括解除不同领域管制的一揽子措施，如股票市场、外汇管制和不同金融业务领域进入政策。日本还于 1998 年修订了《外汇法》，外汇交易实现完全自由化①。

日本“金融大爆炸”给养老金送来两大福音：市场化运作、海外投资。

日本政府此后分别于 2001 年和 2006 年对财投计划进行了改革，建立了年金积立金制度。

“贸易投资立国”战略的实施②

第二次世界大战后日本在“贸易立国”战略的指引下，对外贸易迅速发展，并成为经济增长和经济发展的引擎，奠定了日本作为世界第二大经济国的地位。

---

① 吴志攀：“日本‘金融大爆炸’启示中国”，《青年参考》，2005 年 1 月 25 日。请参见：http：//news. sina. com. cn/w/2005 - 01 - 25/ 12295662280. shtml。

② 本部分内容转引和改写自：苏杭：“日本的贸易投资立国战略探析”，《日本学刊》，2008 年第 3 期。

面对20世纪90年代泡沫经济破灭后的经济结构和经济环境，日本政府在2006年版《通商白皮书》中提出：要改善国际投资的结构和质量，实现“投资立国”。日本政府在2007年版《通商白皮书》中，又在“投资立国”的基础上提出了“贸易投资立国”战略。这种变化，折射出日本政府对国内外经济形势新变化的战略反应。

“贸易投资立国”战略的确立，体现了日本政府对未来经济发展的通盘考虑和深远谋划：

第一，20世纪90年代泡沫经济破灭后，依靠出口的强劲增长推动了经济复苏。2002～2006年间，出口对GDP的贡献率约为66%，出口成为日本经济复苏的主要推动力。

第二，东亚区域内贸易的发展，提升了日本与亚洲其他国家间的经济依存度，成为日本经济发展不容忽视的重点课题。

第三，日本人口结构的老龄化、少子化，直接制约着国内需求的扩大。2005年日本的人口出生率仅为1.25‰，低于德国的1.3‰；1.28亿总人口中，15岁以下者仅占13.7%，65岁以上者则高达20.1%；出生人数比2004年减少4.4万人，连续五年创最低纪录，并首次出现人口负增长。从人口结构的特点来看，日本经济未来的发展将更加依赖外需。

第四，所得收支盈余成为日本国际收支经常项目的最大收益来源，改变了日本此前长期延续的对外经济结构。所得收支盈余是指由国家海外资产利息和分红产生的收益，与货物贸易、服务贸易以及经常项目转移并列为一国国际收支经常项目的四大子项目。国际收支经常项目盈余是衡量一个国家对外经济成熟度的重要指标。2005年，日本国际收支发生了历史性转折，所得收支盈余第一次超过贸易收支盈余，成为经常收支盈余最重要的来源，它表明日本对外经济结构发生了重大变化，已经开始从“商品输出为主”向“资本输出为主”转变。可以说，日本已经向“成熟债权国”走出了第一步，其经济发展也将进入一个新阶段。

值得指出的是，日本海外资产分布并不合理。截至2005年年底，日本对外投资在美国和欧盟的资产分别占38.7%和23.7%，合计为62.2%，在亚洲的资产占22.3%，在中国的资产只占8.1%。由于对新兴工业化国家的投资比例过低，导致海外投资的资产收益相对较低。

日本养老金扬帆启航

截至2006年年底，日本养老金有18%购买了外国股票，12%购买了外国债券，外国总资产占到了整个养老金资产总额的30%，如今保守的日本人将接近1/3的养老金资产投资到了国外，这在20年前是难以想象的（见图15－2）。

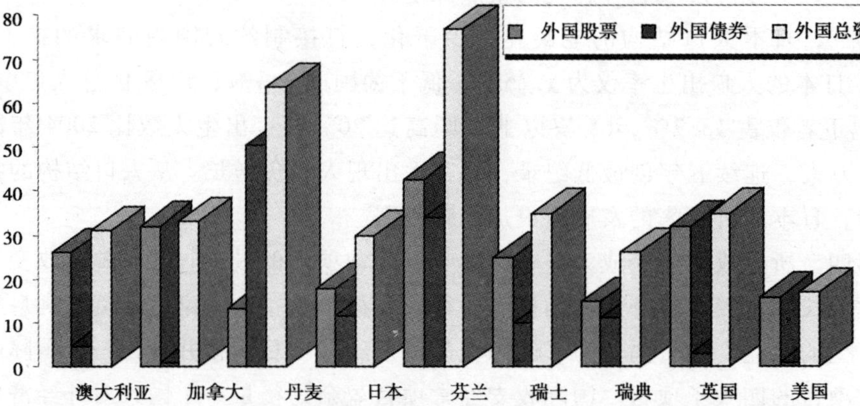

图15－2　2006年部分OECD国家养老金资产组合中外国资产的比重（%）

日本养老金出海，虽然是“迟来的爱”，但是“亡羊补牢，为时未晚”。

附表一　　第二次世界大战后的美国总统

在任顺序	名　称	任期	党派
32	富兰克林·罗斯福	1933年3月4日~1945年4月11日	民主党
33	哈里·杜鲁门	1945年4月12日~1953年1月19日	民主党
34	德怀特·艾森豪威尔	1953年1月20日~1961年1月19日	共和党
35	约翰·肯尼迪	1961年1月20日~1963年11月22日	民主党
36	林顿·约翰逊	1963年11月22日~1969年1月19日	民主党
37	理查德·尼克松	1969年1月20日~1974年8月9日	共和党
38	杰拉尔德·福特	1974年8月9日~1977年1月19日	共和党
39	小詹姆斯·卡特	1977年1月20日~1981年1月19日	民主党
40	罗纳德·里根	1981年1月20日~1989年1月19日	共和党
41	乔治·布什	1989年1月20日~1993年1月19日	共和党
42	比尔·克林顿	1993年1月20日~2000年1月19日	民主党
43	小布什	2000年1月20日~2008年1月19日	共和党
44	巴拉克·奥巴马	2008年1月20日至今	民主党

资料来源：美国总统，百科名片。

附表二　　第二次世界大战后的美国总统经济顾问委员会主席

姓名	任期
埃德温·诺斯	1946～1949年
莱昂·凯瑟林	1949～1950年代理； 1950～1953年
亚瑟·伯恩斯	1953～1956年
雷蒙德·索尼耶	1956～1961年
沃尔特·海勒	1961～1964年
加德纳·奥克利	1964～1968年
亚瑟·奥肯	1968～1969年
保罗·麦克拉肯	1969～1971年
赫伯特·斯坦恩	1972～1974年
艾伦·格林斯潘	1974～1977年
查尔斯·舒尔茨	1977～1981年
穆雷·韦登鲍姆	1981～1982年
马丁·费尔德斯坦	1982～1984年
伯里尔·斯普林克尔	1985～1989年
迈克尔·珀斯金	1989～1993年
劳拉·德．安德烈．泰森	1993～1995年
约瑟夫·斯蒂格利茨	1995～1997年
珍妮特·叶伦	1997～1999年
马丁·尼尔．贝雷	1999～2001年
格列·哈伯德	2001～2003年
格里高利·曼昆	2003～2005年
哈维·罗森	2005年
本·伯南克	2005～2006年
爱德华·拉齐尔	2006～2009年
克里斯蒂娜·罗默	2009年至今

资料来源：第二次世界大战后美国总统经济顾问委员会主席，百度知道。

附表三　　　　　　第二次世界大战后的英国首相

姓名	任期	党派
温斯顿·丘吉尔	1940年5月10日~1945年5月23日	保守党/联合内阁
温斯顿·丘吉尔	1945年5月23日~1945年7月26日	保守党/过渡政府
克莱门特·艾德礼	1945年7月26日~1951年10月26日	工党
温斯顿·丘吉尔	1951年10月26日~1955年4月6日	保守党
安东尼·艾登	1955年4月6日~1957年1月10日	保守党
哈罗德·麦克米伦	1957年1月10日~1963年10月19日	保守党
道格拉斯-霍姆	1963年10月19日~1964年10月16日	保守党
哈罗德·威尔逊	1964年10月16日~1970年6月19日	工党
爱德华·希思	1970年6月19日~1974年3月4日	保守党
哈罗德·威尔逊	1974年3月4日~1976年4月5日	工党
詹姆斯·卡拉汉	1976年4月5日~1979年5月4日	工党
玛格利特·撒切尔	1979年5月4日~1990年11月28日	保守党
约翰·梅杰	1990年11月28日~1997年5月2日	保守党
托尼·布莱尔	1997年5月2日~2007年6月27日	工党
戈登·布朗	2007年6月28日~2010年5月12日	工党
戴维·卡梅伦	2010年5月11日至今	保守党

资料来源：第二次世界大战后英国历任首相，百度知道。

附表四　　第二次世界大战后的日本首相

任期顺序	姓　名	任期	党派
42	铃木贯太郎	1945 年 4 月 7 日 ~ 1945 年 8 月 17 日	军人
43	东久迩稔彦	1945 年 8 月 17 日 ~ 1945 年 10 月 9 日	皇族
44	币原喜重郎	1945 年 10 月 9 日 ~ 1946 年 5 月 22 日	日本进步党
45	吉田茂	1946 年 5 月 22 日 ~ 1947 年 5 月 24 日	自由党
46	片山哲	1947 年 5 月 24 日 ~ 1948 年 3 月 10 日	日本社会党
47	芦田均	1948 年 3 月 10 日 ~ 1948 年 10 月 15 日	日本民主党
48	吉田茂	1948 年 10 月 15 日 ~ 1949 年 2 月 16 日	自由党
49	吉田茂	1949 年 2 月 16 日 ~ 1952 年 10 月 30 日	自由党
50	吉田茂	1952 年 10 月 30 日 ~ 1953 年 5 月 21 日	自由党
51	吉田茂	1953 年 5 月 21 日 ~ 1954 年 12 月 10 日	自由党
52	鸠山一郎	1954 年 12 月 10 日 ~ 1955 年 3 月 19 日	日本民主党
53	鸠山一郎	1955 年 3 月 19 日 ~ 1955 年 11 月 22 日	日本民主党
54	鸠山一郎	1955 年 11 月 22 日 ~ 1956 年 12 月 23 日	自由民主党
55	石桥湛山	1956 年 12 月 23 日 ~ 1957 年 2 月 25 日	自由民主党
56	岸信介	1957 年 2 月 25 日 ~ 1958 年 6 月 12 日	自由民主党
57	岸信介	1958 年 6 月 12 日 ~ 1960 年 7 月 19 日	自由民主党
58	池田勇人	1960 年 7 月 19 日 ~ 1960 年 12 月 8 日	自由民主党
59	池田勇人	1960 年 12 月 8 日 ~ 1963 年 12 月 9 日	自由民主党
60	池田勇人	1963 年 12 月 9 日 ~ 1964 年 11 月 9 日	自由民主党
61	佐藤荣作	1 964 年 11 月 9 日 ~ 1967 年 2 月 17 日	自由民主党
62	佐藤荣作	1967 年 2 月 17 日 ~ 1970 年 1 月 14 日	自由民主党
63	佐藤荣作	1970 年 1 月 14 日 ~ 1972 年 7 月 7 日	自由民主党
64	田中角荣	1972 年 7 月 7 日 ~ 1972 年 12 月 22 日	自由民主党
65	田中角荣	1972 年 12 月 22 日 ~ 1974 年 12 月 9 日	自由民主党
66	三木武夫	1974 年 12 月 9 日 ~ 1976 年 12 月 24 日	自由民主党
67	福田赳夫	1976 年 12 月 24 日 ~ 1978 年 12 月 7 日	自由民主党
68	大平正芳	1978 年 12 月 7 日 ~ 1979 年 11 月 9 日	自由民主党
69	大平正芳	1979 年 11 月 9 日 ~ 1980 年 6 月 12 日	自由民主党
70	伊东正义	1980 年 6 月 12 日 ~ 1980 年 7 月 17 日	自由民主党

续表

任期顺序	姓　名	任期	党派
71	铃木善幸	1980年7月17日~1982年11月27日	自由民主党
72	中曾根康弘	1982年11月27日~1983年12月27日	自由民主党
73	中曾根康弘	1983年12月27日~1986年7月22日	自由民主党
74	中曾根康弘	1986年7月22日~1987年11月6日	自由民主党
75	竹下登	1987年11月6日~1989年6月3日	自由民主党
76	宇野宗佑	1989年6月3日~1989年8月10日	自由民主党
77	海部俊树	1989年8月10日~1990年2月28日	自由民主党
78	海部俊树	1990年2月28日~1991年11月5日	自由民主党
79	宫泽喜一	1991年11月5日~1993年8月9日	自由民主党
80	细川护熙	1993年8月9日~1994年4月28日	日本新党
81	羽田孜	1994年4月28日~1994年6月30日	新生党
82	村山富市	1994年6月30日~1996年1月11日	日本社会党
83	桥本龙太郎	1996年1月11日~1996年11月7日	自由民主党
84	桥本龙太郎	1996年11月7日~1998年7月30日	自由民主党
85	小渊惠三	1998年7月30日~2000年4月5日	自由民主党
86	森喜朗	2000年4月5日~2000年7月4日	自由民主党
87	森喜朗	2000年7月4日~2001年4月26日	自由民主党
88	小泉纯一郎	2001年4月26日~2003年11月19日	自由民主党
89	小泉纯一郎	2003年11月19日~2006年9月26日	自由民主党
90	安倍晋三	2006年9月26日~2007年9月25日	自由民主党
91	福田康夫	2007年9月25日~2008年9月1日	自由民主党
92	麻生太郎	2008年9月22日~2009年8月30日	自由民主党
93	鸠山由纪夫	2009年9月16日~2010年6月2日	自由民主党
94	菅直人	2010年6月4日~2011年8月26日	日本民主党
95	野田佳彦	2011年9月2日至今	日本民主党

资料来源：第二次世界大战后日本历任首相，百度知道。

附录一

加速资本市场国际化①

目前，我国经济发展正在从人口红利期向人口负债期转变，这是一忧。同时，我国股票市场、房地产市场、黄金市场、艺术品市场的资产价格大幅上扬，表明我国开始出现资本充裕、流动性过剩，经济发展正在从资本形成期向资本积累期、资本扩张期转变，这是一喜。加速资本市场国际化、大力发展养老基金，正是实现人口红利向资本红利转变的转换器，正好可以开辟出一条强国富民、大国崛起的大通道，把一忧变为一喜。

就强国而言，这条大通道可以避免因为人口红利衰竭导致经济衰退、资产价格下跌，可以推动经济持续增长，实现大国崛起。就富民而言，这条大通道可以增强人民币资产的潜在价值，增强本土资本力量，实现我国居民能够用人民币购买到最具价值、最有成长性的全球资产，实现财富增长。

一、用科学发展观全面认识当前我国人口发展与资本发展所处的历史阶段和发展趋势

（一）我国目前正处在人口红利期向人口负债期转变的紧要历史关头

由于出生率下降和死亡率下降，往往导致人口年龄结构发生重大变化，形

---

① 本文写作构思于2006年年中，成稿于2007年年初，正式发表于2007年下半年。为了反映当时笔者的所思所想，在附录中没有对原文做任何修改。因此，附录中的数据和资料，只截至2007年，也没有进行更新。请读者注意。

本文转引自：刘云龙："加速资本市场国际化，大力发展养老基金，到2015年把我国初步建设成为全球资本市场中心"，《经济要参》，2007年第63期，国务院发展研究中心。

成三个重要的人口发展阶段：婴儿潮时期、人口红利期、人口负债期。这三个阶段分别具有高少儿抚养比率、高劳动年龄人口比率和高老年抚养比率的特征。其中劳动年龄人口比率提高的这个阶段，通过劳动力的充足供给和高储蓄率，为经济增长提供了一个“人口红利”。

人口红利推动了我国自改革开放以来的经济高速增长。我国学者认为，中国经济奇迹的1/4是由人口红利推动的。国际经济学家认为，东亚经济奇迹的1/3是由人口红利推动的。

同时，人口红利也推动了我国资产价格的上涨。最近几年来，我国大中城市房地产价格持续攀升，一个重要推动力是人口红利；我国A股市场从2005年上证指数998点上涨到目前的5000点左右，人口红利同样是重要推动力。美国“二战”后的婴儿潮在20世纪80～90年代进入就业和消费需求高峰期，日本1990年前后抚养率达到历史低点，同期美国和日本房地产、股票等资产价格推至高点。我国目前资产价格大幅上涨与我国婴儿潮群体成长为消费主体密切相关，并且符合国际发展经验。

目前，人口学家预测我国人口红利期的关闭时间将从2025年提前到2015年。与我国人口红利期的短暂性相比，我国人口负债期具有长期性。特别是我国人口老龄化进程具有规模大、速度快、时间长等特点，它将对推动我国经济增长的三架马车（投资、消费、进出口贸易）带来严重的冲击。

世界银行、美国国民经济研究局经济学家的研究表明：人口结构变迁将导致经济增长速度放缓、资产价格大幅度下降、通货紧缩等一系列经济后果。

很显然，目前我国经济发展中出现的流动性大量过剩、资产价格快速上涨等局面，正是由于人口红利推动所致。但是，我国经济增长正处在人口红利期向人口负债期转变的紧要历史关头，正面临人口负债即将带来的巨大挑战。我们必须高度重视人口负债期到来后可能出现的长期经济衰退、资产价格大幅下跌的局面。

（二）我国目前正处在资本形成期向资本积累期、资本扩张期转变的重大历史机遇期

发展经济学的理论表明，经济发展需要经历过资本形成、资本积累、资本输出三个阶段。资本形成是一国经济发展中最难突破的瓶颈，发展经济学家纳尔逊曾经指出“之所以贫穷是因为贫穷”，在发展初期由于劳动生产率、投资回报率很低，经济发展难以获得资本支持，从而长期陷入“纳尔逊陷阱”。

计划经济条件下，我国采用计划管理方式，集中资本动员、分配和使用，努力推动资本形成；改革开放初期，我国通过吸引外商直接投资即 FDI 方式，获得经济发展所需要的资本。进入 20 世纪 90 年代以后，通过产品出口和海外直接投资即 ODI 方式，我国逐步出现资本积累，并以高额外汇储备和贸易顺差等形式表现出来。

我国之所以能够完成资本形成的历史重任，一个十分有利的条件是人口红利，借助人口红利优势大量吸引资本，并逐步提高劳动生产率和资本收益率，从而源源不断地吸收国外资本、发展本国资本。

目前，我国经济发展已经成功地突破了资本形成、资本积累两道坎，完成了“经济起飞”的助跑阶段，从农业大国、资本小国成功地发展为贸易大国、制造业大国。实际上，我国经济发展再往前迈出一步，从贸易大国发展为金融大国，就能够从资本形成期跨进到资本积累期、资本扩张期，就可以获得新的经济发展推动力：资本红利。

资本红利是指通过资本动员、资本积累、资本深化、资本存量调整以及资本市场发展等措施，使得储蓄转化为投资的能力增强，藉以推动技术进步、劳动生产率提高和潜在经济增长空间拓展，从而推动经济长期增长。

（三）在科学发展观的指导下全面认识当前我国人口发展与资本发展的新要求

当前中国经济和中国资本市场出现的新情况、新问题，标志着中国经济正在走向一个新的发展阶段，正在努力开辟一个新的运行轨道，它是中国经济发展内在力量的强烈要求，是长期发展结果的一个必然反应。

全面认识人口力量与资本力量在我国经济发展中的交互作用，加速人口红利向资本红利发展、贸易大国向金融大国发展、国内资本市场向国际资本市场发展，是科学发展观的根本要求。小而言之，需要尽快对我国资本市场发展目标、发展方向进行明确；大而言之，需要尽快对我国经济发展战略、金融发展战略进行明确。

我们认为：中国欲崛起，中国金融必先崛起；中国金融欲崛起，中国资本市场必先崛起；中国资本市场欲崛起，中国养老基金必先崛起。

二、加速资本市场国际化是开辟大国崛起的战略通道

资本市场国际化是资本市场开放的高级阶段，其中包括筹资国际化、投资国际化、交易工具与机构国际化、交易制度与管理制度国际化。本文所阐述的资本市场国际化限定为A股市场国际化，是指国外知名企业到我国A股市场来上市发行股票，主要包括：世界500强企业通过存托凭证即CDR方式来华上市，印度、巴西等发展中大国、人口红利大国的企业通过首次公开放行即IPO方式直接来华上市，俄罗斯、南非等经济大国、资源大国的企业通过IPO方式直接来华上市等。

（一）资本市场国际化有利于我国从人口红利向资本红利发展转变

为了抑制我国目前流动性过剩、资产价格上涨的趋势，可以采取多种方法进行管理：或者通过加息的方法，或者通过行政管制的办法，把资金留在银行。但是这种做法的结果是导致资本萎缩：直接投资渠道发展不起来，存贷差继续扩大，中小企业发展得不到资金支持，本国居民的财富因为通货膨胀逐渐缩水。

或者采取对流动性“釜底抽薪”的做法：成立国家外汇投资公司，大力推动外汇储备投资国外；大力发展QDII，鼓励居民投资港股或者美股；大力推动保险资金境外投资。从短期来看，这些做法有利于抑制流动性过剩，限制资产价格过快上涨，但是从长远来看，这种做法的结果是导致资本耗散：本土资本市场发展不充分，本国经济发展出现衰退，本国居民没有充分分享经济增长带来的收益。

针对我国未富先老、未富高储的状况，立足于把我国建设成为全球资本市场中心，我们可以获得巨大的收益：

第一，避免资本萎缩与资本耗散，避免出现大规模的短期资金转移，避免流动性风险发生。既可以通过资本市场国际化途径，把自改革开放以来、通过几代人的艰苦奋斗、凭借人口红利优势创造的财富留在国内；又可以充分消化和管理当前流动性过剩，达到调控宏观经济的目的。

第二，增强国内产业发展的融资能力，加速国内经济转型和经济增长方式

转变，特别是有利于发展中小企业。

第三，增强人民币资产的潜在价值，增强本土资本力量。既强大了国家的资本实力，又增加了国民的财富积累。

（二）资本市场国际化有利于我国从贸易大国向金融大国发展

人口红利成就我国贸易大国地位，人口负债将动摇我国贸易大国地位，客观上要求我国从贸易大国向金融大国发展转变。

建设金融大国的意义在于：既可以消化和沉淀因为人口红利推动的贸易顺差和外汇储备，管理流动性过剩；又可以减轻人口负债对未来产业发展和贸易发展的冲击，实现长期经济增长的战略目标。

纵观世界大国发展历史，从西班牙、荷兰到英国、美国，都是利用人口增长和人口优势来获得贸易发展优势，而真正实现长期增长、持续发展的伟大动力来自于资本扩张优势。

可以说，“打天下”依靠人口红利和建设贸易大国，“坐天下”则依靠资本红利和建设金融大国。

（三）资本市场国际化有利于通过资本市场崛起来推动大国崛起

第一，有利于中国金融业全面开放和对等开放。增加 QFII 额度、允许外资金融机构进入中国市场等做法，实际上是外资通过分享中国人口红利来实现资本红利。中国成为全球资本市场中心，让包括世界 500 强企业在内的知名企业来 A 股市场上市，同样可以实现中国和中国居民通过获得资本红利来沉淀人口红利。这样，增加了开放的对等性和双向性。

第二，有利于利用全球资源管理流动性过剩。通过引进包括世界 500 强企业在内的优秀企业来 A 股上市，可以提高 A 股市场的供给规模，可以改善 A 股市场上市公司质地，有利于抑制流动性过剩吹胀股市泡沫，保持经济的活力和动力。同时，还可以避免因为大力发展 QDII 而耗散国内资本，为别人做嫁衣裳。

第三，有利于在全球范围内分散老龄化危机。老龄化危机将在很长一段时间里成为制约我国经济社会发展的拦路虎，它将对我国发展产生旷日持久、面面俱到的系统性风险，试图在一个国家范围内来分散、化解老龄化危机可能成效甚微。借助资本市场国际化，在全球范围内分散老龄化危机，这是我国发展战略的重大选择。

A 股市场全球化，把包括印度和巴西等发展中大国、人口红利大国的优质企业“请进来”，可以把我国当前的人口红利转换成强大的资本购买力。当我国进入人口负债期时，我国居民可以通过持有股票来分享这些国家的人口红利，从而实现资本红利。

A 股市场全球化，利用全球资本市场来分散老龄化危机，是一场伟大的跨期套利，是通过金融手段来治理老龄化危机的重大应对策略。同时，国内居民通过直接投资 A 股就能分享全球经济增长，本身就是一场伟大的现实分利。

第四，利用中国人的节俭推动全球经济增长。在封闭经济条件下，高储蓄、高投资、低消费的发展模式是不可持续的，一定会出现内需不足的“节约悖论”，这也是中国经济发展遭受西方诟病的一个方面。在开放经济条件下，A 股成为全球资本市场中心，全球优秀的企业在 A 股市场发行股票，中国人的节俭、中国的流动性过剩就成为全球经济发展的资金供给者，成为推动全球经济增长的重要力量。

我们认为，加速资本市场国际化，避免国内资本萎缩与资本耗散，利用全球资源管理流动性过剩，在全球范围内分散老龄化危机，利用中国人的节俭推动全球经济增长，是开辟大国崛起的战略通道。

三、大力发展养老基金是推动资本市场国际化的必由之路

养老基金是指以实现养老保障功能为目的、采用市场化管理方式、广泛投资于资本市场的长期资金汇集，涵盖养老保障三支柱体系中的资金积累，它包括第一支柱中的个人账户资金、第二支柱中的补充养老资金（又可以区分为企业年金、公务员年金、非营利机构雇员年金、农民养老年金等）、第三支柱中的商业养老资金。

养老基金具有以下几个主要特点：一是长期性，养老基金的制度设计使得资金从缴纳到领取全过程受到严格控制，保证了资金用于退休养老的安全性，同时使其投资行为具备了与共同基金不同的长远视角；二是稳定性，养老基金的制度设计保证其取之于民、用之于民，并且通过不断积累而稳定发展；三是规模性，养老基金通过一段时间的积累，能够迅速累积起非常庞大的资金，目

前美国、英国、荷兰等国家的养老基金都已经达到或者超过该国银行存款总量、GDP 总量，成为推动国民经济发展的关键力量；四是规范性，养老基金有着严格的制度设计和精细的运营管理模式，这使得养老基金的资金安全得到有效保障，在充分发挥市场力量的同时，能够大大降低国家的管理成本。养老基金的这些特征，使得养老基金天然成为资本市场的宠儿和骄子。

养老基金虽然也是老百姓的“养命钱”，只不过是汇总了的“养命钱”，但是养老基金与老百姓个人通过储蓄方式分散持有的“养命钱”相比，二者有着天壤之别。一个一个的中国老人用积攒起来的退休收入去买卖股票或者基金进行高风险投资，将是影响老年经济安全的危险举措。但是，通过发展养老基金，不但把老年人，而且把更加年轻的在职职工的部分收入集中起来，按照养老基金特有的管理方式来运作：采取信托管理模式、建立信托治理结构、采取专家理财方式、坚持审慎投资原则、建立个人账户等，不但能够有效控制投资风险，还能够借助资本市场实现养老资金的保值增值。

养老基金是连接现在与未来的桥梁，是连接国内资本市场与国际资本市场的桥梁，是把人口红利转变为资本红利的转换器。美国于 1974 年通过《雇员退休收入保障法案》，即 ERISA 法案，开始建立养老基金，藉此调整金融体系和经济结构，成功避免了欧洲“福利病”、亚洲金融危机，建立了全球最大的资本市场。

大力发展养老基金，是推动资本市场国际化的必由之路，是推动我国长期经济增长的必由之路。

（一）养老基金是管理流动性过剩的有效工具

养老基金因为其长期性、稳定性、规模性、规范性特点，区别于银行储蓄、货币资产，甚至与共同基金也有很大的区别，非常适合作为宏观经济调控的金融工具。由于养老基金限定为退休领取，使其可以成为巨额民间资金最好的蓄水池，并且通过对其投资行为的调控管理，不仅可以缓解流动性过剩带来资产价格过快上涨等问题，还可以解决流动性不足带来的通货紧缩等问题，使之成为流动性管理乃至宏观经济调控的重要金融工具。

（二）养老基金是资本市场发展最主要的推动力量

第一，养老基金是资本市场上最重要的机构投资者。在美英等国资本市场上，养老基金是最大的机构投资者，起到了稳定市场、提高市场有效性的作用。

第二，养老基金是资本市场上最主要的资金提供者。美国养老金资产占GDP的比重，从1980年的39.97%逐步增长到2005年的109.68%，其中在1999年达到最高值126.03%。美国道琼斯指数1972年首次突破1000点大关，其后持续上涨至目前的13000点左右，美国股票市场的兴起与养老基金的发展密不可分。

（三）养老基金是确保全球投资者对我国资本市场发展的信心来源

养老基金自身特点决定了其投资收益必然返还给广大国民，同时，养老基金立足于投资国内资本市场和本土企业，再加上养老基金巨大的资金规模特点，使得养老基金成为本土资本市场发展的基础和奠基石。

美国资本市场发展经历了许多次经济和政治危机的冲击，但全球投资者没有因此而丧失过对美国资本市场发展的信心，这一方面可以归因于美国超强的经济实力和美元霸权地位；另一方面要归功于美国强大的养老基金制度，是它把美国老百姓的“养命钱”贡献给了资本市场。而全球投资者对于美国资本市场的信心，也使得大量资本不断流入美国，保证了美国整体经济实力的不断增强，使得美国的房价、股价等资产价格能够保持在较高水平，为普通美国民众创造了高额收益和巨额财富。

（四）养老基金是保障我国金融安全和国家安全的重要支柱

1997年给亚洲各国经济造成巨大冲击的亚洲金融危机爆发，一个重要原因就是这些国家普遍缺乏养老基金的支持，使得其经济和金融体系过度暴露于风云变幻的国际资本市场之下，造成了无法挽回的巨大损失。

亚洲金融危机之后，随着养老基金制度在金融安全和社会保障等方面的重要性日益展现，日本、韩国、我国香港地区都纷纷仿照美国模式建立了养老基金。

推动我国资本市场国际化，必须大力发展养老基金，确保资本市场出现突发情况时，能够具有强大的资金储备。

（五）养老基金是扩大国内消费和推动经济发展转型的重要手段

目前，我国国内消费需求不足，一个重要原因是居民对未来养老、医疗、教育、住房体制改革有着不确定的预期，尤其是养老需求成为抑制消费的重要力量。关于我国居民储蓄动机的调查显示，20%的储蓄是为了今后的养老需要。发展养老基金不但可以分流银行储蓄，推动居民金融资产格局变迁，而且可以拉动内需，推动我国产业结构转型。

四、中国崛起和中国资本市场崛起的政策建议

目前，我国尚未就资本市场国际化发展战略形成共识，养老基金发展也尚未纳入金融管理体系。在科学发展观的指导下，建立一个强有力的跨部委协调机构，加强理论研究和规划指导，全面梳理现行政策并制定养老基金和资本市场发展新政，培育与全球资本市场中心相匹配的新文化，是推动中国崛起和中国资本市场崛起的重要途径。

（一）加强理论研究

1. 研究中国崛起与中国资本市场崛起之间的关联性。
2. 研究养老基金发展对资本市场发展的重要性。
3. 研究贸易大国向金融大国发展的路径。
4. 研究中国资本市场崛起与中国国内金融资源整合。
5. 研究A股市场国际化的路径。

（二）加强规划指导

1. 组织制定《中国资本市场发展规划》。
2. 组织制定《中国金融发展规划》。
3. 组织制定《中国养老基金发展规划》。

（三）全面梳理现行政策并尽快实施新政

1. 借鉴国际通行的 EET 税制，尽快实施全国统一的税收优惠政策，即延迟纳税政策，推动养老基金发展。

2. 梳理影响我国国内资本市场发展的现行政策。

3. 制定推进我国国内资本市场全球化的政策。

4. 制定推动贸易大国向金融大国发展的政策。

5. 梳理人口发展、劳动力流动、就业发展等相关政策。

（四）建立适应资本市场发展的新文化

1. 信托文化。信托传统和信托法是英美资本市场诞生和发展的文化基因，目前信托模式已经广泛成为养老基金、共同基金、私募基金等金融机构的治理方式。信托文化是金融业发展和扩展的坚实基础。

2. 股权文化。包括维护股东权益、股权价值评估、投资者权益保护和股权投资等内容，是股权文化的核心，它是确保投资者信心的坚实基础。

3. 法治文化。法治不仅仅是一种工具和手段，更是一种文化和精神。通过法治手段来培育法治文化是必经之路。

我们认为，到 2015 年把我国初步建设成为全球资本市场中心，不仅是我国经济发展的需要，也是全球经济发展的需要；不仅可能实现，而且可以提前实现。

附录二

关于实施中国长期资本发展战略的政策建议

建立和实施我国的长期资本发展战略，是一个重大而又庞大的系统工程。为了全面、完整、科学地把握长期资本发展战略的内涵和外延，我们认为，可以从五个方面来进行综合考虑：

一是借鉴全球养老金改善发展的经验；二是借鉴英美日三国金融发展经验；三是推动我国养老金制度发展；四是推动我国资本市场发展；五是推动我国养老金监管制度发展。

一、充分借鉴全球养老金改革发展的经验

（一）养老金制度选择必须兼顾基本国情

完善的养老金制度体系并不是一蹴而就的，制度变迁并不是一劳永逸的，而是根据各种制度环境进行制度变迁与制度设计的结果，制度均衡与政治、经济、文化等社会环境相联系。我国养老金制度的改革发展，既要借鉴全球经验，又要充分考虑我国自身特色，做出本土化的制度选择和制度安排。

（二）养老金制度安排必须考虑制度互补性

养老金体系中的任何一项制度安排都是相互联系和相互配合的，它们共同构成一个完整的制度体系。

国际经验表明养老金发展离不开三大要素：

税收待遇是第一推动力、金融政策是第二推动力、监管力量是第三推动

力。

我国养老金体系的发展，同样要考虑制度之间的互补性、兼容性，不能顾此失彼、厚此薄彼。

（三）养老金制度结构必须优化和平衡

养老金制度安排的最大奥妙就在三支柱上，三支柱是纲，纲举目张。三个支柱，谁大谁小，谁先谁后，谁主谁次，学问大得很。如何处理好三支柱之间的主次关系、主辅地位，反映了“养老金治国”的大智慧、大聪明。

从退休收入的替代率水平来看，社会保障作为我国养老保障体系的第一支柱“以一抵三”，相当于发达国家三个支柱的总和。一方面，它使得国家承担的财政压力过大，既不利于扩大覆盖面也不利于可持续发展；另一方面，它挤占和替代了第二、第三支柱的发展空间，造成三个支柱之间发展的不平衡，同时，还严重制约了我国金融市场的发展。

值得指出的是，我国财经官员总是对养老金发展抱有“恐慌情绪”，总是担心发展养老金会让中国陷入“福利病”，总是把养老金发展等同于增加社会保障福利。实际上，中国长期资本发展战略的起点是要大力发展养老金，但是首先要优化我国的养老金体系，平衡养老金制度结构。直白而言，它不是为财政加压加码，而是减压减负，是希望通过企业让老百姓用自己的钱为自己的退休养老承担更多的责任，减轻未来社会保障所要承担的重负，同时还能应对人口老龄化的冲击，能获得金融发展的收益。可以说，我国实施长期资本发展战略，不是背包袱、走老路、节外生枝，而是深谋远虑、未雨绸缪！

（四）养老金发展需要成为国家核心发展战略

纵观世界经济发展，养老金发展已经成为汇聚长期资本的主渠道、主战场。养老金融（养老基金）继银行、保险、证券之后，正在成为全球金融体系中的第四大支柱，展示了“养老金改变金融结构”的伟大力量。

在全球老龄化条件下，养老金制度变迁正在推动全球金融结构变迁和资本结构变迁，正在推动长期经济增长方式的变迁，正是从这个意义上讲，养老金制度变迁正在推动国家竞争力的兴衰变迁。

可以预见，在全球老龄化条件下，哪个国家拥有的养老金资本、长期资本的数量最多、质量最高，哪个国家就将拥有最强大的国际竞争力。

一句话，养老金发展要成为我国未来国家核心发展战略，一定要实现伟大的“养老金强国”奇迹！

二、充分借鉴英美日三国金融发展的经验

（一）金融是现代经济的核心

我国改革开放总设计师邓小平同志有一句名言：“金融很重要，金融是现代经济的核心，金融搞活了，一着棋活，全盘皆活”。

实际上，20 世纪 80 年代，不仅里根总统在美国实施了“长期资本发展战略”，帮助美国走出了“滞涨”困境。与他遥相呼应的还有英国的撒切尔夫人，她在英国同样掀起了一场声势浩大的“养老金革命”和“金融革命”，几乎同样采取“长期资本发展战略”，结果是英国不但走出了“英国病”困境，而且顺利实现从“工业立国”、“贸易立国”到“金融立国”的战略转型。可以说，大国崛起、大国转型的背后，大国金融功不可没、势不可挡。

当然，英美两国金融发展的特点值得我们借鉴：

1. 金融体系的基础是金融市场。与美国不一样，我国目前在金融发展方面遭遇的困境不是储蓄率不高、资本形成困难，而是金融结构不合理，银行体系一枝独秀。因此，改革开放以来，我国大力发展金融机构，这些举措无疑是正确的。但是，仅仅依靠增加金融机构的数量是不够的。必须看到，金融体系的基础是金融市场。目前，在我国金融体系架构基本齐备的情况下，必须依靠金融市场来推动金融发展。金融市场是一个舞台、一个平台，也可以说是一片河海，不同类型的金融机构穿梭其中，不同性质的资金穿行其中，不同风险偏好的投资者游走其中，这样才能真正改善和提高金融效率，才能有效防范和应对冲市场风险。

2. 金融市场的基础是长期资本。如果说金融市场如河海，当然是水到渠成、水涨船高。因此，不少有识之士将目光紧紧锁定在金融之水、金融之源上。应该讲，这是正确的。但是，他们当中的不少人士，都把流动性、货币当成了“关键要素”，认为这是金融发展的大路，那就偏离了正道。实际上，日本就是被这种观点所误导。20 世纪 80 年代，有一种说法，“英国病”、“美国滞”、“日本热”。本来大家对日本发展寄予厚望，但是，好景不长，日本遭遇

了泡沫经济的打击，一蹶不振数十年。实际上，日本经济发展虽然经历了人口红利大国、制造业大国、贸易盈余大国、债权大国的辉煌，但是从来没有享受到金融大国的收益。日本只能算是货币大国、流动性大国而已。

可以说，长期资本是金融强国的地基。地基不牢，地动山摇！

（二）养老金为资本市场的长期牛市创造信心

养老金是吸收流动性的天然蓄水池，它也因此成为美英等国管理流动性、管理通货膨胀的强大手段，为英美等国政府在过去30年间创造低通胀环境立下了显赫战功，为英美等国资本市场的长期牛市打下坚实的资金基础。

资本市场的信心说到底离不开资金支持，但是这个资金不能理解为流动性是否充裕。以散户化方式为主的市场，即使流动性十足，也支撑不起一个长期的、健康的牛市；没有新的、源源不断的长期资金入市就不会有一个长期的、健康的牛市。最多会出现脉冲式的、过山车式的上涨，最后又会回到起点，回到原点。

只有将分散的由个人或者家庭持有的流动性，通过养老基金的方式汇聚成长期资本，这样，流动性、信心才能够水到渠成，立刻就会产生资本市场长期牛市的预期。一句话，信心是可以创造出来的，但是创造信心的手段是发展以养老金为代表的长期资金。

可以预见，随着我国养老金的大力发展，我国资本市场的长期牛市同样呼之即出、水到渠成！

（三）金融发展是中国经济转型的核心

改革开放之初，我国经济发展的最大相对比较优势是人口红利，即劳动力资源十分丰富、劳动力成本十分低廉，当它们与资金、技术相结合时，将国内市场与国际市场相结合时，经济增长应声而起。30年过去了，我国劳动力发展的“刘易斯拐点”已经出现，人口老龄化压力十分巨大。在这种大背景下，我国经济增长方式、经济发展方式必须转型。

目前，我国对未来经济发展转型有很高的共识，但是对谁能成为我国经济转型的牵引力则众说纷纭。我们认为，金融发展是中国经济转型的核心力量、核心战略。未来中国最大的相对比较优势是养老金红利、资本红利。将人口红利转变为养老金红利储藏起来、沉淀下来，进而转变成资本红利、金融红利，将中国推上金融大国的行列，是中国造福国民、超越美国、推动全球经济增长的百年大计。

三、推动我国养老基金制度发展的政策建议

（一）建立多元化的“合格养老金计划”体系

目前，我国在社会保障制度之外，已经建立了企业年金制度。但是，我国从2004年开始建立的企业年金制度仅仅覆盖企业职工，没有覆盖其他职业，如公务员、事业单位员工、军人、教师、医生、农民、自雇人士等。

可以看出，覆盖企业职工的企业年金制度并不是我国养老金体系第二支柱的全部内容，必须建立相应的养老金计划类型来加以扩充，即建立多元化的“合格养老计划”体系，来满足不同职业人士同样的养老保障需求。

借鉴美国私人退休金体系中的个人退休账户（IRAs）、401（k）计划、403b计划、457计划，我国完整的第二支柱养老金计划体系应当包括：企业年金制度、职业年金制度（覆盖公务员、教师、医生、军人）、农民和自雇人士养老金制度、个人退休储蓄账户。

笔者认为，基于公平、效率等方面的需要，我国应该优先发展不与雇佣关系挂钩、完全面向劳动者的个人退休储蓄账户，它与美国的IRAs有异曲同工之妙。在税收有优惠、缴费有上限、领取有规定的政策引导下，我国私人养老金体系将快速得到完善和发展。

（二）建立明确和统一的税收制度安排

理论与实践都证明，税收优惠政策是推动养老金发展的第一推动力。

目前，影响我国企业年金制度发展的最大障碍，不是税收优惠政策的缺失，而是税收优惠政策的不明确、不统一。

特别需要指出的是，税收优惠政策不应该只覆盖企业年金制度，其他能够有效地为职工退休养老提供收入保障的养老金制度，只要比照企业年金制度的运营标准来实施管理，都可以而且都应该享受同样的税收待遇，这样才能有效地、有力地推动养老金全面发展，建立一个既有竞争又有补充的养老金体系。

（三）积极探索混合型养老保险计划的发展

目前，我国企业年金制度采取信托模式、DC 模式，借鉴了全球养老金改革和发展的经验，从一定意义上讲，代表了一种潮流、一个方向，这是值得肯定、值得坚持的。

但是，我们不能简单地认为，信托模式和 DC 模式就是我国合格养老金计划唯一可选择的运作模式。从制度设计的角度来看，企业年金基金管理的多角色、多环节，增加了管理成本和付费要求。我国在目前甚至未来较长一段时间里，DB 计划都不可能被 DC 计划完全取代，契约模式也不可能被信托模式完全取代。

我们认为，将 DB 模式和 DC 模式的特点进行结合的混合型养老金计划，未来将成为我国合格养老金计划发展的主流。当然，最终要看老百姓的选择，要看市场的选择。

（四）坚持年金化领取方式

养老金年金化领取是指将个人养老金账户中的资产，定期支付一定金额给年金受益人的一种养老金领取方式。

近年来，不少国家纷纷通过立法来强制推行年金化领取方式，或者通过税收优惠政策来引导老百姓选择年金化领取方式。

他们认为，年金化领取方式能够有效规避退休者一次性领取养老金带来的各种弊端和社会问题，能够为退休者提供有效的养老保障，能够减轻政府在养老事务上的压力，而且有助于消减个人的长寿风险。

一句话，年金化领取方式可以提高养老金体系的运营效率。

四、推动我国资本市场发展的政策建议

（一）资本市场要做好迎接养老金入市的准备工作

国际经验表明：养老金入市后，会给资本市场发展带来翻天覆地的良好变化。以美国为例，即使到了 20 世纪 60 年代，美国资本市场的家庭投资者比重仍然很高，投机之风仍然浓烈。但是，随着 IRAs 和 401（K）计划在 70 年代的发展，在养老金入市之后数年、十年之后，美国资本市场就发生了很大的变

化，机构投资者占据主导地位，长期投资、价值投资的投资风格开始盛行，坚守价值投资和长期投资理念的投资大师层出不穷。

今天，美国不但进入了机构投资者时代、养老基金时代、投资大师辈出的时代，而且进入来“机构投资者觉醒”的时代。今天，以养老基金为代表的机构投资者，已经成为推动美国资本市场制度创新的主要力量，成为推动上市企业改善公司治理、改善经营管理，重视股东回报的核心力量。

我们坚信：养老金入市一定可以“倒逼”我国资本市场的制度改革和制度发展。当然，这也是社会各界所盼望和期待的事情。但是，我们现在必须面对的问题是：在我国养老金大批入市之初，我国的资本市场该怎么办？

一个重要的要求就是：我国资本市场必须进行大刀阔斧的改革，为养老金入市铺路架桥。为此，我国资本市场必须进行一系列的重大改革：

首先，必须要改变向发行人倾斜的发行制度。

其次，上市公司要重视分红和股东投资回报。

再次，建立信托文化、股权文化、法治文化。

（二）推动现有的机构投资者进行长期投资

目前，我国包括证券投资基金和其他机构投资者在内，仍然存在非机构化的投资行为和投资风格，这是一个非常严重的现实问题。

从技术层面来看，这个问题需要并且可以通过一系列的措施来加以解决：

1. 要克服考核评估短期化的做法。针对养老金资产管理，改变每月进行投资业绩排名的方式，将考核评估周期延长为一个季度或者一个年度，然后再过渡到更长时间的综合收益排名、风险收益排名。

2. 要推动机构投资者改变目前对基金经理的考核和奖励办法，鼓励和引导包括基金公司在内的机构投资者建立以 3 ~ 5 年为周期的滚动考核机制。

3. 对基金公司的组织制度进行改革，推动符合条件的契约型基金转变为公司型的基金，刺激它们为建立“百年老店”做出努力。

（三）大力推动我国资本市场国际化

中国资本市场必须国际化。但是，既不能仅仅理解为资本市场制度建设的完善，即主板、创业板、国际板，“板板皆有”；也不能仅仅理解为降低我国资本市场股票市盈率水平的有力措施。

中国资本市场国际化是中国实现大国崛起、推动人民币国际化、建立金融强国一系列战略目标的突破口，是开辟一条从人口红利到资本红利、养老金红利的战略大通道、大动脉。

中国资本市场国际化，就是要把包括印度和巴西等发展中大国、人口红利大国的优质企业“请进来”，可以把我国当前的人口红利转换成强大的资本购买力。当我国进入人口负债期时，我国居民可以通过持有股票来分享这些国家的人口红利，从而实现资本红利。可以说，中国资本市场的国际化是连接我国人口红利和资本红利的桥梁，是我国在全球范围内分散老龄化危机的大手笔，是实现跨境、跨时的一次伟大套利。

中国资本市场国际化的前提和基础不是别人，恰恰就是养老金发展和养老金入市。无养老金发展，则无中国资本市场国际化；无资本市场国际化，则无资本红利、养老金红利。

用养老金发展来推动资本市场国际化、人民币国际化，这是一个伟大的连环计，一环扣一环，环环相扣，你中有我，我中有你。

正是从这个意义上讲，大力发展养老基金，可以构建中国资本市场发展的基石，而且只有依靠养老金和保险资金这些长期资本来构筑资本市场的地基，它才足够牢固，足够强大，足够有竞争力和吸引力。

（四）大力开展针对员工和老百姓的金融教育

目前，世界各国政府和社会组织都十分重视发展面向雇员和普通老百姓的金融教育。根据发达国家组织和开展金融教育的经验，我们建议：

1. 定期披露长寿风险和《生命表》信息，鼓励人们为自己的退休生活积累足够的金融资产。

2. 开展基于生命周期的投资组合教育。既要教育年轻人勇于和敢于持有股票、基金等风险资产，又要说服老年人稳健地持有年金保险和风险程度较低的固定收益类资产。

3. 开展金融投资工具风险收益的教育，让老百姓对主要的投资品种、投资工具，从风险和收益两个角度来获得全面、完整的把握。

4. 开展生活与消费决策方面的教育。围绕老年人是否应该推迟退休、寻找工作机会、调整投资组合、增减消费开支等事项，开展咨询教育活动。

从经济学的角度来看，养老教育、金融教育具有典型的外部性，属于一种准公共产品，所以由公共部门来提供或者组织是一个比较可行的思路。

我们认为，金融监管部门、金融行业协会可以充分利用各种资源，选择合适的教育方式，加大教育宣传的广度与深度，提高我国居民的养老保障与投资理财意识。

五、推动我国养老金监管发展的政策建议

（一）加快养老金发展的立法

制度经济学的理论表明，只有各项制度相互配套，一项整体性制度安排才能高效，养老金的健康发展同样离不开相关配套制度的完善。

我们建议由全国人大对我国合格养老金制度进行立法。

（二）尽快成立专门的协调机构

养老金发展涉及人力资源和社会保障、财政、税收、国资委、金融监管等多个部门和诸多事宜，为了避免出现“多头管理”的困境，需要有一个超部委的管理机构来统一协调。

我们建议在国务院层面成立“国务院长期资本发展办公室”，简称为“国务院长期办”，具体负责筹划、指导、实施以养老金为代表的长期资本发展战略。

（三）适当的时候成立统一的养老金监管委员会

我们建议在适当的时候，由国务院成立“中国养老金监管委员会”，负责对养老金进行统一监管。

（四）适当的时候出台《养老金监管法》

养老金发展的国际经验表明，养老金监管、养老金治理是确保养老金制度发展长治久安的核心内容。当然，前提和基础就是要有法可依、有法必依。

我们建议在适当的时候，由全国人大制定《养老金监管法》。

后　　记

我负养老

2004年，人民文学出版社出版了由我国当代著名画家、美术教育家、散文家吴冠中先生的自传《我负丹青》一书，书中有一篇叫做《我负丹青，丹青负我》的文章。对此，他这样解释："这是从鲁迅那儿得来的，鲁迅先生的作品既有思想又有感情，具有唤醒中国人灵魂的震撼力量。因为我想在丹青里面做到像鲁迅那样大的社会功力，但是做不到，所以我负了丹青。但是如果我学文学，或搞别的，也许我可以做得更好，这样丹青就负我了。"

吴冠中先生是我十分敬佩和景仰的老人，借用吴老"我负丹青"的表述方式，笔者以"我负养老"为题，表明以推动我国养老事业发展为重负，以推动我国老百姓幸福养老为己任，表达"我对中国养老事业有个梦"的追求。

"劳社部网上发现的专家"

2002年5~6月间，我在办公室突然接到一个电话："你好，请问是刘云龙吧，我是劳动和社会保障部（以下简称劳社部），我们在研究养老保险方面的课题，我们想邀请您参加我们的研讨会。"也许是太突然的缘故，我连对方的名字也未来得及问，就把我的联系方式告诉了他，并且连连表示可以参加。大概2个月以后，我正式接到他们的通知，第一次参加在劳社部大院里召开的小型讨论会。从此开始，我与中国企业年金制度设计结下了不解之缘。

后来才知道，打电话给我的是基金监督司的王强先生（如今他是人力资源和社会保障部基金监督司的处级巡视员，企业年金基金管理方面的专家）。他后来在讲到企业年金制度设计之初的艰难时，总会讲起关于我的故事，总会讲这样一句话：云龙是我们劳社部从互联网上海选到的专家。

实际上，早在2001年前后，劳社部基金监督司就已经开始大力推动企业年金制度设计，最早只有2~3位人员参与该项理论研究和制度设计工作，力量相对薄弱，主要借助高校教师的力量来开展工作。为了听取来自市场一线的专家意见，当时的基金监督司司长孙建勇先生便安排王强去找人，好长一段时间之后，王强从互联网上看到我在《管理世界》杂志2002年第四期上发表的文章："中国企业年金发展与税收优惠政策支持"。于是，他就从大海捞针走向按图索骥：先是向《管理世界》编辑部打听我的联系方式，遗憾没有结果，但是他没有放弃；由于我以中南财经大学博士后流动站作为工作单位，于是王强选择从中南财经大学入手，他先找到中南财经大学从事社会保障研究颇有成就的赵曼老师，然后找到我在文章中提到需要感谢的中南财经大学副校长张中华老师，最后从张中华老师那里得知我在北京的工作单位，于是将电话打到我的办公室。这样，就有了前文中提到的我们之间的第一次电话联系。

大家都知道，建立一项新制度往往涉及部委之间方方面面的利益关系，从制度设计到制度出台往往十分艰难和漫长，企业年金制度同样如此。出人意料的是，这项制度竟然在磕磕碰碰、跌跌撞撞中终于走通了。企业年金制度的出台，凝聚了主要当事人纵横捭阖、合纵连横的智慧。

当然，从现在的情况来看，初始的制度设计中还存在一些偏差，还有不少需要完善和改进的地方。但是，我国的企业年金制度毕竟建立了，企业年金政策毕竟出台了，企业年金市场毕竟启动了，企业年金观念毕竟培育了。客观地讲，企业年金制度作为养老保险体系的重要组成部分，从破土而出到生根发芽，也是我国养老保障制度改革和发展的一大成就。

从2003年初到2004年上半年，我被抽调到"中国人寿股份制改革办公室"，参与中国人寿在纽约和中国香港两地的首次公开发行股票（即IPO）工作。尽管工作十分忙碌，但是我对企业年金的热情丝毫不减。后来在《企业年金基金管理指引》（中国财政经济出版社2005年版）这份纲领性政策文件的研究过程中，我担任了四大子课题之首的"企业年金发展意义"子课题的负责人，在武汉大学经济学院刘昌平博士的大力支持下，我们共同完成了课题研究任务。

现在来看，我们对企业年金制度在金融体系中的重要地位和意义的阐述，仍然十分响亮，相当全面。

发表在《管理世界》杂志2002年第四期上的长文“中国企业年金发展与税收优惠政策支持”，是我在博士后出站报告《企业年金发展与税收优惠政策》的基础上修改而成的，后来转载于人大复印资料《社会保障》2002年第7期，该文被有关学者认为是我国研究企业年金制度与税收政策的第一篇文献，目前仍然保持较高的引用率。

2003年，由我主笔完成的另外一篇长文“我国企业年金发展与监管政策选择”，发表在《经济研究参考》2003年12月号上，该文对于我国企业年金制度的财政属性和金融属性的区分、6大宏观制度和16大微观机制的阐述，对于制度完善和监管指向提供了有益的启示。

在此，我感谢企业年金制度，感谢劳动和社会保障部。

“保监会编制外的专家”

我于1998年进入保险行业，到2011年已经在这个行业里整整工作了12个年头。截至2008年，我参加过中国保险监督管理委员会（简称保监会）组织的关于团险和养老保险的几乎所有重大课题研究工作，参加了保监会组织的关于团险和养老保险几乎所有重要会议的材料起草工作。保监会或者保险行业内的不少领导经常开玩笑说我是“逢会必到的秀才”、“保监会编制外的专家”。

如果从前10年的工作时间来看，我前前后后大概有20%的时间和精力贡献给了保监会组织的各项活动，也许他们的说法是准确的。

关于中国保监会“10000亿元企业年金规模”预测数据的来龙去脉，我以后将另文介绍。在这里，我简单地介绍关于“延税型契约式养老保险产品”（包括团体和个人两类产品）发展的始末。

随着2005年由劳社部主导的企业年金制度出台，保险行业内从上到下普遍产生了非常强烈的失落和郁闷的情绪。因为，企业年金制度的前身是“企业补充养老保险”，当时的主要经办主体是地方劳动和社会保障部门、行业统筹单位（如中国石油、中国石化等）、中国人民保险公司。按照1998年国务院下发的28号文，企业补充养老保险属于商业保险，它同时意味着前二者将逐步退出该领域的经营管理活动，这样保险行业就可以“一统江湖”了。

但是，由劳社部主导的企业年金制度却偏偏把银行业、证券业也纳入其中，允许银行、证券、保险企业通过不同的角色参与企业年金基金管理工作，都可以同台竞争。这样，对保险行业而言，真是“煮熟的鸭子飞了”、“到嘴边的蛋糕被大家分享了”，自然十分苦闷。

当时，整个保险行业上下普遍唉声叹气，保监会领导也十分为难，颇感压力。

怎么办？

大概在2005年年底前后，我大胆地提出了“大力发展延税型契约式养老保险产品”的建议。当时，有暗暗叫好之声，也有不以为然之音。

这个建议被我戏称为：“退两步、进一大步”的合纵连横之策。

说它是对策，因为它直接针对的是企业年金制度。说它是“合纵连横之策”，因为它一旦得到税收优惠政策支持，将对信托型企业年金制度发展产生颠覆性的影响。“退两步”和“进一大步”是该对策的两大支撑点。

为什么需要“有退有进”呢？这是该对策的智慧所在！

第一，我偏好和偏爱信托模式。尽管我非常清楚信托模式的高成本特征，但是我始终认为信托理念、信托精神、托管制度不可偏废，不可放弃。在我看来，它既是全球养老金发展的一般规律，也是确保养老金发展长治久安的重要屏障。我对此深信不疑，抱有敬意。

第二，我始终坚定不移地认为，不管是养老保险制度还是养老保险产品，都必须坚持“以养老为目的”的发展原则，保险行业必须在养老金管理上打造出一道铜墙铁壁式的万里长堤。因此，保险公司必须主动禁止养老保险产品“退保自由”、“资金自由进出保险公司”的业务管理状况。

第三，国家给予养老保险产品发展的税收优惠政策，必须以行之有效的税收管理为前提，不能出现税收流失现象。如果不能塑造好养老保险产品的税收待遇管理能力，就不具备申请税收优惠政策覆盖的前提条件。

根据我自己在管理养老保险业务过程中的认识和经验，我认为必须尽快地对保险行业现有养老保险产品进行大刀阔斧的改造，必须刮骨疗毒，必须“置之死地而后生”。而且，我还认为，保监会在规范保险行业发展养老保险产品上，绝不能心慈手软，姑息溺爱，必须大公无私，必须手起刀落。

在养老保险产品的改造过程中，应该向谁看齐呢？

这是一个方向性的大选择，是一个战略性的大部署！

应该向信托型企业年金制度看齐！

“这里就是陀罗斯，就在这里跳舞吧！”

用契约式养老保险产品来竞争和挑战信托型企业年金制度，不是要把标准和门槛降低，依靠“劣币驱逐良币”的初级策略，而是要靠“知耻而后勇”、“知难而进”的上乘精神，制定出更加严格和严密的管理要求。高标准，带来大发展。至少，也要与企业年金制度保持标准一样、规则相似，只不过是减少信托模式下的多角色，减少多环节下的交易费用。在我看来，只有坚持公平竞争，只有坚持公平正义，才能带来良好的制度演进和制度变革。

我当时的看法是：要把信托型企业年金制度的所有优点，全部嫁接到养老保险产品身上。也就是说，养老保险产品与企业年金计划在发展模式上有差异，但是在运营管理上无差异，二者具有完全的“可比性”。

我当时同样认为：养老保险产品与企业年金计划，是两个“可比的”、“竞争性的”、“可选择的”制度安排，最终由消费者自由选择、自主选择，由消费者说了算。

可见，两种制度之间的“可比性”就成了制度设计的关键点。实际上，它就是我前面提到的“退两步”战略的关键点。养老保险产品“退两步”，就是需要提高业务管理标准，就是为了找到与企业年金制度平起平坐的“可比性”。

很显然，我已经找到了契约式养老保险产品发展的出发点！

那么，什么是“进一大步”的关键点呢？

就是：争取税收优惠政策的平等覆盖、平等对待。

这正是我要为契约式养老保险产品谋求大发展的落脚点。落脚点就是税收优惠政策，就是要把“契约式养老保险产品”提升为“延税型”“契约式养老保险产品”。

说得直白一点，就是要为“契约式养老保险产品”戴上一顶红帽子，要让其成为“红顶商人”，成为财政部和国家税务总局用税收优惠政策来支持发展的“官方指定产品”，这样的产品当然会有巨大的市场竞争力，当然会对“延税型企业年金计划”产生巨大的冲击力，直至替代后者（当然不可能实现完全替代）。

这样看来，整个思路就清晰了：“退两步”的目的是要“进一步”，就是为了获得针对养老保险产品的税收优惠政策。

在此之前，商业性养老保险产品并不享受税收优惠政策。但是，企业年金制度出台后，国家为此给予了特有的税收优惠政策。自然，商业养老保险产品的发展空间就立刻被大大压缩了，企业纷纷“弃商业养老保险而选择企业年金”。

如果商业养老保险产品也能够获得与企业年金制度一样的税收待遇，自然商业养老保险产品发展的空间就立刻被打开了。

今天看来，上面的分析逻辑和分析过程应该是清晰的，是有一定的说服力的。但在当时，它何尝不是一团乱麻，何止千百遍地在我的脑海里萦绕，既挥之不去，又朦朦胧胧。

直到有一天，我忽然在网上看到美国斯坦福大学为教师们选择和建立的“延税型年金保险计划”（Tax - defered Annuity，Standford University）。它属于契约式养老保险产品，但是同样享受税收优惠政策，只不过针对该产品的管理要求与401（k）计划、403b计划完全一致。

那一刻，我真有豁然开朗的快慰，真有妙手偶得的兴奋，真有“山穷水复疑无路，柳暗花明又一村”的幸运。

确实，我在摸索中得到的认识和建议，其实早在美国推而广之了，早就成为美国多层次、多支柱养老保险体系发展的历史经验了。于是，我更加有底气，更加理直气壮了。

2007年5~9月，我有幸被保监会抽调参加为期3个月的“专题研究小组”，进一步整理关于延税型个人养老保险产品发展的思路，并且推动该产品在天津、上海、江苏进行试点。目前，延税型个人养老保险产品正在上海进行试点。

2008年11月，我再次参加保监会组织的《关于发展延税型养老保险的请示》文件的起草工作。

2008年12月13日，《国务院办公厅关于当前金融促进经济发展的若干意见》（国办发〔2008〕126号）采纳了保监会提出的有关建议，并且在“第十六条”中明确：“（十六）积极发展个人、团体养老等保险业务，鼓励和支持有条件企业通过商业保险建立多层次养老保障计划，研究对养老保险投保人给予延迟纳税等税收优惠。推动健康保险发展，支持相关保险机构投资医疗机构和养老实体。提高保险业参与新型农村合作医疗水平，发展适合农民需求的健康保险和意外伤害保险。”

这样，个人之见、书生之见，得到了部委和国务院的采纳。至此，我感受到了前所未有的知遇之恩，也激发起了前所未有的上进之心！

在此，我感谢养老保险，感谢保监会，感谢国务院。

我为什么偏爱养老基金

保险业本来是操作性、实务性非常强的金融行业，再加上中国保险业资产规模相对银行而言十分微小，因此行业影响力相对受限。当然，这种状况对包括我在内的保险从业人士而言有所不利。

但是就我个人而言，偏偏对经济学、财政学、金融学的研究课题十分偏好。很显然，我面对的是一个不太理想的环境。尽管个人研究激情似火，但是行业规模无人问津。

“守得云开见月明”！

也许是这句古语，让我坚守下来，让我小中见大，让我滴水观海。

于是，我选择从团险和养老金领域着手，无怨无悔地开展学术研究和政策研究。

意想不到的奇妙景象终于出现了！

当我一步步深入养老金领域时，我立刻被其色彩斑斓、富丽堂皇的建筑架构所吸引，尤其是当我发现养老基金竟然是这座金融殿堂的支柱的时候，我就油然而生无限的热爱之情。

当我为企业年金制度建立奋笔疾书时，当我为延税型养老保险发展而殚精竭虑时，当我为谋划中国“伟大的养老基金新时代”而夙兴夜寐时，我都是在为发展养老基金而奋不顾身。

在我提出的新养老理论中，养老基金处于核心地位，我把“新养老理论”的核心观点表述成“发展养老基金应对老龄化危机”；我用 6 大转变来描述“伟大的养老基金新时代”的崭新格局，我用 9 大发展机遇来论证“发展养老基金天地宽”的光明前景，我用 3 大战略转变来开辟“养老基金崛起中国”的战略通道。到目前为止，我已经专门为养老基金撰写了 5 篇论文和 5 部著作，尽写我对我对养老基金的一往情深，深情厚谊。已经发表的5篇论文分别是：

刘云龙："养老基金、税收待遇与金融结构变迁：一个基于美国私人退休金制度的分析框架"，《全球化下的中国经济学2006》，中国社会科学院经济学部、中国博士后科学基金主编，中国社会科学文献出版社2006年版。

刘云龙、肖志光："养老金制度、养老基金与金融结构变迁——对美英德日四国的比较研究，"《中国企业年金规范与发展》，中华工商联合出版社2007年版。

刘云龙："加速资本市场国际化，大力发展养老基金，到2015年把我国初步建设成为全球资本市场中心"，《经济要参》，2007年第63期，国务院发展研究中心。

刘云龙："养老理论与养老运动的剖析与思考"（上、下），《经济要参》，2008年第15期，国务院发展研究中心。

刘云龙："现代化与老龄化的百年战争"，经济复苏期的中国保险市场研讨会，北京工商大学经济学院主办。

在这5篇论文中，值得一提的是"加速资本市场国际化，大力发展养老基金，到2015年把我国初步建设成为全球资本市场中心"一文，在发表之初就引起较大的反响，后来该文还被提炼成一份内部报告呈送有关领导参阅。我真诚地希望，这篇文章关于中国养老基金发展和资本市场国际化的观点，能够早日成为中国建立金融大国、长期资本帝国的战略思想。

我为养老基金奉献的5部著作分别是：

刘云龙、傅安平：《企业年金——模式探索与国际比较》，中国金融出版社2004年版。

刘云龙：《中国企业年金理论与实务》，中国保险行业养老金从业人员资格考试用书，2006年版。

刘云龙、肖志光：《养老金通论——人口结构、养老金制度、金融结构变迁的一般理论》，中国财政经济出版社2012年版。

刘云龙：《养老金帝国Ⅰ——长期资本战略的百年大计》，中国财政经济出版社2012年版。

刘云龙：《养老金帝国Ⅱ——长期资本战略的百年传奇》，中国财政经济出版社2012年版。

在《养老金通论》（或者称之为《养老基金发展与金融结构变迁》）一书中，我和肖志光博士跳出银行和资本市场的二维分析思路，建立了包括养老基金在内的三维分析体系：

养老基金对商业银行有影响，因为它分流银行储蓄，推动商业银行成为短期货币资金的汇聚者和管理者，并把养老基金自己变成长期资金的汇聚者和管理者。同时，养老基金又对资本市场发展产生影响，由于养老基金是资本市场上最重要的机构投资者和长期资金提供者，它成为资本市场发展的奠基石和垫脚石。资本市场和商业银行之间，同样存在力量的此消彼长关系，资本市场融资规模的扩大，意味着银行贷款规模的萎缩。

在这样一个三维空间中，我们非常清晰地刻画出养老基金发展改变金融结构和资本结构的路径：

百年以来，从人口结构变迁开始，经过养老金制度变迁，经过金融结构变迁，经过资本结构变迁，最后导致国家竞争力兴衰变迁。

百年以来，人口与资本的关系以一种崭新的姿态出现在世人面前：一端是人口老龄化汹涌澎湃，另一端是以养老金为代表的长期资本日积月累。

人口与资本是我们理解当今世界发展变化的一把金钥匙，几乎可以打开社会经济迷宫的每一扇门和每一扇窗。

而且，我们使用养老基金化比率这一关键性指标，来构建养老基金推动金融结构变迁的分析框架，并且把养老基金推动金融结构变迁的时间历程刻画得一目了然。

我们的实证分析结果显示：

从养老基金占GDP的比重、银行资产占整体金融资产的比重、银行资产占股票市场总价值的比重来看，它们都是显著相关的，表明养老基金规模对一个国家的金融结构产生显著影响：养老基金发展的规模越大，银行资产占金融总资产的比重和银行资产占股市总市值的比值都下降。

具体而言，养老基金资产占GDP的比重每提高1个百分点，银行资产与股市市值的比值将降低0.15～0.3个百分点，银行信贷与股市交易额的比值将降低0.2～0.4个百分点。它表明一国养老基金规模越大，银行在金融市场中的地位越低。这个结论同时意味着，随着一个国家养老基金规模的不断壮大，该国金融结构将逐步从银行主导型向市场主导型转变。”

最后，我们把美国、英国、日本、德国分类成2个组别，用养老金制度差异来解释养老基金发展水平的差异，用养老基金发展水平的差异来解释金融结构差异。通过计量经济学方法进行处理，我们发现：在三种不同情况下，德国和美国的养老金制度差异可以解释其金融结构差异比重为19.53%、27.60%、34.86%。

客观地讲，这部著作具有一定的原创性和学术价值，它是我在养老金融海洋中的一次艰难的学术游弋。

近几年，我利用一切机会向我周围的领导们、朋友们、学生们热情洋溢地介绍养老基金未来发展的广阔前景，孜孜不倦地阐述中国发展养老基金的伟大意义。

在宏观层面，我认为：面对全球性的老龄化浪潮和老龄化危机，养老基金救世界，养老基金发展世界。

在微观金融层面，我认为养老基金是我国未来金融业皇冠上的明珠，金融机构“得养老金市场者得天下”。目前，养老基金发展领域的拓荒者，未来一定会成为巨大金矿山上的掘金者。

很多次，我的朋友们开玩笑说，“云龙，你对养老基金发展的一往情深，可以称得上是养老基金他哥!”

我有自知之明，说我对养老基金一往情深我完全接受，说我是“养老基金他哥”则是谬奖，我倒是非常愿意成为“养老基金之友”。

因为喜好和研究养老基金课题的缘故，我还结识了不少志趣相投的新朋友，这是我非常引以为傲的事情。

在此，我感谢养老基金，感谢养老金融。

我们每个人都负养老!

最近10年来，由于工作的原因，我每天都要处理企业年金和养老保险的相关事务；由于对养老事业和养老基金的热爱，我几乎每天都在思考我国养老制度和养老金融发展的问题。

由于人微言轻，难以有大学者一呼百应的社会影响力，难以有大官员一锤定音的政策决断力，我主要通过自己深深的思考、默默的探索，以文章和著作来表达我的想法和认识。

当然，这也是一场十分艰难的努力。

最近10年来，我仅仅在养老保障领域公开发表的论文就有将近20篇，出版的关于养老保障的专著和合著就有5部，文字总量在150万字左右。如果算上在劳动和社会保障部、中国保监会、工作单位组织的课题研究中承担的撰写任务，岗位工作中需要承担的撰写任务以及参与编撰的其他养老金著作，文字总量也许会超过300万字。

"为伊消得人憔悴"，也许是我最近10年来读书写作的真实写照。

我先后两次因为劳累而导致尾椎峡部裂，分别卧床休息数周时间；因为伏案写作时间过长，导致颈椎和腰椎都不好，直到今天还没有来得及抽出时间到医院治疗；在将本套丛书书稿送交出版社之际，又明显感觉到眼睛受到了很大的伤害；因为需要利用周末和节假日加班加点阅读和写作，错过了与我的女儿刘勤一建立感情的最好时间；我至今已连续16个春节都没有回湖南老家与父母姐弟们团聚，连续5年都没有见到父母亲了。我也忽略了与身边新老朋友、新老同事、新老领导本该保持的沟通联系、聚会畅谈。我好多次拿起电话想给大家一一问好，或者登门拜访，心里总是在说再等一等，等书稿出版后再安排吧，没有想到这三部书稿一写就是10多年。

在此，我向我的家人、朋友、老师们说声抱歉。

在此，我也特别感谢我的单位、领导和同事们。

其实，我把大家的每一条短信、每一次问候、每一句祝福，都珍藏在心。我是真的热爱大家，正如大家关心我一样。我的下一部书，书名就叫做《孝爱是一条河》，书中的主角就有你们大家。

我负养老，我负大家，我也负了自己。

未来的岁月中，我相信自己仍然会笔耕不休，不过文字撰写的数量可能会减少，主要是因为颈椎、腰椎、视力实在不支持、不配合。我想，今后主要的研究方向将投放到养老基金的投资管理方面，希望能够探索到具有养老基金特点的投资管理方式和投资管理理念，推动我国养老基金价值投资、长期投资、道德投资、绿色投资的发展之路。

我将从自己做起，每年捐助一笔资金用于创建养老公益基金，并推动我国养老公益基金事业的发展。同时，我将积极参与组织养老保障相关的学术和政策研究工作，推动“中国养老金融学”学术发展和“中国长期资本战略”实践发展。

以“我负养老”为题来撰写后记，我也伤透了脑筋，后来一咬牙还是决定把它写下来。我想，我在这里撰写自己与养老的故事，目的在于抛砖引玉。

我希望，我也相信，我们每个人都负养老。我们每一个人都有，或者即将有为中国养老事业发展做贡献的经典故事、精彩故事。

我衷心地希望能够汇聚我们全社会每一个人的力量，推动我国养老事业获得前所未有的大发展、大进步。同时，我也真切地相信，养老基金大发展，长期资本战略大规划，超越美国、建设可爱的中国、建设伟大的中国，将指日可待，将心想事成。

致　谢

本书的写作得到了众多师长的关心，他们是：北京国民经济研究所所长樊纲研究员，中共中央党校副校长石泰峰教授、教务部主任王东京教授，国务院发展研究中心副主任刘世锦研究员、宏观经济研究部副部长魏加迎研究员，中国社会科学院副院长李扬研究员、金融研究所所长王国刚研究员和王松奇研究员，新华社副总编辑、欧洲分社社长刘江教授，新华社对外编辑部严文斌主任，国家外汇管理局副司长邓先宏教授，全国人大常委会委员、中国人民大学郑功成教授，财政部财政科学研究所所长贾康研究员、副所长刘尚希研究员和白景明研究员，人力资源和社会保障部基金监督司陈良司长，中国证监会研究中心祁斌主任，中国社会科学院经济研究所张曙光研究员、胡家勇研究员，中国社会科学院拉丁美洲研究所所长郑秉文研究员，北京大学经济学院院长孙祁祥教授、经济学院于小东教授，清华大学社会政策研究所所长杨燕绥教授，中国人民大学统计学院党委书记王晓军教授、公共管理学院院长董克用教授、公共管理学院李珍教授，北京师范大学经济学院院长赖德胜教授、管理学院执行院长唐任伍教授，浙江大学公共管理学院院长姚先国教授，厦门大学经济学院院长张馨教授，中央财经大学财经研究院院长王雍君教授，中国政法大学法律硕士学院院长费安玲教授，对外经贸大学中小企业研究中心主任林汉川教授，武汉大学副校长吴俊培教授，武汉大学社会保障研究中心邓大松教授，中南财经政法大学党委副书记张中华教授、经济学院院长卢现祥教授，湖北警官大学唐立芳教授，西南财经大学林义教授，南开大学经济学院副院长李秀芳教授，首都经济贸易大学金融学院庹国柱教授，北京工商大学副校长谢志华教授、经济学院院长杨德勇教授、保险系主任王绪瑾教授，湖南大学法学院副院长曲茂辉教授、孙昌军教授，邵阳学院政法系主任刘放鸣教授，中国科学技术信息研究所副所长赵志耘博士，国务院发展研究中心《经济要参》杂志社副社长何玉兴博士，中国经济体制改革研究会邵志光先生，中国少儿出版社副社长申平华教授，泰康人寿保险股份有限公司陈东升董事长，中国金币总公司邵长年董事长，中铁保险经纪公司魏同伟董事长，勤益投资执行董事郑文平博士，中信银行苏国新副行长，中国人保健康保险公司总裁李玉泉博士、中国财产再保险公司总裁何春雷博士、中国人保资产管理公司副总裁石新武博士、中国人保寿险公司副总裁傅安平博士。

中国社会科学院金融研究所赵培德主任、郭金龙博士、刘菲博士、曹红辉博士、阎建军博士，世界经济与政治研究所何帆博士、姚枝仲博士、张斌博士，经济研究所张晓晶博士，北京师范大学钟伟博士、罗楚亮博士，北京大学中国教育财政科学研究所刘明兴博士，武汉大学社会保障研究中心刘昌平博士，《华夏时报》财经部主任李春喜先生，我的朋友李保平博士、潘前进博士、欧明钢博士、朱书红博士、罗钢博士、江旭东博士、武剑博士、姚勇博士、马栓友博士、梅红博士、李洪斌博士、卢晓峻博士、邵明博士、汪泽博士、诸建芳博士、潘向东博士、陈湘永博士、王强博士、段家喜博士、李航博士、谢旭博士、田向阳博士、蒋羽扬博士、石葛铭先生、静毅男先生、张昕先生、朱英桃先生、王新祥先生、邹谷林先生、方林先生、杨学连先生、高菁先生、陈征阳先生、王炼文先生、龚刚先生、贺雪云女士、陶冶女士、江如圭女士、胡砚女士、谷晓燕女士、高松凡先生、向世华先生、杨剑平先生、汪洋先生、杨长明先生、陈中华先生、邓志敏先生等，他们为我完成本书的写作提供了大量的帮助，我从他们的研究和帮助中受益匪浅。

中国保监会人身险监管部、资金运用监管部、政策研究室，人力资源与社会保障部基金监督司、社会保险研究所，中国证监会研究中心，给我提供了许多交流和沟通的机会。

中国财政经济出版社的张立宪副总编、刘五书博士、林治滨先生、卢关平先生，为“长期资本战略”系列书稿的出版鼎力相助、倾力谋划。作为出版人，他们对我有知遇之恩，他们对养老金发展有先见之明。

北京工商大学硕士研究生杨雨亭、骆俊峰、赵鹏、王鹏程，在交流观点、整理数据、校对内容等方面提供了大量的帮助，在此表示衷心感谢。

特别感谢待我如师长、如兄长的傅安平先生，十多年来他为我的学习和工作提供了太多的支持和帮助。

最后，向所有关心和帮助过我的老师、领导和朋友，表示衷心的感谢。

刘云龙

2011 年 9 月